L'HISTOIRE CONTEMPORAINE

MISE A LA PORTÉE DE LA JEUNESSE

Avec Questionnaires et Cartes géographiques

Par G. BELÈZE

CHEF D'INSTITUTION DE PARIS
CHEVALIER DE LA LÉGION D'HONNEUR
OFFICIER D'ACADÉMIE.

PARIS.

IMPRIMERIE ET LIBRAIRIE CLASSIQUES

De J. DELALAIN et FILS

RUE DES ÉCOLES, VIS-A-VIS DE LA SORBONNE.

NOUVEAU COURS

D'ENSEIGNEMENT ÉLÉMENTAIRE.

HISTOIRE CONTEMPORAINE.

COURS D'ENSEIGNEMENT ÉLÉMENTAIRE
mis à la portée de la jeunesse
Par M. G. BELEZE, chef d'institution de Paris.
Chaque volume in-18, de 360 pages, cart. 1 fr. 50 c.

Livre de Lecture courante, contenant des conseils sur les devoirs des enfants, avec exemples historiques; in-18.

Exercices de Mémoire et de Style, recueil de morceaux choisis en vers et en prose; in-18.

Grammaire Française, suivant les principes de l'Académie; in-18.

Exercices Français, gradués sur la Grammaire; in-18.

Dictées et Lectures ou Notions élémentaires sur l'industrie, l'agriculture, les arts, etc.; in-18.

Petit Dictionnaire de la Langue française; in-18.

Le même, suivi d'un Dictionnaire géographique et historique; in-18, 2 f.

Éléments de Littérature, mis à la portée de la jeunesse; in-18.

La Géographie, mise à la portée de la jeunesse; in-18, gravures et cartes.

Atlas élémentaire de Géographie moderne (dix cartes); in-4°, 2 f. 50 c.

L'Histoire Sainte, mise à la portée de la jeunesse; in-18, carte.

L'Histoire de France, mise à la portée de la jeunesse; in-18, carte.

L'Histoire d'Angleterre, mise à la portée de la jeunesse; in-18, carte.

L'Histoire Ancienne, mise à la portée de la jeunesse; in-18, carte.

L'Histoire Romaine, mise à la portée de la jeunesse; in-18, carte.

L'Histoire du Moyen Age, mise à la portée de la jeunesse; in-18, carte.

L'Histoire Moderne, mise à la portée de la jeunesse; in-18, carte.

L'Histoire Contemporaine, mise à la portée de la jeunesse; in-18, cartes.

La Mythologie, mise à la portée de la jeunesse; in-18, gravures.

L'Arithmétique, mise à la portée de la jeunesse; in-18, gravures.

La Physique et la Chimie, mises à la portée de la jeunesse; in-18, gravures.

L'Histoire Naturelle, mise à la portée de la jeunesse; in-18, gravures.

La Cosmographie, mise à la portée de la jeunesse; in-18, gravures.

PETIT COURS D'ENSEIGNEMENT PRIMAIRE
publié pour le premier âge
Par M. G. BELEZE, chef d'institution de Paris.
Chaque volume in-18, de 180 pages, cart. 75 c.

Petit Syllabaire; in-18, 10 c.

Syllabaire et Premières Lectures; in-18.

Le Syllabaire, seul, 40 c.

Les Premières Lectures, seules, 40 c.

Tableaux de Lecture; in-fol., 1 f. 25 c.

Méthode d'Écriture; in-4°, 75 c.

Premiers Exercices de Récitation; in-18.

Petite Grammaire Française, avec exercices; in-18.

Petite Géographie Moderne; in-18, gravures et cartes.

Petit Atlas de Géographie moderne (huit cartes); grand in-18, 90 c.

Petite Histoire Sainte; in-18, gravures historiques et carte.

Petite Histoire Ecclésiastique; in-18, carte.

Petite Histoire de France; in-18, portraits historiques et carte.

Petite Histoire Ancienne; in-18.

Petite Histoire Romaine; in-18.

Petite Histoire du Moyen Age; in-18.

Petite Histoire Moderne; in-18.

Petite Arithmétique; in-18, gravures.

L'Histoire Sainte a été approuvée par quarante-quatre de NNgrs les archevêques et évêques. La plupart des volumes ont été approuvés par le conseil de l'instruction publique ou recommandés par les conseils académiques.

L'HISTOIRE CONTEMPORAINE

MISE A LA PORTÉE DE LA JEUNESSE

Avec Questionnaires et Cartes géographiques

Par G. BELEZE

CHEF D'INSTITUTION DE PARIS

CHEVALIER DE LA LÉGION D'HONNEUR

OFFICIER D'ACADÉMIE.

PARIS.

IMPRIMERIE ET LIBRAIRIE CLASSIQUES

De J. DELALAIN et FILS

RUE DES ÉCOLES, VIS-A-VIS DE LA SORBONNE.

AVANT-PROPOS.

Les dernières pages du volume d'*Histoire de France* qui fait partie de notre Cours d'enseignement élémentaire présentent le résumé succinct des principaux faits contemporains, spécialement à partir de 1815. Ce simple résumé est devenu insuffisant depuis que l'histoire contemporaine figure sur les programmes officiels, et qu'elle est enseignée dans les établissements d'instruction publique. Conséquemment, nous avons dû rédiger, comme complément de notre *Histoire de France*, un volume nouveau qui renferme le récit développé des événements accomplis depuis 1789 jusqu'à nos jours.

C'est une œuvre toujours difficile que d'écrire l'histoire pour la jeunesse, difficile surtout quand l'histoire a pour objet le récit des événements contemporains. Depuis près d'un siècle, les États de l'Europe ont été si troublés, et, parmi ces États, la France principalement a subi tant de vicissitudes, passant tour à tour de la monarchie à la république et de la république à la monarchie ; enfin, elle a vu se produire des opinions politiques si diverses, et en toute chose des doctrines si opposées les unes aux autres, qu'on peut craindre de se tromper dans l'appréciation des faits et dans les jugements portés sur les hommes. Est-ce à dire pour cela qu'on doive s'abstenir de tout éloge ou de tout blâme? Non, assurément : car alors il n'y aurait plus de moralité dans l'histoire. Si parfois nous avons dû nous imposer une prudente réserve, nous n'avons jamais hésité à défendre la vérité contre l'erreur, et, quand, pour apprécier la moralité de certains actes, le doute n'était pas possible, nous avons dit avec la même franchise ce qui est bien ou ce qui est mal.

Ce livre d'histoire contemporaine est rédigé d'après les principes que nous avons adoptés pour les autres volumes d'histoire dont se compose notre Cours d'enseignement. Les divers chapitres, à peu près d'égale longueur, sont divisés en trois parties, et chacune de ces parties renferme un fait principal, suffisamment développé, autour duquel viennent se grouper les faits secondaires. Quant aux procédés d'enseignement, ils consisteront dans la lecture, les interrogations et la rédaction. Ainsi, les élèves d'une même classe ou de la même division ayant tous entre les mains le livre, le maître lit à haute voix le chapitre ou une partie du chapitre qui doit faire l'objet de la leçon. Les élèves suivent des yeux cette lecture, que le maître n'interrompt que pour donner les explications qu'il juge nécessaires ou utiles. Vient ensuite le tour des élèves. Chacun d'eux, à mesure qu'il est désigné par le maître, lit à haute voix quelques phrases, pendant que tous les autres suivent avec attention la lecture sur leur livre; et, quand elle est terminée, elle se fait une seconde fois de la même manière.

Après ces lectures, les livres sont fermés, et le maître, à l'aide des questionnaires placés au bas des pages, interroge les élèves, s'adressant tantôt à l'un, tantôt à l'autre : c'est le meilleur moyen de s'assurer qu'ils ont retenu et surtout bien compris ce qu'ils ont entendu et lu. Ces deux exercices, lectures et interrogations, sont suivis d'un troisième exercice, du moins pour les élèves que le maître juge capables de faire ce travail : c'est la rédaction, c'est-à-dire la reproduction par écrit des principaux faits de la leçon. Ce mode d'enseignement, si simple, si facile à mettre en pratique, et qui exerce tout à la fois l'intelligence et la mémoire, est bien plus profitable que la méthode qui consiste, pour chaque leçon, à se contenter de faire apprendre par cœur aux élèves une ou deux pages du livre qu'on leur a mis entre les mains.

HISTOIRE

CONTEMPORAINE.

CHAPITRE PREMIER.

Convocation des états généraux. Demandes des cahiers. Le tiers état se constitue en Assemblée nationale. — Serment du Jeu de paume. La séance royale. Réunion des trois ordres. — Soulèvement dans Paris; prise de la Bastille. Création de la garde nationale. Abolition des droits féodaux et des priviléges.

1. Convocation des états généraux. Demande des cahiers. Le tiers état se constitue en Assemblée nationale. — Les états généraux, réunis à Versailles le 5 mai 1789, se composaient des députés des trois ordres, clergé, noblesse et tiers état [1]. Les députés étaient au nombre de 1145 ; le tiers état comptait 584 membres, et 561 appartenaient au clergé et à la noblesse. Ainsi, le tiers état avait une représentation double, c'est-à-dire un nombre de députés égal à celui des deux autres ordres réunis. Chaque ordre avait reçu de ses électeurs des *cahiers* dans lesquels ceux-ci avaient

QUESTIONS. — 1. Comment étaient composés les états généraux de 1789? — Quelles étaient les principales de-

1. Le *tiers état* ou troisième ordre était aussi désigné sous les noms de *bourgeoisie* et de *roture*.

consigné leurs vœux. Les demandes de réformes généralement exprimées dans les cahiers étaient celles-ci : division du gouvernement en deux pouvoirs, le pouvoir exécutif représenté par le roi, et le pouvoir législatif appartenant aux députés nommés par la nation ; abolition des droits féodaux, des priviléges de la noblesse et du clergé ; répartition des impôts entre tous les citoyens des trois ordres, et vote des impôts par le pouvoir législatif ; admissibilité de tous les citoyens aux emplois publics.

Louis XVI, entouré de sa famille et de ses ministres, ouvrit en personne la session des états généraux. Les paroles simples et dignes qu'il prononça furent couvertes des plus vives acclamations. Le lendemain, les députés de chaque ordre durent se rendre dans le local qui leur était assigné. Le tiers état siégea dans la salle commune, dans la salle même des états généraux. La noblesse et le clergé se réunirent dans deux salles séparées. Il fallait d'abord procéder à la vérification des pouvoirs : le tiers état demandait que cette opération eût lieu en commun, et qu'on votât par tête. Le clergé et la noblesse repoussèrent cette prétention ; ils voulaient maintenir la division des ordres et le vote par ordre. Après des pourparlers et des conférences qui n'eurent pas de résultats, les députés du tiers, sur la proposition de Sieyès, se constituèrent en

mandes de réformes exprimées dans les cahiers? — Quel dissentiment s'éleva entre le tiers état et les deux autres

1.

Assemblée nationale (17 juin). Dans l'opinion des hommes les plus sages et les plus éclairés, l'Assemblée, en se constituant ainsi sans le concours de la sanction royale, commettait une usurpation de pouvoir.

2. Serment du Jeu de paume. La séance royale. Réunion des trois ordres. — La cour, effrayée de l'audace des communes, résolut de les empêcher d'aller plus loin. La salle des états fut fermée pour les préparatifs d'une séance royale. Le 20 juin, les députés du tiers se réunirent dans la salle du Jeu de paume, et là, sous la présidence de Bailly [1], ils firent le serment de ne pas se séparer avant d'avoir donné une constitution à la France.

La séance royale eut lieu le 23 juin. Louis XVI invite les trois ordres à se retirer dans leurs salles respectives, et ordonne à l'Assemblée de se séparer sur-le-champ. Il se retire alors suivi des membres de la noblesse et du clergé. Les députés du tiers étaient restés immobiles à leurs places. Le grand-maître des cérémonies, le marquis de Dreux-Brézé, vint leur rappeler les ordres du monarque. « Oui, monsieur, dit Mirabeau [2],

ordres? — Que firent les députés du tiers état? — 2. Racontez à quelle occasion eut lieu le serment du Jeu de paume. — Que se passa-t-il à la séance royale? — Com-

1. L'astronome Bailly, honoré pour son savoir et ses vertus, avait été élu le premier député de Paris.

2. Mirabeau, que les désordres de sa vie avaient fait repousser par la noblesse, fut élu député par le tiers état en Provence. Mirabeau fut le plus grand orateur de l'Assemblée nationale.

en se levant ; nous avons entendu les intentions qu'on a suggérées au roi ; et vous, qui ne sauriez être son organe auprès des états généraux, allez dire à ceux qui vous envoient que nous sommes ici par la volonté nationale, et que nous n'en sortirons que par la puissance des baïonnettes. » L'Assemblée vota aussitôt l'inviolabilité de ses membres. Quelques jours après la majorité du clergé et quarante-sept membres de la noblesse se réunirent à l'Assemblée. Le roi, cédant aux conseils du ministre Necker, exhorta lui-même les privilégiés à se réunir à leurs collègues. Ainsi fut opérée la fusion des trois ordres (27 juin), et l'Assemblée , pour mieux indiquer la mission dont elle prétendait se charger, prit le nom d'*Assemblée nationale constituante.*

3. Soulèvement dans Paris; prise de la Bastille. Création de la garde nationale. Abolition des droits féodaux et des priviléges. — Cependant les conseillers intimes du roi le poussaient à résister par la force aux prétentions de l'Assemblée. Une armée considérable, composée surtout de troupes étrangères, se concentrait à Versailles et autour de Paris. Le ministre Necker, qui était alors très-populaire, fut renvoyé avec tous ses collègues (11 juillet). Cette nouvelle excite à Paris une vive émotion. Dans le jardin du Palais-Royal, le principal foyer des agitateurs, un jeune avocat, Camille Desmoulins, harangue le peuple et le sou-

ment s'opéra la fusion des trois ordres? — 3. Quelle fut la cause d'un soulèvement dans Paris? — Racontez la

lève. Bientôt une foule immense se rassemble et promène triomphalement dans les rues le buste de Necker et celui du duc d'Orléans[1]. Chargée sur la place Louis XV[2] par les cavaliers du régiment Royal-Allemand qui étaient assaillis à coups de pierre, elle se disperse un moment et puis se rallie en criant vengeance. Elle envahit l'hôtel des Invalides et s'empare d'un grand nombre de fusils et de vingt canons. Les gardes-françaises, oubliant leur devoir, font cause commune avec les insurgés qui marchent vers la Bastille[3] et l'attaquent à coups de canon. La forteresse n'avait pour défenseurs que trente-deux Suisses et quatre-vingt-deux invalides. Le gouverneur, le brave de Launay, refusait de se rendre : il fut forcé de capituler, après avoir obtenu la promesse de la vie sauve pour toute la garnison. Néanmoins, il fut indignement massacré par la populace furieuse ; quelques jours après, Flesselles, le prévôt des marchands[4], l'intendant Foulon, chargé des finances de la ville, et Berthier, son gendre, eurent le même sort[5].

prise de la Bastille. — Que firent les électeurs de Paris?

1. Le duc d'Orléans, qui prit plus tard le nom de Philippe-Égalité, avait dès les premiers jours de la Révolution recherché la popularité en faisant du Palais-Royal, sa demeure, le centre et le ralliement des ennemis de la cour.

2. Aujourd'hui place de la Concorde.

3. Forteresse et prison d'État située à l'entrée du faubourg Saint-Antoine.

4. Il remplissait à peu près les fonctions attribuées ensuite au maire de Paris.

5. Triste victoire que la prise de la Bastille! commencée par l'insurrection, elle finissait par l'assassinat.

Au milieu de ces graves événements et des périls qu'ils annonçaient, l'Assemblée nationale, qui aurait dû s'efforcer de les conjurer, se déclarait en permanence, et envoyait des députations au roi pour le supplier d'éloigner les troupes et de rappeler le ministre Necker. D'un autre côté, les électeurs de Paris, qui se trouvaient réunis à l'hôtel de ville, profitèrent du mouvement insurectionnel contre la royauté pour s'emparer du pouvoir municipal. Ils élurent pour maire de Paris Bailly, qui était alors président de l'Assemblée nationale. Ils organisèrent une garde bourgeoise ou garde nationale, composée de quarante-huit mille hommes, dont le commandement fut donné au marquis de Lafayette, et qui reçut pour signe distinctif la cocarde tricolore (bleue, rouge et blanche [1]). Louis XVI, croyant, dans sa bonté, dissiper toutes les craintes par sa présence, se rendit à Paris, à l'hôtel de ville, où il ratifia les choix qui avaient été faits. C'est à la suite de ces événements que le comte d'Artois, frère du roi, les princes de Condé et de Conti, la famille Polignac et d'autres nobles quittaient la France pour aller chercher un asile à l'étranger, et donnaient le signal de l'*émigration*.

Cependant l'agitation qui avait soulevé Paris se communiquait à la province, et se changeait même en terreur. Là, les paysans attaquaient les châteaux, les incendiaient et brûlaient les titres

---

1. Le bleu et le rouge étaient les couleurs de Paris, et le blanc, la couleur de la royauté.

de propriété ; ailleurs, les couvents étaient détruits, les fermes abandonnés au pillage. Dans la nuit du 4 août, l'Assemblée délibérait sur les moyens de mettre un terme à ces excès, lorsque le vicomte de Noailles et le duc d'Aiguillon, membres de la noblesse, montent à la tribune, déclarent qu'ils renoncent à tous les droits qu'ils possèdent. Cet exemple inspire un désintéressement subit à tous les membres de l'Assemblée : chacun d'eux vient à son tour à la tribune abdiquer ses priviléges. L'Assemblée nationale, séance tenante, prononça l'abolition des droits féodaux, priviléges, justices seigneuriales, des corvées, du servage ; et, dans un mouvement d'enthousiasme, Louis XVI fut proclamé *Restaurateur de la liberté française.*

CHAPITRE II.

Journées des 5 et 6 octobre. Le roi et la famille royale à Paris. Travaux de l'Assemblée nationale.—Fête de la Fédération. L'émigration. Constitution civile du clergé.—Fuite du roi ; son arrestation à Varennes. Constitution de 1791. Fin de l'Assemblée nationale constituante.

4. Journées des 5 et 6 octobre 1789. Le roi et la famille royale à Paris. Travaux de l'Assemblée nationale. — Après avoir adopté la *Déclaration des*

— Quelle nouvelle milice fut créée? — Que fit l'Assemblée nationale dans la séance de nuit du 4 août?

QUESTIONS. — 4. Quelle décision l'Assemblée nationale

droits de l'homme [1], qu'elle voulait mettre en tête de la constitution , l'Assemblée nationale s'occupa de l'œuvre même de cette constitution. Les hommes sages et modérés, parmi lesquels on distinguait Lally-Tollendal, Mounier, Malouet, voulaient la constitution anglaise, c'est-à-dire la monarchie constitutionnelle, avec deux chambres et la sanction royale. La majorité repoussa cette motion; elle vota la permanence du corps législatif, qui devait être composé d'une chambre unique, et n'accorda au roi que le *veto* suspensif, c'est-à-dire le droit de mettre opposition aux décrets de l'Assemblée seulement pendant deux législatures ou quatre ans. Ainsi déjà se manifestaient des dispositions hostiles contre le pouvoir royal.

Ce n'était pas seulement dans l'Assemblée qu'on discutait les questions politiques, mais aussi à Paris, dans le jardin du Palais-Royal, dans les réunions désignées sous le nom de *clubs*. A cette agitation se joignaient la cessation du travail et la disette, qui occasionnaient aussi des rassemblements dans les rues. Sur ces entrefaites, le régiment de Flandre fut appelé à Versailles pour en augmenter la garnison. Le 2 octobre, les gardes du corps donnèrent, suivant l'usage,

prit-elle au sujet de la constitution? — Quel était l'état des esprits à Paris? — Quelle circonstance vint encore les

1. Cette fameuse *Déclaration*, à côté de principes vrais et de droits légitimes, énonçait des maximes politiques dont la raison et l'expérience ont fait justice.

aux officiers du régiment un repas dans la salle de l'Opéra du château. « Le roi et la reine avec le dauphin vinrent un moment jouir de ce spectacle. Leur présence causa le plus vif enthousiasme : ces militaires crurent devoir leur donner, de leur fidélité et de leur amour, des témoignages d'autant plus expressifs qu'ils connaissaient leurs justes sujets d'alarmes. »

Les bruits les plus exagérés se répandirent dans Paris au sujet de ce qui s'était passé au banquet de Versailles et soulevèrent les passions populaires. Le 5 octobre, neuf ou dix mille femmes conduites par un nommé Maillard, et suivies d'une foule d'hommes à figure sinistre, se mirent en marche sur Versailles pour en ramener, disaient-elles, *le boulanger, la boulangère et le petit mitron,* c'est-à-dire le roi, la reine et le jeune dauphin. Lafayette essaya vainement de les retenir : du moins il partit avec les gardes nationaux pour maintenir l'ordre, mais il ne put arriver à Versailles que très-tard dans la soirée. Au milieu de la nuit, quelques brigands pénétrent dans l'intérieur du château par une grille restée ouverte, et, malgré les efforts désespérés de deux gardes du corps pour les arrêter, ils arrivent jusqu'à la porte de la chambre de la reine, qui n'a que le temps de se réfugier auprès du roi. Lafayette, averti de ce qui se passe, accourt et disperse les envahisseurs avec l'aide de sa troupe.

surexciter? — Racontez les événements des journées des

1.

Cependant le peuple demandait à grands cris que le roi se rendît à Paris. Louis XVI, croyant calmer par des concessions l'efferverscence populaire, se décide à quitter la résidence de Versailles, et le 6 octobre il s'installait avec sa famille au palais des Tuileries, où désormais il sera prisonnier : la garde en fut confiée au général Lafayette et aux milices parisiennes qu'il commandait. L'Assemblée nationale, ne voulant pas se séparer du roi, se transporta aussi à Paris et tint ses séances dans la salle du Manége, sur la terrasse [1] des Feuillants, ainsi nommée à cause du couvent des Feuillants qui en était voisin. Le 20 octobre, elle reprit ses travaux et les poursuivit sans interruption jusqu'au mois de juillet 1790. D'abord, pour se ménager des ressources financières qui faisaient complétement défaut, elle mit les biens du clergé à la disposition de l'État [2], qui devait en opérer la vente, et créa un papier-monnaie ayant cours forcé avec lequel on pourrait payer l'acquisition de ces biens : telle fut l'origine des *assignats*, dont l'abus qu'on en fit devait bientôt ruiner la nation. Ensuite, l'Assemblée supprima les ordres religieux, excepté ceux qui étaient chargés du soin des malades. A l'an-

5 et 6 octobre. — Que fit l'Assemblée pour se procurer des ressources financières? — Quels changements furent

1. C'est la terrasse qui borde aujourd'hui la rue de Rivoli depuis les Tuileries jusqu'à la place de la Concorde.
2. Cet acte de l'Assemblée était une véritable spoliation qui ne profita guère à l'État : les biens du clergé mis en vente ne trouvèrent point d'acquéreurs.

cienne division en 32 provinces fut substituée une nouvelle division en 83 départements, divisés eux-mêmes en districts et en communes. Mais l'Assemblée fut mal inspirée en soumettant à l'élection populaire le choix des évêques et des curés, et en supprimant ainsi l'institution canonique, qui appartenait au pape : c'est ce qu'on a appelé la *constitution civile du clergé*, qui portait la plus funeste atteinte à la discipline et à la hiérarchie de l'Église, et qui troubla toutes les consciences.

5. Fête de la Fédération. L'émigration. Constitution civile du clergé. — Paris voulut célébrer par une fête mémorable l'anniversaire de la prise de la Bastille ; des députés de tous les départements furent invités à y prendre part : ce fut la fête dite de la *Fédération*. Le 14 juillet 1790, trois cent mille spectateurs, hommes, femmes, enfants, se trouvèrent rassemblés dès le matin au Champ-de-Mars, assis sur des gradins de gazon qui formaient un cirque immense. Les fédérés des 83 départements, au nombre de soixante mille, parurent d'abord, rangés par départements, sous leurs bannières ; puis les députés de l'armée et de la garde nationale, l'Assemblée et la municipalité, enfin le roi et la famille royale. Un autel était dressé au milieu du Champ-de-Mars : l'évêque d'Autun, Maurice de Talleyrand, y célébra la

apportés dans la division territoriale de la France ? — Qu'est-ce que la *constitution civile du clergé?* — 5. Racontez la fête de la Fédération. — L'émigration ne fit-elle

messe. Après le *Te Deum*, chanté par des chœurs de musique, le président de l'Assemblée, le commandant de la garde nationale et le roi prêtèrent serment à la constitution.

Aux sentiments de joie, de concorde et de douce espérance qui s'étaient manifestés dans cette fête devaient bientôt succéder les haines, les violences et la plus horrible anarchie. Après les tristes journées des 5 et 6 octobre, plusieurs membres de l'Assemblée nationale résignèrent leur mandat de députés, et beaucoup de nobles quittèrent la France pour se réfugier en Angleterre, à Turin et surtout à Coblentz, où, plus tard, ils se réunirent en armes sous le commandement du prince de Condé. L'Assemblée nationale songea à porter une loi contre les émigrés. Mirabeau combattit la loi avec une admirable éloquence et la fit ajourner : ce fut là le dernier triomphe du grand orateur, qui, d'abord implacable adversaire de la royauté, en était devenu depuis peu le plus ferme appui. Épuisé par le travail, par les luttes de chaque jour, et aussi par les excès, il expira le 2 avril 1791.

Le 12 juillet 1790, l'Assemblée, comme on l'a déjà dit, avait voté la constitution civile du clergé. Au mois de janvier 1791, elle enjoignit à tous les ecclésiastiques remplissant des fonctions publiques de prêter serment à cette constitution, sous peine de se voir destitués et enlevés

pas de nouveaux progrès ? — Par qui la loi proposée contre les émigrés fut-elle combattue ? — Quelle cause amena une

violemment à leurs diocèses ou à leurs paroisses. Ainsi, l'Assemblée nationale, en suscitant une déplorable scission dans le clergé catholique, proclamait un schisme et décrétait l'anarchie religieuse. Presque tous les évêques de France [1] et la plupart des curés refusèrent le serment civique.

6. Fuite du roi; son arrestation à Varennes. Constitution de 1791. Fin de l'Assemblée nationale constituante. — Louis XVI ne se sentait plus libre à Paris. Ayant voulu aller passer à Saint-Cloud les fêtes de Pâques, le peuple arrêta les chevaux de sa voiture et l'empêcha de partir. Pour se soustraire à ces exigences humiliantes et s'affranchir de la tutelle de l'Assemblée, il résolut de se réfugier à Montmédy, auprès de l'armée que commandait Bouillé. Dans la nuit du 20 juin, le roi sortit de Paris avec la reine, Madame Élisabeth, sa sœur, ses deux enfants, le Dauphin et Madame Royale, et Madame de Tourzel, leur gouvernante. Le voyage s'accomplit heureusement jusqu'à Châlons. Arrivé à Sainte-Menehould [2], le roi fut reconnu par le fils du maître de poste, Drouet, qui

funeste division dans le clergé catholique ? — 6. Racontez la fuite du roi et son arrestation. — Quelles étaient les

1. L'évêque de Poitiers, Mgr de Saint-Aulaire, membre de l'Assemblée nationale, motiva son refus par ces nobles et courageuses paroles : « J'ai soixante et dix ans, et j'en ai passé trente-cinq dans l'épiscopat où j'ai fait tout le bien qui était en mon pouvoir. Accablé d'années et d'infirmités, je ne veux pas déshonorer ma vieillesse; je ne veux pas prêter un serment. »
2. Sous-préfecture de la Marne.

courut à Varennes[1] avertir la municipalité : c'est là que les malheureux fugitifs furent arrêtés.

Cependant la nouvelle de la fuite du roi s'était répandue le matin dans Paris. L'Assemblée nationale s'empara de tous les pouvoirs et ordonna d'arrêter Louis XVI. Le décret fut apporté à Varennes par un aide de camp de Lafayette. Il fallut reprendre la route de Paris. Trois commissaires, Latour-Maubourg, Barnave et Pétion, envoyés par l'Assemblée, trouvèrent la famille royale à Châlons, et c'est sous leur escorte qu'elle rentra à Paris. L'Assemblée déclara le roi suspendu de ses fonctions jusqu'à l'entier achèvement de la constitution, et il fut gardé comme prisonnier dans le palais des Tuileries.

L'Assemblée nationale se hâta d'achever la constitution, dite de 1791 : voici quelles en étaient les principales dispositions. A la monarchie absolue était substituée la monarchie constitutionnelle. Les deux pouvoirs *exécutif* et *législatif* étaient séparés. Le pouvoir exécutif appartenait au roi dont la personne était inviolable et sacrée. Il choisissait et révoquait les ministres, et avait le commandement des armées ; les ministres étaient responsables. Le pouvoir législatif était confié à une assemblée unique et permanente composée de sept cent quarante-cinq membres. Elle avait l'initiative et le vote

principales dispositions de la constitution de 1791 ? —

1. Varennes-en-Argonne, chef-lieu de canton de la Meuse.

des lois : elle était chargée de voter l'impôt et d'en surveiller la répartition et l'emploi. Les pouvoirs exécutif et judiciaire étaient aussi séparés : il y avait un *tribunal de paix* ou *de conciliation* dans chaque canton ; un *tribunal civil* dans chaque district ; un *tribunal criminel* par département. Tous les citoyens étaient égaux devant l'impôt, c'est-à-dire qu'ils devaient tous contribuer aux dépenses publiques en raison de leurs facultés.

Le 13 septembre 1791, le roi accepta la constitution et reprit l'exercice de ses pouvoirs. Enfin, le 30 septembre, l'Assemblée constituante déclara que ses séances étaient finies, après avoir précédemment décidé qu'aucun de ses membres ne pourrait faire partie de l'Assemblée législative qui allait lui succéder : décision funeste, en ce qu'elle privait les législateurs futurs de l'expérience et des lumières de leurs prédécesseurs. S'il est juste de remarquer que l'Assemblée constituante, en proclamant les grands principes de la liberté civile, a posé les bases de la société moderne, il faut dire aussi que, dans l'enivrement de sa toute-puissance et dans son ardeur de tout réformer, elle manqua souvent de prudence et de justice. Aussi, la Révolution qu'elle n'avait pas su ou voulu modérer, ne s'arrêtera plus dans ses excès.

Quelle décision l'Assemblée nationale prit-elle avant de se séparer? — Quels reproches doit-on lui faire?

CHAPITRE III.

Assemblée législative. Ses premiers décrets. La guerre déclarée
à l'Autriche. — Le peuple aux Tuileries (20 juin). Manifeste
du duc de Brunswick. Le 10 août; chute de la royauté. —
La Commune de Paris et les clubs. Prise de Longwy et de
Verdun par les Prussiens. Massacres de septembre. Bataille
de Valmy; retraite des Prussiens.

**7. Assemblée législative. Ses premiers décrets.
La guerre déclarée à l'Autriche.** — L'Assemblée
législative ouvrit ses séances le 1er octobre 1791 :
elle se composait de 745 membres. Les siéges à
la droite du président furent occupés par les députés, en petit nombre, qui étaient sincèrement
attachés à la monarchie constitutionnelle, et
qu'on appelait les *Feuillants ;* à gauche siégeait un
groupe nombreux de députés, la plupart jeunes
hommes ardents, admirateurs passionnés de la
Révolution, mais n'osant pas encore s'avouer républicains : on les désignait sous le nom de *Girondins,* parce que les orateurs les plus remarquables
de ce groupe avaient été élus dans le département
de la Gironde. A l'extrème gauche se trouvaient
les partisans avoués de la république, et comme
ils occupaient les siéges les plus élevés de l'Assemblée, on les appela *Montagnards.*

Le premier acte de l'Assemblée législative fut

QUESTIONS. — 7. Comment était composée l'Assemblée
législative? — Quel fut son premier acte? — Quels furent

de supprimer les titres de *Sire* et de *Majesté* donnés ordinairement au roi. Le 9 novembre, elle vota un décret par lequel les émigrés rassemblés à Coblentz étaient sommés de rentrer en France avant le 1er janvier 1792, sous peine de mort et de la confiscation de leurs biens. Un second décret, daté du 29, ordonnait à tous les ecclésiastiques de prêter dans l'espace de huit jours le serment civique, sous peine de se voir privés de leurs traitements et soumis à la surveillance des autorités civiles. Louis XVI, tout en ordonnant aux émigrés, dans des lettres publiques, de rentrer en France, refusa de sanctionner les deux décrets. Attaqué violemment dans l'Assemblée, il fut forcé de subir un ministère girondin.

Cependant les progrès de la Révolution française inspiraient de grandes inquiétudes aux souverains étrangers. Dès le 27 août 1791 Frédéric-Guillaume II, roi de Prusse, et l'empereur d'Allemagne, Léopold II, s'étaient réunis à Pilnitz, village de l'électorat de Saxe; d'un commun accord ils avaient déclaré que la cause du roi de France était commune à tous les rois et manifestaient l'intention d'intervenir par les armes. L'Assemblée invita Louis XVI à signifier à Léopold que si le 1er mars ce prince n'avait pas fait droit aux réclamations de la France, relativement à l'appui qu'il prêtait aux émigrés, on lui décla-

ses premiers décrets? — Louis XVI voulut-il les sanctionner? — Dans quelles circonstances la guerre fut-elle

rerait la guerre. Elle fut en effet déclarée par le roi et votée par l'Assemblée le **20 avril 1792**. François II, roi de Bohême et de Hongrie, venait de succéder à Léopold comme empereur d'Allemagne.

8. Le peuple aux Tuileries (20 juin). Manifeste du duc de Brunswick. Le 10 Août; chute de la royauté. — La France mit sur pied trois armées, échelonnées sur les frontières du nord et de l'est, de la Meuse aux Vosges, et des Vosges au Rhin. Les débuts de la guerre furent marqués par des revers qui excitèrent une vive irritation dans le peuple et dans l'Assemblée; on ne manqua pas d'en faire tomber la responsabilité sur le roi, qu'on accusait de connivence avec l'Autriche. L'Assemblée décréta la formation d'un camp de vingt mille fédérés sous les murs de Paris et vota la peine de la déportation contre tous les prêtres non assermentés. Louis XVI refusa de sanctionner les deux décrets, et le ministère girondin fut renvoyé. Alors une insurrection formidable s'organisa pour forcer le roi à reprendre les ministres disgraciés.

Le **20 juin 1792**, trente mille hommes armés de piques, conduits par le brasseur Santerre et le boucher Legendre, descendent des faubourgs Saint-Antoine et Saint-Marceau. Ils forcent les portes de l'Assemblée, pénètrent dans la salle des séances, où l'un de leurs chefs lit une péti-

déclarée à l'empereur d'Allemagne? — 8. Les débuts de la guerre furent-ils heureux? — Quel est le motif qui dé-

tion menaçante, et de là, ils se rendent au palais des Tuileries, qu'ils envahissent. Le roi, accompagné de quelques serviteurs dévoués, ordonne d'ouvrir les portes que les insurgés commençaient à briser ; la multitude fait irruption dans les appartements avec d'horribles vociférations. A toutes les menaces Louis XVI oppose une fermeté pleine de dignité, un admirable courage. On lui présente au bout d'une pique le bonnet rouge[1], dont il consent à se coiffer ; mais il refuse de sanctionner les décrets et de rappeler les ministres congédiés. Enfin le peuple, harangué par des députés venus de l'Assemblée, se retira. La journée du 20 juin était le prélude du 10 août.

Cependant les armées prussienne et autrichienne, rassemblées entre Coblentz et Trèves, s'apprêtaient à envahir la France. Le 22 juillet, l'Assemblée déclara la *patrie en danger ;* les volontaires accoururent en foule à Paris pour s'enrôler. Tout à coup on apprit que le duc de Brunswick, généralissime des armées étrangères, venait, avant de franchir la frontière, de lancer un manifeste dans lequel il annonçait que tous les gardes nationaux qui seraient pris les armes à la main combattant contre les troupes alliées seraient punis de mort, et que les bourgs et les villes qui s'armeraient contre l'invasion seraient

termina une insurrection ? — Racontez l'invasion des Tuileries au 20 juin. — Qu'était-ce que le manifeste du duc

1. Le bonnet rouge, emblème révolutionnaire, était la coiffure adoptée par les Jacobins.

livrés aux flammes. La violence de ce manifeste, qui du reste fut hautement désavoué par les émigrés français, souleva une indignation générale et exalta au plus haut degré les passions révolutionnaires des Parisiens.

Le 3 août, presque toutes les sections de la capitale demandèrent la déchéance de Louis XVI, et leur pétition fut immédiatement apportée à l'Assemblée par le maire Pétion ; en même temps s'organisait une attaque décisive contre les Tuileries. Dans la nuit du 9 au 10 août 1792, des Jacobins se disant députés des sections envahissent l'hôtel de ville, en chassent la municipalité, et, sous le nom de *commune*, s'emparent du pouvoir : en même temps le tocsin sonne dans tous les quartiers. Les gardes nationaux et le peuple des faubourgs, auxquels se joignent les fédérés marseillais récemment arrivés à Paris, marchent dès le matin vers les Tuileries. Le château avait pour défenseurs sept ou huit cents Suisses, un bataillon de garde nationale et un certain nombre de nobles et de serviteurs. Le commandant de la garde nationale, le brave Mandat, qui était dévoué au roi, est appelé à l'hôtel de ville sous un faux prétexte et assassiné. Sa mort paralysa tous les moyens de défense du château. Dans ce péril extrême, Louis XVI conservait un grand sang-froid : il ne craignait rien pour sa personne, parce qu'il avait fait d'avance le sacrifice de sa vie ; mais alarmé pour la reine, pour ses

de Brunswick ? — Racontez les événements du 10 août. —

enfants, pour sa sœur, il consentit à se réfugier avec sa famille au sein de l'Assemblée. Déjà les insurgés enveloppaient de toutes parts le château et engageaient la lutte. Louis XVI fait donner l'ordre à ses défenseurs de cesser le feu. Mais le château est forcé : les Suisses sont poursuivis et massacrés dans les cours, dans les appartements, dans le jardin ; quelques nobles, quelques serviteurs, purent seuls échapper à la fureur du peuple. L'Assemblée terrifiée n'eut plus qu'à obéir aux injonctions des vainqueurs : elle suspendit le roi de ses fonctions et décréta la convocation d'une Convention nationale qui devait le juger. La Tour du Temple[1] fut donnée pour demeure ou plutôt pour prison à la famille royale.

9. **La Commune de Paris et les clubs. Prise de Longwy et de Verdun par les Prussiens. Massacres de septembre. Bataille de Valmy; retraite des Prussiens.** — On a déjà vu que dans la nuit du 9 au 10 août, une commune insurrectionnelle avait pris violemment possession de l'hôtel de ville ; elle s'attribua bientôt un immense pouvoir. Les hommes les plus violents en faisaient partie : c'étaient, entre autres, Rossignol, Hébert, Billaud-Varenne, Robespierre et Marat. A côté de l'Assemblée, et en rivalité avec elle, s'était aussi élevée une autre puissance redoutable, celle des clubs, réunions populaires où se produisaient

9. Donnez quelques détails sur la commune de Paris et

1. La Tour du Temple était la partie principale d'un monastère occupé au moyen âge par l'ordre des Templiers.

journellement les motions les plus sanguinaires. Deux clubs principaux se faisaient remarquer par leur violence : l'un était le club des *Jacobins* [1], où dominait Robespierre ; l'autre, le club des *Cordeliers* [2], avait pour chefs Danton et Camille Desmoulins. Marat en faisait aussi partie ; il rédigeait en outre un journal intitulé l'*Ami du peuple*, dans lequel il prêchait ouvertement le meurtre.

Après l'attentat du 10 août, qui avait renversé la monarchie, Lafayette indigné refusa de reconnaître le nouveau gouvernement. Abandonné de ses soldats [3] et mis hors la loi par l'Assemblée, il se vit forcé de passer la frontière. Arrêté par les Autrichiens, au mépris du droit des gens, il fut envoyé au château d'Olmutz, où il resta quatre ans prisonnier. Le commandement de son armée fut donné au général Dumouriez. Cependant le duc de Brunswick, à la tête de soixante mille hommes, avait envahi le territoire français. Le 20 août, Longwy, chef-lieu de canton de la Moselle, se rendit sans résistance, et dix jours après, Verdun ouvrit ses portes à l'ennemi. Les

sur les clubs. — Quelles villes ouvrirent leurs portes à

1. Ainsi nommé parce qu'il tenait ses séances dans le couvent des Jacobins, situé sur l'emplacement occupé aujourd'hui par le marché Saint-Honoré.

2. Ce club se tenait dans l'ancien couvent des Cordeliers, situé dans la rue qui porte aujourd'hui le nom de rue de l'École-de-Médecine.

3. Lafayette avait accepté le commandement d'une des trois armées qui opéraient sur la frontière du nord.

Prussiens n'étaient plus qu'à cinquante lieues de la capitale. Ces nouvelles arrivées coup sur coup répandent la terreur et aussi une violente irritation dans la population de Paris. Danton à la tribune de l'Assemblée s'écrie : « Que faut-il pour vaincre l'étranger? de l'audace, encore de l'audace, et toujours de l'audace ! » Mais il veut d'abord frapper ceux qu'on appelle les ennemis de l'intérieur; il veut faire *peur aux royalistes*, paroles sinistres qui annonçaient la préméditation d'un horrible forfait. Depuis le 10 août, on avait entassé dans les prisons un grand nombre de citoyens soupçonnés d'attachement à la royauté : des nobles, des prêtres, des femmes. Pour exciter la fureur du peuple, on répandit le bruit que ces prisonniers conspiraient et attendaient pour leur délivrance l'arrivée des Prussiens.

Le 2 septembre, des bandes d'assassins payés par la commune se precipitaient aux prisons, à l'Abbaye, au Châtelet, à la Conciergerie, à la Force, à Bicêtre, à la Salpêtrière, aux Carmes, et massacraient partout les malheureux qu'un tribunal dérisoire improvisé par les bourreaux désignait à la mort. Aux Carmes, cent vingt prêtres et plusieurs évêques furent tués. A la Force, la jeune et belle princesse de Lamballe, l'amie de la reine, fut déchirée en lambeaux, et sa tête, portée au bout d'une pique, fut promenée dans les rues et jusque sous les fenêtres de la Tour du Temple. Ces massacres durèrent plu-

ennemi? — Racontez les massacres de septembre. —

sieurs jours et furent répétés dans les départements, à Meaux, au Mans, à Charleville, à Caen, à Lyon, à Versailles. Détournons nos regards de ces scènes d'horreur pour les porter sur le théâtre de la guerre, où du moins nous ne trouvons que des souvenirs glorieux.

Le général Dumouriez, qui commandait l'armée sur la Meuse, était chargé d'arrêter les progrès de l'invasion prussienne. Par une heureuse inspiration, il occupe les défilés de la forêt de l'Argonne, couvrant ainsi Châlons et Reims, les deux routes de Paris. Forcé de se replier vers Sainte-Menehould, il y est rejoint par le général Kellermann avec vingt-cinq mille hommes, la plupart jeunes soldats, qui prennent position sur le plateau de Valmy. Le 30 septembre 1792, dès le matin, une vive canonnade s'engage entre le plateau de Valmy et les hauteurs de la Lune, situées en face et occupées par l'armée prussienne. Bientôt le duc de Brunswick s'avance avec sa redoutable infanterie et gravit le plateau de Valmy pour déloger les Français de leur position. Les soldats de Kellermann, animés d'une ardeur sans pareille, chargent à la baïonnette. Brunswick hésite, arrête ses colonnes et enfin ordonne la rentrée au camp. C'était une défaite. Quelques jours après, l'armée prussienne, décimée par la dyssenterie, et complétement démoralisée, opéra sa retraite.

Quelle position le général Dumouriez occupait-il avec son armée? — Racontez la bataille de Valmy.

Pendant que nos armes arrêtaient à Valmy l'invasion prussienne, le général Montesquiou-Fézensac s'emparait de Chambéry[1], et d'un autre côté, le général Anselme entrait en maître dans le comté de Nice.

CHAPITRE IV.

La Convention. Proclamation de la république. Procès de Louis XVI; sa condamnation; son supplice. — Bataille de Jemmapes; conquête de la Belgique. Première coalition contre la France. Défection de Dumouriez. — Lois révolutionnaires; le comité de salut public. Proscription des Girondins. Soulèvements dans les provinces; la Vendée.

10. La Convention. Proclamation de la république. Procès de Louis XVI; sa condamnation; son supplice. — La Convention nationale ouvrit ses séances le 21 septembre 1792. Son premier acte fut d'abolir la royauté et de proclamer la république. Le 5 octobre, elle décréta que le 22 septembre, jour de la proclamation, serait le point de départ d'une ère nouvelle, et que la première année républicaine daterait de ce jour à minuit.

La nouvelle Assemblée, composée de 745 membres, était divisée en deux grands partis, les

QUESTIONS. — 10. Quel fut le premier acte de la Convention? — Comment cette assemblée était-elle compo-

1. La Savoie vota sa réunion à la France et forma le département du Mont-Blanc.

Girondins d'un côté et les Montagnards de l'autre. Les Girondins, qui siégeaient à la droite de l'Assemblée, étaient républicains, mais ils voulaient gouverner par les lois et rétablir l'ordre; parmi eux on remarquait beaucoup d'hommes de talent, Vergniaud, Condorcet, Gensonné, Guadet, Isnard, Brissot, Lanjuinais. Sur les degrés du côté gauche s'étaient amoncelés, les uns au-dessus des autres, les Jacobins ou Montagnards, dont faisaient partie les députés de Paris, élus sous l'influence de la Commune et des clubs : c'étaient, entre autres, Robespierre, Danton, Camille Desmoulins, Marat, Saint-Just, Couthon, Billaud-Varennes, Collot d'Herbois, Tallien et le duc d'Orléans, qui ne s'appelait plus que Philippe-Égalité. Au centre il y avait ce qu'on appelait la *Plaine*, c'est-à-dire un groupe considérable de députés, la plupart hommes honnêtes, mais indécis, qui, en prêtant leur appui, par peur ou par faiblesse, au parti le plus violent, se firent les complices de ses crimes.

Louis XVI et sa famille, détenus dans la Tour du Temple, y étaient l'objet d'une surveillance rigoureuse et tracassière. Des officiers municipaux choisis par la Commune et chargés tour à tour du service durant vingt-quatre heures ne perdaient jamais de vue aucune des personnes de la famille royale. Chaque jour, Santerre, le commandant de la force armée, faisait avec son

sée? — Donnez quelques détails sur le séjour de la famille royale dans la prison du Temple. — Racontez le procès,

2.

état-major une visite générale dans la Tour. Le roi occupait un étage, et les princesses avec les enfants en occupaient un autre. Un seul domestique avait obtenu la permission de les suivre dans leur prison : c'était le fidèle Cléry, qui, dans ses Mémoires, a transmis à la postérité des détails intéressants sur la vie que menaient au Temple ses augustes maîtres. Le roi s'occupait de l'éducation de son fils; les princesses employaient une grande partie de la journée à coudre, à tricoter, à travailler de la tapisserie. A la fin du jour, la famille royale se plaçait autour d'une table; le roi faisait à haute voix une lecture de livres d'histoire ou de quelques ouvrages bien choisis, propres à instruire et à amuser les enfants, mais dans lesquels les rapprochements imprévus avec sa situation donnaient lieu à des idées bien douloureuses.

La constitution de 1791 avait déclaré le roi inviolable; néanmoins la Convention décréta qu'il serait jugé par elle, et ce ne fut qu'après de vifs débats qu'elle lui accorda la faculté d'avoir des défenseurs : ce furent Tronchet, que Louis XVI avait désigné, et le vénérable Lamoignon de Malesherbes [1], qui sollicita et obtint la faveur de donner un dernier témoignage de dévouement au prince dont il avait été le ministre; ils s'adjoignirent M. Desèze, jeune avocat distingué, qui fut chargé de rédiger et de prononcer le plaidoyer et qui s'acquitta de cette

1. Malesherbes avait été ministre de Louis XVI une première fois avec Turgot, en 1775, et une seconde fois en 1787.

mission avec un admirable talent. Mais le roi était condamné d'avance. On le déclara coupable de conspiration contre la liberté de la nation et d'attentat à la sûreté générale de l'État : la peine de mort fut prononcée, et la Convention décida (**20** janvier) que l'exécution aurait lieu dans les vingt-quatre heures.

Louis XVI n'avait plus qu'à se préparer à mourir. Le soir, après une dernière et déchirante entrevue avec sa famille[1], il s'entretint longtemps avec son confesseur, l'abbé Edgeworth de Firmont, qui, prévenu à l'avance, était accouru au Temple. Vers minuit le roi se coucha et dormit d'un profond sommeil. Réveillé à cinq heures, il entendit à genoux la messe que l'abbé Edgeworth célébra sur un autel improvisé[2], reçut la communion des mains de l'officiant, et se releva plein de force, attendant avec calme le moment d'aller à l'échafaud. A huit heures du matin, Santerre arrive au Temple avec une nombreuse escorte. « Partons, » dit le roi, et le cortége funèbre s'avance lentement à travers une multitude armée qui borde la haie, et au milieu d'un silence universel. Arrivé à la place de la Révolution, le roi descend de voiture et se déshabille lui-même. Les bourreaux veulent lui lier les

la condamnation et les derniers moments de Louis XVI.

1. Louis XVI avait été séparé de sa famille pendant toute la durée du procès, c'est-à-dire du 11 décembre au 20 janvier.

2. Cléry avait transformé en autel la commode de la chambre du roi, et l'on avait emprunté à l'église voisine les ornements nécessaires.

mains; il s'indigne et regarde son confesseur. « Souffrez, lui dit le prêtre, ce nouvel outrage comme une dernière ressemblance avec le Dieu qui va être votre récompense. » La victime, résignée et soumise, se laisse lier les mains et conduire à l'échafaud. Là, il se tourne vers le peuple et dit d'une voix forte : « Je meurs innocent des crimes qu'on m'impute ; je pardonne aux auteurs de ma mort, et je prie Dieu que mon sang ne retombe jamais sur la France. » Mais aussitôt un roulement de tambours couvre sa voix ; les bourreaux s'emparent du patient, et à 10 heures 20 minutes le sacrifice était consommé[1].

11. Bataille de Jemmapes ; conquête de la Belgique. Première coalition contre la France. Défection de Dumouriez. — La victoire de Valmy avait délivré la Champagne et même sauvé Paris de l'invasion menaçante de la Prusse ; mais la Flandre était occupée par l'armée autrichienne, qui avait jeté ses divisions sur divers points de la frontière française. La ville de Lille, horriblement bombardée durant sept jours, s'illustra par une défense héroïque. Cependant Dumouriez accourait avec son armée ; il pénètre en Belgique, et le 6 novembre 1792 il atteint l'ennemi à Jemmapes[2] et gagne la célèbre bataille

— 11. Quelle province était occupée par l'armée autrichienne ? — Où et par qui cette armée fut-elle battue ? —

1. La dépouille du roi martyr fut précipitamment inhumée dans le cimetière de la Madeleine. C'est sur l'emplacement de ce cimetière que fut érigée plus tard la chapelle expiatoire qu'on y voit aujourd'hui.
2. Village situé à cinq kilomètres de Mons.

de ce nom. Le jeune duc de Chartres, fils du duc d'Orléans Philippe-Égalité, combattait dans l'armée française. Mons, Tournay, Gand, Bruges, Bruxelles, ouvrirent leurs portes; la Belgique était conquise.

La mort de Louis XVI avait consterné les souverains étrangers. En même temps, les succès des armées de la république et les doctrines de propagande révolutionnaire que pratiquait la Convention leur inspiraient les craintes les plus sérieuses. L'Angleterre, l'Espagne, la Hollande, se liguèrent avec l'Allemagne, l'Autriche et la Prusse contre la France : ce fut la première coalition, que dirigea William Pitt, l'illustre chef du ministère anglais. La Convention ne se laissa point abattre : elle décrète une levée de trois cent mille hommes et déclare la guerre à l'Angleterre (1er février), à la Hollande et à l'Espagne (9 mars). Peu après, Dumouriez perdit la bataille de Nerwinde[1], contre l'armée autrichienne, que commandait le duc de Saxe-Cobourg. Cette défaite livra la Belgique au vainqueur. N'écoutant alors que son ressentiment contre le gouvernement révolutionnaire, auquel il attribuait les derniers revers, Dumouriez se décida à négocier avec les Autrichiens. Il voulait être libre de ses mouvements pour marcher sur Paris avec son

Comment se forma la première coalition contre la France? — A la suite de quelle défaite et pour quel motif Dumouriez se décida-t-il à passer dans le camp autrichien? —

1. Village près de Liége.

armée, abattre les Jacobins et rétablir la royauté
constitutionnelle; il avait écrit à l'Assemblée une
lettre menaçante qui faisait soupçonner ses projets. Le ministre de la guerre, Beurnonville, et
quatre députés[1] arrivent à son quartier général
et lui signifient l'ordre de comparaître à la barre
de la Convention; au lieu d'obéir, il les fait arrêter et les livre à l'ennemi. Mais abandonné de
ses soldats, et menacé par eux, il se réfugie lui-
même dans le camp autrichien. Ce fut là le terme
de sa carrière militaire. Il passa obscurément le
reste de sa vie dans l'exil.

**12. Lois révolutionnaires; le comité de salut
public. Proscription des Girondins. Soulèvements
dans les provinces; la Vendée.** — Les derniers
revers et la défection de Dumouriez, en exas-
pérant les esprits, poussèrent la Convention
à adopter des mesures terribles, impitoyables,
dirigées surtout contre ceux qu'on appelait les
ennemis de l'intérieur. On commença les visites domiciliaires pour désarmer tous les citoyens suspects. La peine de mort fut prononcée
contre quiconque parlerait du rétablissement de
la royauté. « Après s'être ainsi assuré le moyen
d'atteindre tous ceux qui donnaient le moindre
ombrage, on ajouta celui de les frapper de la
manière la plus prompte, en installant le tribunal révolutionnaire. » La Convention, par les

12. Quelles furent les mesures décrétées par la Conven-

---

1. Ces députés étaient Camus, Lamarque, Bancal et Quinette.

décrets des **18 mars** et **6 avril 1793** établit le *Comité de salut public,* composé de neuf membres, entre les mains desquels était concentrée toute l'autorité publique : c'étaient autant de dictateurs investis d'un pouvoir illimité.

Une lutte mortelle s'engagea bientôt entre les Girondins et les Montagnards. **Le 29 mai** et les jours suivants, les clubs, la Commune, de concert avec des commissaires nommés par les sections de Paris, préparent une formidable insurrection contre la Convention pour la forcer à prononcer l'arrestation des principaux députés girondins. **Le 2 juin,** cent mille hommes armés, commandés par Henriot, le nouveau chef de la garde nationale, entourent les Tuileries, où siége l'Assemblée. Des pétitionnaires envahissent la salle des séances. Les députés, le président en tête, veulent se soustraire aux menaces de l'émeute; mais ils sont repoussés par Henriot, qui leur montre les canons braqués contre la Convention et prêts à faire feu. L'Assemblée, intimidée, rentre en séance et, sur la motion de Marat, décrète l'arrestation de vingt-neuf députés, au nombre desquels étaient Vergniaud, Gensonné, Guadet, Brissot, Lanjuinais, Barbaroux, Valazé, Buzot, Pétion. Plusieurs d'entre eux s'échappèrent, d'autres attendirent leur jugement. La journée du **29 mai-2 juin** assurait le triomphe des Montagnards. La proscription des Girondins

tion? — Qu'était-ce que le comité de salut public? — Racontez les événements qui furent suivis de la proscription

excita une vive indignation dans un grand nombre de départements. Les villes les plus considérables, Caen, Bordeaux, Toulouse, Lyon, Marseille, où les proscrits s'étaient réfugiés, se soulevèrent contre la Convention; mais ces tentatives furent promptement réprimées, et la plupart des Girondins ne purent échapper aux recherches incessantes dont ils furent l'objet.

Pendant ce temps la guerre civile éclatait dans la Vendée : on comprend sous le nom de Vendée le Bas-Poitou, l'Anjou, le Bas-Maine et la Bretagne. Là les mœurs patriarcales s'étaient conservées dans toute leur pureté ; la noblesse n'avait point émigré. Les seigneurs quittaient rarement leurs châteaux et vivaient familièrement avec les paysans. Profondément attachés à la religion catholique et à la royauté, les habitants de ce pays étaient peu disposés à accepter tous les changements qui s'étaient opérés depuis 1789. La mort de l'infortuné Louis XVI les avait indignés, et leur aversion pour les révolutionnaires s'en était augmentée. Le décret de la Convention qui ordonnait une levée de 300,000 hommes fut le signal de l'insurrection. Les paysans se soulevèrent de tous les côtés au son du tocsin : conduits par le colporteur Cathelineau et le garde-chasse Stofflet, ils s'emparent de plusieurs postes importants que les troupes républicaines occupaient. Leur nombre s'augmente de

des Girondins. — Donnez quelques renseignements sur la Vendée. — Pour quelle cause les Vendéens se soulevèrent-

jour en jour, et ils forment bientôt une armée considérable dont Cathelineau est élu général en chef et à la tête de laquelle viennent aussi se placer les gentilshommes Bonchamp, Lescure, d'Elbée, La Rochejaquelein et Charette. Vainqueurs à Chantonnay et à Chemillé, les Vendéens prennent Fontenay (1er mai) et Saumur (10 juin) qui les rendait maîtres du passage de la Loire. Alors ils attaquent à la fois les Sables et Nantes ; ils sont repoussés sur ces deux points, et Cathelineau est blessé mortellement devant Nantes. Cet insuccès ne décourage pas les Vendéens : ils gagnent coup sur coup deux batailles, celle de Châtillon le 5 juillet et celle de Vihiers le 18 du même mois. Telle fut la première période de cette guerre, qui devait encore durer plusieurs années.

CHAPITRE V.

Le tribunal révolutionnaire. La loi des suspects. La Terreur. — Assassinat de Marat. Soumission de Lyon et de Toulon. Supplice de la reine Marie-Antoinette et des Girondins. Le Dauphin dans la prison du Temple. — Lutte des partis dans la Convention. Domination de Robespierre. Le 9 thermidor ; fin de la Terreur.

13. Le tribunal révolutionnaire. La loi des suspects. La Terreur. — Nous avons déjà dit que,

ils ? — Quels étaient leurs chefs ? — Quels furent leurs premiers succès ?

QUESTIONS. — 13. Comment était composé le tribunal

pour faire peur aux ennemis du dedans, la Convention avait décrété, le 10 mars 1793, la création du *tribunal révolutionnaire*. Il se compoait de neuf membres nommés par elle, avec le pouvoir de juger tous ceux que la Convention lui enverrait en vertu d'un décret. Il devait y avoir toujours dans la salle du tribunal un membre chargé de recevoir les dénonciations. L'accusateur public devant ce tribunal était Fouquier-Tinville; cet homme impitoyable fut surnommé le *pourvoyeur de la guillotine*.

L'institution du tribunal révolutionnaire fut suivie de la *loi des suspects*, décrétée le 17 mars par la Convention, loi odieuse et terrible qui mettait à la merci des gouvernants la vie de tous les citoyens. Étaient déclarés suspects, et devaient être arrêtés comme tels, ceux qui, dans les assemblées du peuple, empêchaient son énergie par des discours artificieux, des cris turbulents, des murmures; ceux auxquels on aurait refusé des certificats de civisme; les fonctionnaires publics suspendus ou destitués de leurs fonctions; les ci-devant nobles; les maris, femmes, pères, mères, fils ou filles, frères ou sœurs d'émigrés, qui n'auraient pas manifesté leur attachement à la révolution. »

A ces dispositions on ajouta la révocation du décret qui avait suspendu les visites domiciliaires. Dès lors chaque citoyen poursuivi fut menacé à

révolutionnaire? — Quel était son pouvoir? — Qu'était-ce que la loi des suspects? — Quel affreux régime fut alors

toute heure et n'eut plus un instant de repos. 21,500 comités révolutionnaires chargés d'arrêter les suspects avaient été installés par toute la France, et l'on peut dire que l'arrestation d'un suspect équivalait presque toujours à un arrêt de mort. C'est ainsi que s'inaugurait l'affreux régime désigné sous le nom de *Terreur*, dont on peut faire remonter l'origine au 31 mai 1793, jour de la proscription des Girondins, et qui devait peser sur la France jusqu'au 27 juillet 1794.

14. Assassinat de Marat. Soumission de Lyon et de Toulon. Supplice de la reine Marie-Antoinette et des Girondins. Le Dauphin dans la prison du Temple. — A cette époque vivait dans le Calvados une jeune fille, âgée de vingt-cinq ans, nommée Charlotte Corday d'Armans. Douée d'un caractère énergique, mais aussi d'une imagination exaltée, elle s'était enflammée pour la cause de la république telle que la voulaient les Girondins. Les voyant proscrits, elle résolut de les venger en tuant Marat, qu'elle considérait comme le chef de la Montagne. Arrivée à Paris, elle réussit à être introduite chez Marat, sous prétexte de lui faire des révélations. Malade depuis quinze jours, il était en ce moment dans son bain. Elle lui nomme les Girondins qui se trouvaient réunis à Caen. « Ils iront tous à la guillotine, » dit Marat. La jeune fille tire vivement un couteau qu'elle tenait caché et le lui plonge dans la poitrine du côté du cœur. Au cri que pousse

inauguré ? — 14. Racontez l'assassinat de Marat. — Quelles

Marat expirant, on accourt ; Charlotte Corday, arrêtée aussitôt et traduite devant le tribunal révolutionnaire, fut envoyée à l'échafaud. Elle subit la mort avec le plus ferme courage. Le dévouement de Charlotte Corday, qui croyait, en tuant Marat, délivrer la France d'un affreux tyran, n'excuse pas son action : l'assassinat, quel qu'en soit le motif, est toujours une violation de la loi divine, qui dit : « Tu ne tueras point. »

Parmi les villes du Midi qui, après le 2 juin, s'étaient insurgées contre la Convention, Lyon et Toulon se signalèrent par la résistance qu'elles opposèrent aux troupes républicaines. A Lyon, où les royalistes dominaient, vingt mille gardes nationaux avaient pris les armes. La ville, assiégée le 8 août par le général Kellermann, fut prise le 9 octobre : la Convention décréta qu'elle serait détruite, qu'il n'y serait conservé que les maisons des pauvres, les manufactures, les hôpitaux, etc., sous le nom de *Commune affranchie*. Tous ceux qu'on dénonça comme ayant pris part à l'insurrection et qu'on put saisir furent jetés dans les prisons. Deux mois après, les représentants Collot d'Herbois, Fouché et Couthon faisaient impitoyablement fusiller ou mitrailler les malheureux captifs.

Toulon, où dominaient aussi les royalistes, avait appelé les Anglais, auxquels furent livrés la ville, l'arsenal et la flotte. Le général Dugom-

sont les villes principales qui s'étaient insurgées contre la Convention ? — Comment la ville de Lyon fut-elle punie ?

mier reçut de la Convention l'ordre formel de reprendre la place. Pour réussir dans ce dessein, il fallait d'abord s'emparer d'une redoute que l'ennemi avait construite sur les hauteurs qui dominaient l'entrée de la petite rade. Vigoureusement attaquée par les troupes républicaines, la redoute fut emportée. Les Anglais furent forcés de se rembarquer; mais, avant de s'éloigner, ils mirent le feu à l'arsenal et brûlèrent plusieurs vaisseaux. C'est au siége de Toulon que Bonaparte, alors simple officier d'artillerie, commença à se faire connaître.

A Paris, les arrestations et les supplices se multipliaient avec une effrayante rapidité. Une des premières victimes et la plus illustre fut la reine Marie-Antoinette, séparée depuis plusieurs mois de sa belle-sœur, de sa fille et de son fils; elle avait été transférée de la prison du Temple dans celle de la Conciergerie. Le 14 octobre, elle comparut devant ses juges ou plutôt devant ses bourreaux : car elle était condamnée d'avance comme l'infortuné Louis XVI; le tribunal prononça la peine de mort[1]. Le 16 octobre, au matin, la reine fut conduite au supplice. La charrette sur laquelle on la fit monter allait au pas : « il fallait que la victime, abreuvée d'insultes et d'outrages par la populace, bût lentement la

— Que se passa-t-il à Toulon? — Racontez le supplice de la reine Marie-Antoinette. — Quelles autres victimes furent

1. Les défenseurs de la reine furent Chauveau-Lagarde et Tronçon-Ducoudray.

mort. » Elle resta calme et résignée, et sa tête tomba à la même place où neuf mois auparavant le roi martyr avait été immolé.

On procéda ensuite au jugement des vingt et un députés girondins qui étaient enfermés à la Conciergerie depuis le 2 juin. Il ne leur fut pas permis de se défendre : le tribunal, se déclarant suffisamment éclairé, prononça l'arrêt de mort et les envoya à l'échafaud. Après eux furent immolées de nouvelles victimes : Madame Roland, femme de l'ancien ministre; Barnave, les généraux Biron et Houchard, le vénérable Bailly, et quelques mois après la sainte Madame Élisabeth, la sœur du roi.

De la famille de Louis XVI il ne restait plus au Temple que sa fille, qui avait atteint sa seizième année, et son fils, âgé de huit ans. Dans le jeune Dauphin, que les royalistes émigrés avaient proclamé roi sous le nom de Louis XVII, les Jacobins ne voyaient que le rejeton d'une race de tyrans : s'ils n'osèrent pas tuer publiquement un enfant, ils résolurent toutefois de s'en débarrasser par un autre moyen plus horrible qu'une mort violente. Séparé de sa mère quelques mois après la mort du roi, le pauvre enfant fut remis entre les mains du savetier Simon, que le conseil général de la Commune avait nommé *instituteur du petit Capet*. Cruelle dérision! Cet homme brutal et presque toujours ivre ne par-

immolées en même temps? — Racontez les affreuses tortures infligées au jeune Dauphin dans la tour du Temple.

lait jamais à son prisonnier que le blasphème ou l'injure à la bouche et le frappait sans pitié. Bientôt, pour se dispenser de toute surveillance, on enferma le malheureux enfant dans une chambre obscure dont la porte ne s'ouvrit plus; c'est par une lucarne qu'on lui donnait une grossière nourriture. Toujours seul, privé d'air et de mouvement, assailli de terreurs continuelles, il dépérissait, et avec la vie s'éteignaient peu à peu l'intelligence et la raison. C'est vainement que plus tard, après le 9 thermidor, le gouvernement, plus humain, plaça auprès du Dauphin des gardiens qui lui prodiguèrent des soins affectueux; c'est vainement aussi qu'on appela les médecins Desault et Pelletan : l'œuvre des méchants était accomplie. Le royal enfant expirait le 10 juin 1795 [1].

15. Lutte des partis dans la Convention. Domination de Robespierre. Le 9 thermidor; fin de la Terreur. — Après la proscription des Girondins, la Convention, où désormais les Montagnards restaient seuls maîtres, se divisa en trois partis : les Hébertistes, les Dantonistes et les partisans de Robespierre. Les Hébertistes, dont les principaux chefs étaient Hébert, rédacteur d'un journal immonde intitulé le *Père Duchêne*, Chaumette [2], Collot d'Herbois et le Prussien Ana-

— 15. Quels partis se disputèrent alors le pouvoir dans

1. Quelques mois après, la sœur du Dauphin, Madame Royale, était rendue à la liberté en échange des représentants que Dumouriez avait livrés aux Autrichiens.
2. Chaumette était procureur syndic de la Commune.

charsis Clotz, naturalisé Français, dominaient dans la Commune. Danton et son ami Camille Desmoulins, ces fougueux révolutionnaires, devenus plus modérés, essayaient alors de paralyser l'influence des Hébertistes, qui voulaient pousser la Terreur jusqu'à ses dernières limites. Robespierre et ses associés Saint-Just et Couthon formaient un triumvirat qui aspirait à la dictature; Robespierre, tout-puissant au comité de salut public et au club des Jacobins, exerçait aussi un grand ascendant sur la Convention. Dès lors une lutte d'extermination s'engagea entre ces divers partis. Les Hébertistes succombèrent les premiers sous les accusations portées contre eux par Camille Desmoulins et Saint-Just; ils furent arrêtés et conduits à l'échafaud le 24 mars 1794. Quelques jours après ce fut le tour des Dantonistes: Danton, Camille Desmoulins, Hérault de Séchelles, Westermann et plusieurs autres, traduits devant le tribunal révolutionnaire, furent condamnés et guillotinés (5 avril).

Robespierre n'avait plus de rivaux; il restait maître absolu du gouvernement. Avec cet homme froidement cruel, la Terreur redoubla de violence. La religion chrétienne était proscrite; toutes les églises étaient fermées [1]. Une ère nouvelle

la Convention? — Comment Robespierre resta-t-il maître absolu du gouvernement? — Quels furent les excès du

____

1. L'infâme Hébert et ses partisans, qui étaient tous d'abominables athées, avaient institué le culte de la Raison. Après le supplice des Hébertistes, Robespierre fit proclamer par la

était substituée à l'ère chrétienne, un calendrier républicain au calendrier grégorien : tout était changé, jusqu'aux noms des mois et des jours[1]. En même temps de nombreuses victimes étaient envoyées à l'échafaud, entre autres le vénérable Malesherbes avec toute sa famille, l'illustre chimiste Lavoisier, les vieux maréchaux de Noailles et de Mouchy, le général Beauharnais, enfin les jeunes poëtes André Chénier et Roucher. Les commissaires envoyés par la Convention dans les départements se montraient encore plus impitoyables : Tallien à Bordeaux, Carrier à Nantes, Lebon à Arras, Schneider en Alsace, Laplanche dans le Cher, exercèrent les plus horribles cruautés.

Cependant beaucoup de membres de la Convention, craignant pour eux-mêmes le sort des Girondins et des Dantonistes, résolurent de s'affranchir de la domination de Robespierre. Le 28 juillet (9 thermidor), Billaud-Varennes et Tallien montent à la tribune et accusent Robes-

régime de la Terreur ? — Racontez les événements du 9 thermidor.

Convention l'existence de l'Être suprême et décréter une fête publique pour ce simulacre de religion.

1. L'ère nouvelle datait du 22 septembre 1792, époque de la fondation de la république. L'année était divisée en 12 mois égaux de 30 jours ou en 360 jours, auxquels on ajoutait 5 jours complémentaires qui reçurent le nom de *sans-culottides*. Chaque mois était partagé en trois décades de 10 jours chacune. Les mois s'appelaient *vendémiaire, brumaire, frimaire,* pour l'automne ; *nivôse, pluviôse, ventôse,* pour l'hiver ; *germinal, floréal, prairial,* pour le printemps ; *messidor, thermidor, fructidor,* pour l'été. Aux noms des saints pour les jours furent substitués des noms de légumes, de fleurs, de fruits.

pierre de méditer contre la Convention un nouveau 31 mai et d'aspirer à la dictature. Robespierre fait de vains efforts pour être écouté ; dans
toutes les parties de la salle on crie : « A bas le
tyran ! » Enfin, il est décrété d'accusation avec
son frère, Saint-Just, Couthon et Lebas. Les cinq
accusés sont conduits au comité de sûreté générale, en attendant d'être transférés dans les prisons; mais la Commune, qui venait de se soulever
en leur faveur, les délivre et les conduit en
triomphe à l'hôtel de ville. La Convention met
hors la loi les accusés, la Commune et tous ses
adhérents. Elle donne le commandement de la
force armée à Barras, qui marche contre l'hôtel
de ville avec les gardes nationaux des sections
fidèles ; les émeutiers sont mis en fuite. Robespierre se tire, ou, suivant un autre récit, un gen-
darme lui tire un coup de pistolet qui lui brise
la mâchoire ; il est transporté tout sanglant dans
la salle du comité de salut public et, quelques
heures après, conduit à l'échafaud avec son frère,
Saint-Just, Couthon[1] et quinze autres de ses
complices (28 juillet-10 thermidor). Ce fut la
fin du règne de la Terreur, qui durant quatorze
mois s'était appesanti sur la France et avait immolé tant de victimes.

---

1. Lebas s'était brûlé la cervelle.

CHAPITRE VI.

Insurrection des faubourgs contre la Convention. Le président
Boissy d'Anglas. Guerre extérieure; campagne de 1793 et
1794. — Traités avec la Prusse et l'Espagne. Les Vendéens
et les républicains; les chouans. Défaite des émigrés à Quiberon.—Constitution de l'an III. Journée du 13 vendémiaire.
Clôture de la Convention.

**16. Insurrection des faubourgs contre la Conven-
tion. Le président Boissy d'Anglas. Guerre extérieure; campagne de 1793 et 1794.** — Les excès
de la révolution arrivée aux dernières limites
de la violence furent suivis, après le 9 thermidor, d'une heureuse réaction. On rendit la liberté aux prisonniers que le tribunal révolutionnaire n'avait pas encore condamnés. Les décrets
précédemment rendus contre les prêtres et les
nobles furent révoqués ou adoucis. Le club des
Jacobins fut fermé et la Commune supprimée.
La Convention rappela les Girondins proscrits
qui avaient échappé à la mort et soixante-treize
députés qui avaient été expulsés pour avoir pro-
testé contre les événements des 31 mai et 2 juin.
Fouquier-Tinville, l'exécrable accusateur public,
Carrier et Lebon, qui avaient épouvanté Arras et
Nantes par leurs atrocités, expièrent leurs crimes
sur l'échafaud.

A la suite d'un hiver très-rigoureux et de mauvaises récoltes, la famine sévissait à Paris. Les blés manquaient, et toutes les denrées de première nécessité étaient à un prix exorbitant. Comme toujours, le peuple attribuait au gouvernement la cause de ses souffrances. Les Jacobins résolurent d'exploiter ce mécontentement pour attaquer la Convention et ramener le règne de la Terreur. Le 1er prairial (20 mai 1795), les faubourgs se soulèvent ; une foule d'hommes, armés de fusils, de piques, de bâtons, marche vers les Tuileries, force les portes de l'Assemblée et pénètre dans la salle des séances, en criant : « Du pain ! et la constitution de 1793 ! » En même temps les tribunes étaient envahies par des femmes qui poussaient les mêmes cris. Le président Boissy d'Anglas est menacé par des furieux qui dirigent leurs piques contre sa poitrine. Un jeune député, nommé Féraud, veut le couvrir de son corps : victime d'un généreux dévouement, il est tué, et sa tête, mise au bout d'une pique, est promenée dans la salle et sous les yeux du président. Boissy d'Anglas se découvre, s'incline avec respect devant ce sanglant trophée, et il reste impassible au milieu des cris et des menaces. Enfin les sections fidèles de la garde nationale viennent délivrer l'Assemblée. On désarma les faubourgs, et la constitution de 1793 fut abolie.

Au mois d'août 1793, la France se trouvait

de l'insurrection des faubourgs contre la Convention ? — Racontez cette insurrection. — Quels furent les succès des

sérieusement menacée sur la frontière du Nord.
Les coalisés s'étaient rendus maîtres de Condé
et de Valenciennes. La Convention, dont l'énergie redoublait avec les dangers, décréta que tous
les Français seraient en réquisition permanente
pour le service des armées, et que des représentants du peuple seraient envoyés dans les départements pour accélérer la levée des hommes; de
plus, elle avait donné pour mot d'ordre aux généraux : « La victoire ou la mort. » Au printemps de 1794 l'armée française prit l'offensive.
Pichegru qui la commandait, et qui était opposé
au duc de Cobourg, se jette sur la Flandre et
gagne coup sur coup deux batailles, l'une à
Mouscron (29 avril), l'autre à Tourcoing (18 mai);
Ypres tombe en son pouvoir avec 7000 prisonniers. D'un autre côté, le général Jourdan, à la
tête de l'armée de Sambre-et-Meuse, remportait,
le 26 juin, la victoire de Fleurus, qui lui donnait la possession de la Belgique et de la rive
gauche du Rhin. Pendant ce temps Pichegru
marchait sur la Hollande. Anvers se rendit le
25 juillet, et six mois après les Français entraient
à Amsterdam et à la Haye, où les états généraux
proclamaient la république batave.

Au midi, du côté des Pyrénées orientales, le
général Dugommier chassait les Espagnols des
positions qu'ils occupaient sur notre frontière.
Frappé à mort en combattant, il fut remplacé
par le général Pérignon, qui fit capituler Fi-

armées françaises dans la campagne de 1793 et 1794? —

guières et Roses : la Catalogne était envahie. Aux Pyrénées occidentales, le général Moncey, après s'être rendu maître de Fontarabie et de Saint-Sébastien, occupait les provinces basques.

Sur mer nos armes n'étaient pas aussi heureuses. Une flotte de vingt-six vaisseaux, sortie du port de Brest, sous le commandement de l'amiral Villaret-Joyeuse, engagea une terrible lutte contre une escadre anglaise plus forte. Les Français furent battus et perdirent six vaisseaux : l'un de ces vaisseaux, le *Vengeur*, capitaine La Renaudie, plutôt que de se rendre, s'engloutit héroïquement dans les flots avec tout son équipage. À la suite de ce revers, la France perdit la Martinique, Sainte-Lucie, la Guadeloupe, en Amérique, et Pondichéry, aux Indes.

17. **Traités avec la Prusse et l'Espagne. Les Vendéens et les républicains; les Chouans. Défaite des émigrés à Quiberon.** — Les succès obtenus par les armées françaises dans les dernières campagnes décidèrent la Prusse et l'Espagne à faire la paix. Par le traité de Bâle, conclu le 5 avril 1795 avec le roi de Prusse Frédéric-Guillaume II, toute la rive gauche du Rhin était annexée au territoire français. Par un autre traité de Bâle (25 juillet), le roi d'Espagne Charles IV reconnaissait la république française. En même temps, la Hollande, nouvellement érigée en république

batave, cédait à la France les places importantes de Maestricht et de Venloo.

La Vendée ne se montrait pas disposée à se soumettre. La Convention ordonna que la guerre fût terminée avant la fin du mois d'octobre (1793). Le 17 de ce même mois, une bataille se livra près de Cholet entre l'armée vendéenne, commandée par d'Elbée, Bonchamp, La Rochejaquelein[1], et l'armée républicaine, qui avait pour chefs Westermann, Kléber et Marceau. Après une lutte opiniâtre, les Vendéens, mis en déroute, opérèrent leur retraite sur Saint-Florent. C'est là qu'avait été transporté Bonchamp blessé à mort; avant d'expirer, il demanda qu'on fît grâce aux soldats républicains qui avaient été faits prisonniers et qui devaient être fusillés : les dernières volontés du héros chrétien furent respectées. Battus de nouveau devant Angers, les Vendéens se rejetèrent sur le Mans, où, cernés et refoulés par les troupes républicaines, ils furent écrasés (13 décembre). Dix jours après, les débris de leur armée étaient anéantis à Savenay.

Malgré leurs défaites, les Vendéens ne déposèrent pas les armes. La Rochejaquelein et Stofflet avaient repassé la Loire ; Charette occupait le Marais[2], d'où il était difficile de le chasser. Une armée de paysans, désignés sous le nom

pagne? — Racontez les principaux faits de la guerre de la

---

1. Lescure avait été tué dans une rencontre à Mortagne.
2. Contrée située le long de la côte à l'ouest et couverte de lacs, de marais salants et de marécages.

de *chouans*[1], commandés par le meunier Georges Cadoudal, se réunit aux Vendéens. Cette guerre civile menaçait de s'éterniser ; la Convention crut y mettre un terme en livrant le pays à une horrible dévastation : elle se trompait. Heureusement, à l'époque de la chute de Robespierre, le commandement des armées de l'Ouest fut donné à Lazare Hoche, jeune général de vingt-six ans, qui s'était déjà illustré dans les combats contre les Autrichiens. Généreux, plein d'humanité et non moins habile politique, Hoche essaya de désarmer les paysans par la douceur, et ses efforts furent couronnés de succès. Charette et Stofflet, les derniers chefs[2] des Vendéens, firent leur soumission.

Tout n'était pas fini cependant. Le 26 juin 1795, une flotte anglaise débarqua sur la presqu'île de Quiberon (département du Morbihan) trois régiments d'émigrés. Aussitôt tout l'Ouest se soulève ; Charette et Stofflet reprennent les armes ; quinze mille chouans, avec leur chef Cadoudal, viennent camper près de Carnac pour soutenir les émigrés. Le général Hoche, bien qu'il ne disposât dans ce moment que d'une armée peu nombreuse, agit avec vigueur et prit les

Vendée. — Quels moyens le général Hoche employa-t-il pour mettre un terme à cette guerre ? — Racontez l'expé-

1. Le nom de *chouan*, qui est une corruption des mots *chat-huant*, avait été donné à des contrebandiers qui s'avertissaient la nuit en imitant le cri du chat-huant.

2. Précédemment, D'Elbée avait été pris et fusillé et La Rochejaquelein tué.

dispositions les plus habiles. Bientôt les émigrés et les chouans, refoulés dans la presqu'île et acculés aux rochers de la côte, se trouvèrent dans une position désespérée. Beaucoup se noyèrent en voulant regagner à la nage les embarcations anglaises ; tous les autres furent faits prisonniers. On épargna les paysans : Hoche aurait voulu sauver aussi les émigrés ; mais la Convention se montra inflexible comme la loi qui les condamnait : ils furent fusillés.

18. Constitution de l'an III. Journée du 13 vendémiaire. Clôture de la Convention.—Délivrée de la guerre étrangère et de la guerre civile, la Convention s'occupa d'achever la constitution dite de l'an III. Aux termes de cette constitution, le pouvoir législatif était confié à deux conseils : le conseil des *Cinq-Cents*, ayant seul la proposition des lois, et le *Conseil des Anciens*, de deux cent cinquante membres, auquel appartenait le droit d'approuver ou de rejeter les résolutions du conseil des Cinq-Cents. Le pouvoir exécutif était délégué à un directoire de cinq membres nommés par le Corps législatif.

La Convention voulait fermement maintenir la république. Aussi, pour empêcher les royalistes d'obtenir la majorité dans les élections nouvelles, elle décréta que les deux tiers des membres du corps législatif, c'est-à-dire des deux conseils, seraient pris dans son sein, et

dition de Quiberon. — 18. Quelles furent les principales dispositions de la constitution de l'an III? — Racontez la

3.

qu'en dehors d'elle un tiers seulement serait nommé. Plusieurs sections de la garde nationale, où dominaient les royalistes, protestèrent contre les décisions de l'Assemblée, et le 13 vendémiaire (5 octobre 1795) elles prirent les armes. Barras, chargé de défendre la Convention et investi du commandement de la force armée, prit pour lieutenant le jeune général Bonaparte. Les insurgés engagèrent la lutte; accueillis à coups de canon sur le quai Voltaire et dans la rue Saint-Honoré devant l'église Saint-Roch, ils furent mis en déroute et dispersés. Grâce aux mesures savantes et énergiques de Bonaparte, le combat commencé à quatre heures et demie était fini à six heures, et le général, victorieux sur tous les points, rétablit le lendemain la tranquillité publique.

Le 4 brumaire an IV (26 octobre 1795), la Convention nationale déclara que sa mission était remplie et sa session terminée. Pendant sa terrible dictature de trois années, elle avait épouvanté le monde par ses crimes; mais, sans vouloir l'absoudre, il faut dire que, si ces crimes mêmes suscitèrent contre la France la guerre étrangère, elle sut résister avec une indomptable énergie à l'Europe coalisée.

Parmi les créations utiles qui sont dues à la Convention, nous devons mentionner l'établissement du *Grand-Livre de la dette publi-*

journée du 13 vendémiaire. — Quel rôle le général Bonaparte y joua-t-il? — A quelle époque la Convention se sépara-t-elle? — Quel jugement doit-on porter sur cette

que, registre tenu par le ministre des finances et sur lequel devaient être inscrites les rentes dues par l'État à ses créanciers ; l'établissement des écoles primaires ; la création des écoles centrales (lycées), de l'école normale pour former les professeurs, de l'école centrale des travaux publics (école polytechnique) ; l'organisation du Muséum d'histoire naturelle ; le Conservatoire des arts et métiers ; l'institut national des jeunes aveugles ; le musée du Louvre ; l'institut national (conservatoire) de musique. Enfin, c'est la Convention qui décréta l'unité des poids et mesures (système métrique).

CHAPITRE VII.

Le Directoire (octobre 1795). Détresse financière ; agitation des partis. Campagne du général Bonaparte en Italie. Le général Moreau en Allemagne. — Nouveaux succès de Bonaparte en Italie ; traité de Campo-Formio. Conspiration contre le Directoire ; le 18 fructidor. — Expédition d'Égypte. Bataille des Pyramides. Combat naval d'Aboukir. L'armée française en Syrie.

19. Le Directoire (octobre 1795). Détresse financière ; agitation des partis. Campagne du général Bonaparte en Italie. Le général Moreau en Allemagne.

assemblée ? — Quelles sont les créations utiles qui lui sont dues ?

QUESTIONS.— 19. Comment était composé le Directoire ?

— La Convention avait nommé les membres qui devaient composer le Directoire : ce furent Barras, Rewbell, Letourneur, Laréveillère-Lepeaux et Carnot. Ils entrèrent en fonctions le lendemain de la clôture des sessions de la Convention, le 27 octobre 1795, et s'installèrent au Luxembourg. Le nouveau gouvernement se trouva tout d'abord aux prises avec de graves embarras. Le trésor était vide, les fonctionnaires publics n'étaient point payés, les soldats ne recevaient plus de solde. La Convention avait mis en circulation dix-neuf milliards d'assignats, et elle avait ainsi détruit le crédit par l'abus de ce papier-monnaie, qui bientôt ne valut plus que les deux centièmes de son titre. En outre, le Directoire avait à se défendre contre les partis qui lui étaient hostiles et qui conspiraient : c'étaient d'une part les révolutionnaires, de l'autre le parti royaliste.

Un journaliste nommé Babeuf, et qui se faisait appeler Caïus Gracchus, prêchait des doctrines communistes[1] et comptait de nombreux adhérents dans la population des faubourgs; chef des ultra-révolutionnaires, il demandait le partage des terres et la communauté des richesses, de tous les biens. Il essaya de gagner les troupes du camp de Grenelle; il fut arrêté

— Dans quels embarras se trouva-t-il tout d'abord? — Quelles doctrines prêchait un certain Babeuf? — Quel fut

---

1. Les doctrines communistes ne tendent à rien moins qu'à détruire la religion, la famille et la propriété.

avec ses principaux complices, condamné à mort et exécuté (septembre 1796).

Délivré des révolutionnaires, le Directoire se vit menacé par les royalistes. Les agents du comte de Provence, devenu roi sous le nom de Louis XVIII par la mort du fils de Louis XVI, avaient gagné Pichegru, général de l'armée du Rhin, en lui offrant des richesses et de magnifiques honneurs. Les détails de cette conjuration ne furent connus que l'année suivante, 1797; mais dès le mois d'avril 1796 le Directoire, mécontent de la conduite de Pichegru dans son commandement, l'avait remplacé par Moreau.

Le parti royaliste dans la Vendée n'avait plus que deux chefs, Charette et Stofflet. Malgré tous leurs efforts pour soulever les paysans, ceux-ci restaient sourds à leur appel : un an de paix avait refroidi leur ardeur; et puis la vigilance et l'énergie du général Hoche, ses procédés généreux et pleins d'humanité à leur égard, leur inspiraient la crainte et le respect. Stofflet et Charette, poursuivis sans relâche, furent pris et fusillés. La chouannerie fit bien encore quelques tentatives pour tenir la campagne; mais Hoche finit par détruire toutes leurs bandes, et la Vendée fut pacifiée.

Le Piémont, de concert avec l'Autriche, voulait arracher la Savoie à la France, qui l'avait conquise en 1793. Le Directoire mit à la tête de l'armée d'Italie le général Bonaparte, qui s'était

son sort? — Donnez quelques détails sur la conspiration

déjà fait connaître au siége de Toulon et dans la journée du 13 vendémiaire. Arrivé à Nice, il trouva une armée de 30,000 hommes, dénuée de tout, sans argent, sans vivres, et presque sans vêtements. Il lui montra l'Italie comme une sorte de terre promise, où elle devait trouver tout ce dont elle avait besoin. Il tourna les Alpes, escalada les Apennins, et le 12 avril il remporta une première victoire à Montenotte, deux autres, le 14, à Millesimo, le 15 à Dego, et le 22 il défit complétement les Piémontais à Mondovi. Le roi Victor-Amédée, le 18 mai, signa un traité par lequel il cédait à la France la Savoie et Nice.

En Allemagne, l'armée de Sambre-et-Meuse, commandée par Jourdan, qui avait pour lieutenants Kléber, Lefebvre, Championnet, Bernadotte et Marceau, était de succès en succès arrivée le 20 août sur la Naab, affluent de la rive gauche du Danube, à une journée de marche de la Bohême. En même temps, l'armée du Rhin, commandée par Moreau, qui avait sous ses ordres Desaix, Delmas, Saint-Cyr, franchissait la Forêt-Noire et s'avançait jusqu'à Neresheim, sur la rive gauche du Danube. Mais les deux armées, au lieu de se réunir, restèrent séparées. L'archiduc Charles profita de cette faute ; marchant avec toutes ses forces contre Jourdan, il le battit deux fois et le força de repasser le Rhin.

royaliste. — Racontez les premiers succès de Bonaparte en Italie. — Quelles furent les opérations militaires de

Le général Moreau se trouvait dans une position critique ; il sut conjurer le péril. Il opéra une savante et glorieuse retraite à travers cent lieues d'un pays ennemi, et il franchit heureusement le Rhin à Huningue sans que son armée eût été entamée.

20. Nouveaux succès de Bonaparte en Italie; traité de Campo-Formio. Conspiration contre le Directoire; le 18 fructidor. — Cependant Bonaparte continuait en Italie sa marche victorieuse. Le 7 mai, il passait le Pô et s'avançait jusqu'à Lodi, sur l'Adda. Le 11 mai, Milan est pris ; le 15, deux armées autrichiennes veulent reconquérir la Lombardie. Bonaparte parvient à les séparer, bat l'une à Lonato le 3 août, et il entre le 5 à Castiglione. Il poursuit l'ennemi, le défait à Roveredo, à Bassano, et Wurmser, le général autrichien, se renferme dans Mantoue. Dans une seconde campagne contre les Autrichiens, dirigés par Alvinzi, Bonaparte remporte la brillante victoire d'Arcole le 17 novembre, celle de Rivoli le 14 janvier 1797, assiége Wurmser dans Mantoue et le force à capituler. Au mois de mars, les Autrichiens, commandés par l'archiduc Charles, sont battus sur le Tagliamento, dans la Vénétie, et à Neumark, dans les Alpes de la Carinthie; de là, Bonaparte marche sur Vienne, et le 1er avril il atteint Léoben, à vingt-cinq lieues de cette capitale. L'Autriche demanda la paix, dont les

Jourdan et de Moreau en Allemagne? — 20. Racontez les nouveaux succès de Bonaparte en Italie. — Quelles furent

préliminaires furent signés à Léoben même le 18 avril et remplacés le 17 octobre par le traité de Campo-Formio[1], qui abandonnait à la France la Belgique et la rive gauche du Rhin. Le territoire de Venise, avec l'Istrie et la Dalmatie, était cédé à l'empereur d'Autriche qui lui-même reconnaissait la république Cisalpine[2].

En Allemagne, après l'insuccès de Jourdan, le commandement de l'armée de Sambre-et-Meuse lui avait été enlevé et donné au général Hoche. La victoire reparut avec ce nouveau chef. Après avoir franchi le Rhin, Hoche battit à Neuwied l'armée autrichienne, et il aurait poussé plus loin ses succès s'il n'eût été arrêté dans sa marche victorieuse par les préliminaires de la paix signés à Léoben. Peu après (29 septembre 1797), Hoche mourait soudainement à l'âge de vingt-neuf ans : la perte de ce jeune et glorieux capitaine excita des regrets universels et dans l'armée et dans le peuple.

Pendant ce temps, de graves dissentiments s'élevaient entre le Directoire et les deux conseils ; la désunion régnait aussi parmi les membres du Directoire : Barras, Rewbell et Laréveillère étaient en opposition constante avec leurs deux

les conditions du traité de Campo-Formio ? — Quel est le général qui se distinguait aussi en Allemagne ? — Racontez

1. Village de la Vénétie, à 8 kilomètres d'Udine.
2. La république cisalpine comprenait la Lombardie, Mantoue, Modène, Reggio, Bologne et Ferrare, ces deux dernières villes enlevées au Pape.

autres collègues, Carnot et Barthélemy[1]. Dans les élections partielles des deux conseils qui eurent lieu en mai 1797, les royalistes obtinrent la majorité. Alors il se forma une conspiration pour renverser le Directoire. Averti du danger qui les menaçait, Barras, Laréveillère et Rewbell résolurent de prévenir leurs adversaires. Pendant la nuit du 17 au 18 fructidor (4 septembre 1797), ils firent entrer dans Paris des forces imposantes que commandait Augereau et qui dès le matin cernèrent les Tuileries. Cinquante-trois membres des deux conseils furent arrêtés et condamnés, ainsi que deux directeurs, Carnot et Barthélemy, à être déportés à Sinnamary, bourg de la Guyane. Les élections de quarante-neuf départements furent annulées. Merlin de Douai, ministre de la justice, et François de Neufchâteau, ministre de l'intérieur, remplacèrent au Directoire Carnot et Barthélemy.

21. Expédition d'Égypte. Bataille des Pyramides. Combat naval d'Aboukir. L'armée française en Syrie. — Le retour de Bonaparte à Paris, après sa mémorable campagne d'Italie, avait excité le plus vif enthousiasme. Toutefois, malgré les témoignages de respect et de confiance qu'il recevait de toutes parts, le jeune et glorieux conqué-

le coup d'État du 18 fructidor. — 21. Dans quel but Bona-

1. Barthélemy, ambassadeur en Suisse, avait remplacé Letourneur, que le sort avait désigné comme membre cessant ses fonctions.

rant ne se croyait pas encore assez illustre pour prendre la première place dans le gouvernement; il voulait, par de nouvelles victoires, acquérir une renommée si grande, qu'elle lui ouvrirait facilement l'accès du souverain pouvoir. Il fit agréer au Directoire le projet d'une expédition en Égypte, dont il aurait le commandement, et qui avait pour but de menacer les possessions anglaises dans l'Inde. Grâce à l'activité et aux mesures habiles de Bonaparte, le projet fut bientôt mis à exécution.

L'armée expéditionnaire, forte de trente-six mille hommes, comptait dans ses rangs un grand nombre de soldats qui avaient fait les campagnes d'Italie. La flotte qui la transportait quitta le port de Toulon le 19 mai 1798. Bonaparte emmenait avec lui les généraux Kléber, Desaix, Lannes, Murat, et aussi des savants, les mathématiciens Monge et Fourier, le chimiste Berthollet, Larrey, déjà célèbre chirurgien, et le naturaliste Geoffroy Saint-Hilaire, qui formèrent la Commission scientifique chargée d'étudier les monuments de l'ancienne Égypte. Le 10 juin, Bonaparte s'empara de l'île de Malte, y laissa une forte garnison et fit voile pour l'Égypte. Cette contrée appartenait au souverain de la Turquie, mais en réalité elle était soumise aux mameluks[1], qui s'y étaient rendus indépendants

parte fit-il agréer au Directoire l'expédition d'Égypte? — Quelle était la force de l'armée expéditionnaire? — Quels étaient les généraux et les savants qui accompagnaient

1. C'était une milice de cavaliers agiles et intrépides.

et qui tenaient sous leur domination la population du pays, composée d'Arabes, de Cophtes chrétiens et de Turcs.

Maître d'Alexandrie, Bonaparte se dirigea sur le Caire. Le 21 juillet, à la hauteur de cette ville et près du village d'Embabey, il rencontra l'armée des mameluks rangée entre le Nil et les Pyramides. Il prend aussitôt ses dispositions. Il ordonne aux divisions de se former en carrés, de manière que les soldats faisaient front sur toutes les faces. Les mameluks, se précipitent sur les carrés, croyant y faire brèche par l'impétuosité de leur attaque ; mais reçus à bout portant par un feu terrible de mousqueterie et de mitraille, ils viennent expirer sur les baïonnettes des soldats français. En quelques heures, ils furent mis en déroute, dispersés, et beaucoup se noyèrent dans le Nil. Mourad-Bey, leur chef, s'enfuit dans la Haute-Égypte.

La victoire des Pyramides donna aux Français la possession du Caire ; mais elle fut attristée par un grave désastre. L'escadre française, sous les ordres de l'amiral Brueys, était restée à l'ancre dans la rade d'Aboukir[1]. L'amiral anglais Nelson vint l'y attaquer le 1er août et la détruisit en grande partie. Brueys périt dans le combat.

Cependant Bonaparte apprit qu'une armée

Bonaparte? — Racontez la bataille des Pyramides, l'expédition en Syrie et la défaite d'une armée turque sur la

____

1. Village de la Basse-Égypte.

turque, réunie à Damas, se disposait à attaquer l'Égypte. Il voulut prévenir ses ennemis. Vers la fin de janvier 1799 il traverse le désert qui sépare l'Égypte de la Syrie, se rend maître de Gaza et de Jaffa[1] et assiége Saint-Jean-d'Acre (Ptolémaïs). L'armée turque de Damas marchait au secours de cette place; Bonaparte l'attaque auprès du mont Thabor et la détruit. Toutefois, après deux mois de vains efforts, il fallut abandonner le siége de Saint - Jean - d'Acre et regagner l'Égypte.

Le 12 juillet 1799, une flotte anglaise débarquait sur la plage d'Aboukir une armée de dix-huit mille Turcs. Bonaparte accourt avec toutes ses forces. Les Turcs résistent d'abord bravement; mais bientôt, enveloppés et refoulés de tous côtés par l'infanterie et la cavalerie françaises, ils ne veulent pas se rendre et n'ont pour retraite que la mer, où ils se noient. C'était encore une armée anéantie. Ce fut aussi le dernier triomphe de Bonaparte sur cette terre étrangère. Apprenant par des journaux venus d'Europe quelle était la situation de la France, il se décida à quitter brusquement l'Égypte. Il confiait au général Kléber le commandement de l'armée.

plage d'Aboukir. — Pourquoi Bonaparte quitta-t-il brusquement l'Égypte ?

---

1. C'est à Jaffa que la peste attaqua l'armée française et y fit de nombreuses victimes, malgré les soins et le dévouement des médecins Larrey et Desgenettes.

CHAPITRE VIII.

Deuxième coalition contre la France. Revers des Français en Allemagne et en Italie. Masséna en Suisse; Brune en Hollande. — Situation intérieure. Journée du 30 prairial. La Vendée et les départements du midi. — Retour de Bonaparte. Coup d'État du 18 brumaire. Fin du Directoire.

22. Deuxième coalition contre la France. Revers des Français en Allemagne et en Italie. Masséna en Suisse; Brune en Hollande. — L'Angleterre, alarmée des envahissements de la république française dans les États du continent, profita de l'absence de Bonaparte pour entraîner l'Autriche, la Russie et la Turquie dans une nouvelle coalition contre la France. L'Autriche pouvait mettre en ligne deux cent trente mille hommes ; la Russie lui fournissait un contingent de soixante mille hommes, partagés en deux corps d'égale force et commandés, l'un par Korsakow, l'autre par Souwarow, que ses campagnes contre les Turcs et ses cruautés en Pologne avaient rendu fameux et qu'on surnommait l'*Invincible* ; de plus une armée de quarante-cinq mille Anglais et Russes devait envahir la Hollande. A ces forces considérables le Directoire ne pouvait opposer que cent soixante-dix mille hommes disséminés sur une immense étendue de territoire et formant cinq armées,

QUESTIONS. — 22. Quelles puissances formèrent une coalition contre la France? — Quelles forces le Directoire

dont les généraux en chef étaient Schérer en Italie, Macdonald à Naples, Jourdan en Allemagne, Masséna en Suisse, Brune en Hollande.

L'ouverture des hostilités fut marquée par un odieux attentat. Un congrès était réuni depuis plusieurs mois à Rastadt pour régler certaines questions qui se rattachaient au traité de Campo-Formio. La ville fut occupée par des troupes autrichiennes. Les représentants français, ne se sentant plus libres, se décidèrent à partir pour Strasbourg ; à peine sortis de Rastadt, ils furent arrêtés sur la route par des hussards autrichiens, arrachés de leurs voitures et frappés de coups de sabre. Deux des représentants, Roberjot et Bonnier, furent tués ; le troisième, Jean Debry, transporté tout sanglant à Rastadt, survécut à ses blessures. Le gouvernement autrichien ne s'inquiéta nullement de rechercher et de punir les auteurs de ce crime.

Cependant la guerre était commencée en Allemagne et en Italie, et les débuts n'en furent pas heureux pour la France. En Allemagne, Jourdan, vaincu à Stockach par l'archiduc Charles, fut rejeté sur le Rhin. En Italie, l'armée française, placée successivement sous les ordres de Schérer, de Moreau et de Joubert, essuya presque coup sur coup trois défaites : la première, à Magnano, après laquelle il fallut reculer jusqu'à

pouvait-il leur opposer? — Racontez l'attentat dont les représentants français furent victimes à Rastadt. — Quels revers les armées françaises essuyèrent-elles en Italie et

l'Adda ; les deux autres, à Cassano et à Novi, où l'armée, réduite à trente mille hommes, eut à lutter contre les forces supérieures des Autrichiens réunis aux Russes de Souwarow. Dans la dernière bataille, Joubert fut tué dès le commencement de l'action. Moreau dirigea habilement la retraite. A la suite de ces revers, toutes les villes tombèrent au pouvoir de l'ennemi : l'Italie était perdue pour la France.

Le général russe Korsakow était chargé d'opérer en Suisse contre Masséna : il attendait, pour agir, l'arrivée de Souvarow, qui avait reçu l'ordre d'aller le rejoindre. Masséna prend une résolution hardie : il attaque sans retard Korsakow et le bat complétement ; la moitié de l'armée russe était détruite. Peu après, Souwarow arrivait par le Saint-Gothard sur les bords de la Reuss. Quand il connut le désastre infligé à l'armée de Korsakow, il précipita sa retraite à travers des chemins affreux, au milieu des neiges, où beaucoup de ses soldats périrent de fatigue et de misère. D'un autre côté, le général Brune, en Hollande, gagna la bataille de Kastricum sur les Anglais et les Russes, qui furent forcés de se rembarquer. Ces deux victoires sauvaient la France de l'invasion étrangère.

23. Situation intérieure. Journée du 30 prairial. La Vendée et les départements du midi.—À l'inté-

en Allemagne ? — Comment le général Masséna, en Suisse, et le général Brune, en Hollande, réparèrent-ils ces revers ? — 23. Quelle était alors la situation intérieure de la

rieur, la situation n'était rien moins que prospère. Le travail avait cessé; le désordre et la misère régnaient partout. Les finances publiques étaient épuisées, par suite surtout d'un honteux gaspillage qui se pratiquait dans les administrations et les états-majors de l'armée. Pour se procurer des ressources, le gouvernement avait non-seulement établi de nouveaux impôts, mais encore, ce qui était plus grave, décrété que les deux tiers des rentes ou dettes publiques seraient remboursés en bons recevables en payement de l'acquisition de biens nationaux; l'autre tiers, dit *tiers consolidé*[1], serait inscrit sur le grand-livre comme rente perpétuelle. C'était, à peu de chose près, une banqueroute : beaucoup de familles qui avaient confié leurs épargnes à l'État, et qui n'avaient pour vivre d'autres ressources que leurs rentes, furent réduites à la misère. Enfin, le gouvernement décrétait un emprunt forcé et progressif de 100 millions[2].

Le Directoire[3], qui par ces mesures s'était complétement aliéné l'opinion publique, était de plus en désaccord avec le conseil des Anciens et le conseil des Cinq-Cents. Le **22** floréal an **VI**

France? — Quelle mesure le Directoire prit-il le 22 flo-

1. Ce troisième tiers, qui portait un intérêt de 5 pour 100 payable par trimestre, fut l'origine de la dette actuelle de l'État.

2. C'est alors aussi (le 5 septembre 1798) que fut votée la loi de la conscription, par laquelle tout Français devait le service militaire de vingt à vingt-cinq ans.

3. Les cinq membres du Directoire étaient alors Barras, Laréveillère, Rewbell, Merlin et Treilhard.

(11 mars 1798), il avait annulé la majorité des élections aux deux conseils, parce qu'elles étaient trop révolutionnaires, comme il les avait précédemment annulées parce qu'elles étaient trop royalistes. En butte à l'animosité de tous les partis, les membres du Directoire n'étaient pas même unis entre eux. Rewbell, que le sort avait désigné pour cesser ses fonctions, fut remplacé par Sieyès. Barras et Sieyès se liguèrent avec la majorité des conseils pour forcer leurs trois collègues à donner leur démission, et ceux-ci, le 30 prairial an VIII (18 juin 1799), furent remplacés par Gohier, président du tribunal de cassation, Moulin, ancien général de l'armée des Alpes, et Roger-Ducos, ancien président du conseil des Anciens. De plus, la Vendée se soulevait encore une fois et la guerre civile était imminente. Enfin, des bandes de brigands, désignés sous le nom de chauffeurs, répandaient la terreur dans les départements du midi. Aussi tout le monde était las du despotisme impuissant du Directoire et désirait qu'une main ferme et habile prît le pouvoir et ramenât l'ordre et la sécurité.

24. Retour de Bonaparte. Coup d'État du 18 brumaire. Fin du Directoire. — C'est dans ces circonstances que Bonaparte, après avoir quitté l'Egypte et heureusement échappé aux croisières

réal? — Les membres du gouvernement étaient-ils unis entre eux? — Quels excès se commettaient dans les départements du midi? — 24. Comment Bonaparte, à son

anglaises, débarquait à Fréjus le **9** octobre **1799** et, quelques jours après, arrivait à Paris. Partout il est accueilli avec le plus vif enthousiasme; les personnages les plus considérables, les ministres, les membres les plus influents des conseils, s'empressent autour de lui, comme s'il était déjà leur maître. Bonaparte songe dès lors à substituer au Directoire un nouveau gouvernement dans lequel il se ménagera la première place. Après s'être concerté avec Sieyès et les membres les plus influents du conseil des Anciens, et s'être assuré de la coopération des généraux et des troupes, il prépare le coup d'État qui doit renverser le Directoire. Mais il n'ose exécuter ce dessein à Paris même; il craint le réveil de l'esprit révolutionnaire de la capitale et l'un des soulèvements soudains de la population. Un article de la constitution donnait aux Anciens le droit de fixer le lieu des séances du Corps législatif. Le **18** brumaire (9 novembre), les Anciens décrètèrent que le Corps législatif serait transporté dans la commune de Saint-Cloud; le général Bonaparte était chargé de l'exécution du décret et du commandement de toutes les troupes. En même temps, le Directoire se désorganisait : Sieyès et Roger-Ducos se démirent de leurs fonctions; Barras, se voyant menacé s'il résistait, envoya sa démission; Moulin et Gohier ne voulant pas céder, comme leur

retour d'Égypte, fut-il accueilli à Paris? — Quels étaient ses desseins? — Racontez le coup d'État du 18 brumaire.

collègue, furent tenus prisonniers au Luxembourg.

Le lendemain, 19 brumaire, Bonaparte, accompagné d'un nombreux état-major et d'une imposante force armée, se rendit à Saint-Cloud, où siégeaient les deux conseils. La majorité des Anciens lui était favorable ; mais il n'en était pas de même des Cinq-Cents. A peine a-t-il fait son entrée dans la salle où ils délibéraient qu'une vive indignation éclate dans l'Assemblée : « A bas le tyran ! Hors la loi le dictateur ! » s'écrie-t-on de toutes parts. Bonaparte hésite, se trouble et se retire, protégé par les soldats qui formaient son escorte. Devant cette opposition menaçante il se décide à employer la force : par son ordre, un peloton de grenadiers envahit la salle, disperse les députés et les force à s'échapper par toutes les issues. Le soir même, cinquante membres du conseil des Cinq-Cents, réunis par Lucien[1], frère de Bonaparte, rendirent un décret qui sanctionnait le coup d'État et qui fut immédiatement adopté par le conseil des Anciens.

1. Lucien était président du conseil des Cinq-Cents.

CHAPITRE IX.

Le Consulat (10 novembre 1799) ; constitution de l'an VIII.
Bonaparte premier consul. Organisation administrative, judiciaire et financière. — Nouvelle campagne de Bonaparte
en Italie. Passage du Grand Saint-Bernard. Victoire de Marengo. — Succès de Moreau en Allemagne. Victoire de Hohenlinden. Paix de Lunéville et d'Amiens.

**25. Le Consulat (10 novembre 1799) ; constitution
de l'an VIII. Bonaparte, premier consul. Organisation administrative, judiciaire et financière.** — La
loi du 19 brumaire, qui avait aboli le Directoire,
instituait en même temps trois consuls, Bonaparte, Sieyès et Roger-Ducos, qui étaient investis
d'une dictature provisoire pour donner une nouvelle constitution à la France. Les nouveaux consuls se mirent immédiatement à l'œuvre et, de
concert avec deux commissions législatives, ils
rédigèrent cette constitution, dite de l'an VIII,
qui, soumise à un plébiscite, c'est-à-dire à l'ap-
probation du peuple, fut acceptée par plus de
trois millions de suffrages et promulguée le 15 décembre 1799 (24 frimaire an VIII). Voici quelles
en étaient les principales dispositions. Le pouvoir
législatif comprenait : 1° le *Corps législatif*, de
trois cents membres, âgés de trente ans au moins,
renouvelés par cinquième tous les ans : il décré-

QUESTIONS. — 25. Quel gouvernement était institué à
la place du Directoire ? — Indiquez les principales dispo-

tait les lois, mais ne les discutait pas; 2° le *Tribunat*, composé de cent membres, âgés de vingt-cinq ans au moins, renouvelés aussi par cinquième tous les ans et rééligibles : il discutait les projets de loi présentés par le Conseil d'État au nom du gouvernement; 3° le *Conseil d'État*, qui préparait les projets de lois, les présentait au Tribunat et les soumettait ensuite au Corps législatif; 4° enfin, le *Sénat conservateur*, composé de quatre-vingts membres nommés à vie, chargé de veiller au maintien des lois et d'annuler tous les actes inconstitutionnels.

Le pouvoir exécutif était confié à trois consuls, Bonaparte, premier consul, Cambacérès et Lebrun, second et troisième consuls, nommés pour dix ans. En réalité, tous les pouvoirs attribués à un souverain étaient concentrés entre les mains du premier consul, qui avait seul le droit de promulguer les lois, de signer les traités, de nommer les ministres, les ambassadeurs, les officiers de terre et de mer, etc.; les deux autres consuls avaient seulement voix consultative.

La nouvelle constitution fut immédiatement mise en vigueur. Le premier consul s'occupa sans retard de réorganiser les différentes administrations. Pour l'organisation départementale, il y eut dans chaque département un *préfet*, assisté d'un conseil de préfecture; dans chaque arrondissement, un *sous-préfet*, assisté d'un

sitions de la constitution de l'an VIII. — Entre les mains de qui tout le pouvoir était-il concentré? — Donnez quel-

conseil d'arrondissement; dans chaque commune, un *maire*, assisté d'un conseil municipal. Pour l'organisation judiciaire, les *justices de paix* dans chaque canton et le· *tribunal suprême* ou *tribunal de cassation* furent maintenus; il y eut, de plus, un *tribunal de première instance* par arrondissement et vingt-neuf *tribunaux d'appel*, placés dans les villes où siégeaient les anciens parlements. Les juges étaient inamovibles. Enfin, pour l'organisation financière, il y eut un *receveur général* dans chaque département, un *receveur particulier* par arrondissement, et des *percepteurs* dans les communes.

Le système électoral établi par la constitution de l'an III [1] fut profondément modifié. Tout Français âgé de vingt et un ans, s'il voulait exercer ses droits politiques, était obligé de se faire inscrire sur les registres civiques. Cette inscription pouvait donner un nombre de cinq ou six millions de citoyens qui devaient par un vote désigner le dixième d'entre eux. Cette désignation donnait une première liste de cinq à six cent mille individus, dite *liste de notabilités communales*, dans laquelle le premier consul prenait les sous-préfets, les maires, les

ques détails sur l'organisation départementale, judiciaire

1. D'après les dispositions de la constitution de l'an III, les élections étaient à deux degrés. Tous les citoyens avaient le droit de voter dans les assemblées primaires, pour nommer les électeurs, et ceux-ci étaient chargés de désigner les membres du Corps législatif composé du conseil des Cinq-Cents et du conseil des Anciens. Voir page 50.

juges de première instance, etc. Ces cinq à six cent mille individus, à leur tour, choisissaient encore le dixième d'entre eux et formaient une seconde liste de cinquante à soixante mille citoyens, nommée *liste de notabilités départementales*, dans laquelle le gouvernement choisissait les fonctionnaires du département, les préfets, les juges d'appel, etc. Enfin ceux-ci, se réduisant encore au dixième, formaient une troisième et dernière liste de cinq à six mille candidats : c'était la *liste de notabilités nationales*, dans laquelle on devait prendre les membres du Corps législatif, du Tribunat, et tous les fonctionnaires d'un ordre élevé, les ministres, les conseillers d'État, les juges du tribunal de cassation, etc.

26. Nouvelle campagne de Bonaparte en Italie. Passage du Grand Saint-Bernard. Victoire de Marengo. — Bonaparte fit offrir la paix à l'empereur d'Allemagne et à l'Angleterre : ses offres furent rejetées. Il fallut se résoudre à en appeler aux armes. Cent vingt mille Autrichiens, commandés par le baron de Mélas, occupaient l'Italie. L'armée française de Ligurie, réduite à 36,000 hommes après la sanglante bataille de la Trebbie, était restée sous les ordres de Masséna. Attaquée par 70,000 Autrichiens, elle fut séparée en deux moitiés : l'une, avec le général Suchet,

et financière. — 26. Quelle était la force de l'armée autrichienne en Italie? — Quelle était celle de l'armée française? — Pourquoi Masséna fut-il obligé de s'enfermer

fut rejetée sur le Var ; l'autre, avec Masséna, dut s'enfermer dans Gênes, où elle fut aussitôt assiégée. Durant deux mois, Masséna, secondé par le dévouement patriotique de ses soldats et des habitants, non-seulement repoussa toutes les attaques de l'ennemi, mais lui fit subir une grande perte d'hommes. La famine seule, arrivée aux dernières extrémités, le décida à capituler avec les conditions les plus honorables.

Pendant ce temps, Bonaparte réunissait à Dijon une armée de réserve de 40,000 hommes qu'il devait commander et qu'il dirigea vers la Suisse. Au mois de mai 1800, il franchit les Alpes par le Grand Saint-Bernard. Dans cette marche, l'armée eut à supporter de grandes fatigues, plus grandes encore à la descente qu'à la montée : les cavaliers faisaient la route à pied, conduisant leur monture par la bride ; les artilleurs s'attelaient à leurs pièces et les traînaient en les retenant non sans peine pour les empêcher de rouler dans les précipices. Le 22 mai, le général Lannes s'emparait de la ville d'Ivrée qui ouvrait à nos soldats l'entrée de la plaine du Piémont ; le 1er juin, Bonaparte était maître de Milan. Le baron de Mélas se hâte de réunir la plus grande partie de ses forces et de les ramener dans les plaines d'Alexandrie. Mais déjà l'armée française avait franchi le Pô, occupait Plaisance et, après une

dans Gênes ? — Comment s'y défendit-il ? — Racontez le passage des Alpes par l'armée que Bonaparte commandait.

brillante victoire d'avant-garde à Montebello, où le général Lannes se couvrit de gloire, s'arrêtait à Marengo, non loin d'Alexandrie. Le 14 juin, quarante mille Autrichiens commencent l'attaque. Les Français leur étaient inférieurs en nombre ; après une longue et opiniâtre résistance, ils sont repoussés successivement de toutes leurs positions : à trois heures, la bataille semblait perdue. Mais les choses changèrent bientôt de face. Dans ce moment, le général Desaix, qui le matin avait été détaché sur un autre point, arrivait avec 6,000 hommes de troupes fraîches. L'armée française reprend courage. Les Autrichiens, brusquement assaillis de divers côtés, hésitent, se troublent, et enfin sont mis en pleine déroute. L'héroïque Desaix était tombé sur le champ de bataille, frappé d'une balle au cœur : cette mort fut un deuil pour l'armée. La victoire de Marengo donnait à Bonaparte la possession de toute l'Italie septentrionale.

27. Succès de Moreau en Allemagne. Victoire de Hohenlinden. Paix de Lunéville et d'Amiens. — Le général Moreau, qui avait reçu le commandement de l'armée du Rhin, devait combiner ses opérations en Allemagne avec celles de Bonaparte en Italie : il remplit dignement sa mission. Le 1er mai, il franchissait le Rhin. Après plusieurs combats dans lesquels les Autrichiens furent

— Décrivez la bataille de Marengo. — 27. Racontez les opérations militaires de Moreau en Allemagne. — Quelles

4.

constamment repoussés, il leur fit essuyer une grave défaite à Hochstett, dans la Souabe, sur la rive gauche du Danube, et un nouveau revers à Oberhausen [1]. Ces succès valurent à Moreau la possession d'Augsbourg et de Munich. L'Autriche lui opposa l'archiduc Jean avec 70,000 hommes. Le général français, habilement secondé par ses lieutenants Lecourbe, Ney, Saint-Cyr, Richepanse, attaque l'armée autrichienne près de Hohenlinden, village de Bavière, et remporte une victoire complète. Il poursuit sa marche en avant et menace Vienne, la capitale de l'Autriche. L'empereur alors se résigna à faire la paix. Le traité signé à Lunéville le 9 février 1801 confirmait à la France la possession de la rive gauche du Rhin et, en Italie, celle de tous les pays situés à la droite du Pô et de l'Adige.

L'Angleterre, toujours gouvernée par le premier ministre William Pitt, l'implacable ennemi de la France, avait refusé jusqu'alors de déposer les armes ; mais quand ce ministre se fut démis du pouvoir, le gouvernement anglais se montra disposé à écouter les propositions qui lui furent faites. Le 27 mars 1802, les représentants de la

furent les conditions du traité de Lunéville ? — Comment l'Angleterre fut-elle amenée à signer la paix ? — Quelles furent les conditions du traité d'Amiens ?

1. C'est dans ce dernier combat que fut tué La Tour-d'Auvergne, ancien capitaine de grenadiers en 1789, alors volontairement simple soldat. Ses belles qualités morales, son courage porté jusqu'à l'héroïsme, lui avaient mérité le titre de *premier grenadier de la république.*

France et de l'Angleterre signèrent le traité d'Amiens, par lequel l'Angleterre restituait à la France, à l'Espagne et à la Hollande toutes leurs colonies, excepté l'île de la Trinité, prise aux Espagnols, et l'île de Ceylan, prise aux Hollandais ; elle s'engageait de plus à rendre l'île de Malte aux chevaliers de Saint-Jean.

CHAPITRE X.

Fin de l'expédition d'Égypte. Le général Kléber ; victoire d'Héliopolis. Le général Menou ; capitulation du Caire et d'Alexandrie.—Bonaparte consul à vie. Sa glorieuse administration. Le Concordat ; le Code civil ; l'Instruction publique ; les travaux publics. — Complot contre la vie du premier consul. La machine infernale ; conspiration de Georges Cadoudal. Exécution du duc d'Enghien.

28. Fin de l'expédition d'Égypte. Le général Kléber ; victoire d'Héliopolis. Le général Menou ; capitulation du Caire et d'Alexandrie. — Après le départ de Bonaparte, l'armée d'Egypte, dont le commandement avait été confié au général Kléber, se laissa dominer par un profond découragement. Officiers et soldats disaient hautement qu'ils étaient abandonnés sur une terre lointaine, menacés à la fois par les Anglais et les

QUESTIONS. — 28. Par quels sentiments l'armée d'Égypte se laissa-t-elle dominer après le départ de Bonaparte? —

Turcs, et sans espoir d'être secourus. Il n'y eut plus alors dans l'armée qu'une seule pensée, qu'un seul désir : retourner en France. Malheureusement Kléber, au lieu de contenir ce sentiment, le partageait et l'excitait même. Outrepassant les instructions que Bonaparte avait laissées, il signa avec le commodore anglais Sydney Smith et le grand-vizir la convention d'El-Arysch [1], aux termes de laquelle l'armée française devait évacuer l'Egypte et rentrer librement en France. Le gouvernement anglais refusa d'exécuter la convention ; il exigeait que les Français se rendissent prisonniers de guerre. Kléber s'indigna, et, retrouvant toute son énergie, il fit partager son indignation à ses compagnons d'armes. Le 19 mars 1800, il attaqua avec quinze mille hommes, près d'Héliopolis [2], l'armée turque, qui comptait quarante mille combattants, et la mit en pleine déroute. Il avait glorieusement réparé sa faute. Un mois après, toute l'Egypte était reconquise.

La victoire d'Héliopolis fut bientôt suivie de revers. Le 11 juin, Kléber fut assassiné au Caire par un musulman fanatique. Le général Menou, qui lui succéda dans le commandement de

Quelle convention le général Kléber eut-il la faiblesse de signer ? — Pourquoi ne fut-elle pas exécutée ? — Comment Kléber répara-t-il sa faute ? — Comment périt-il ? — Qui lui succéda dans le commandement de l'armée ? — Racon-

1. Château-fort de la Basse-Égypte.
2. Ville de la Basse-Égypte.

l'armée, était brave, mais peu capable : son caractère n'inspirait aux soldats ni confiance ni respect. Le 8 mars 1801, vingt mille Anglais débarquaient dans la rade d'Aboukir, pendant que trente mille Turcs s'apprêtaient à marcher de la Syrie vers le Caire. Le 27 mars, le général Menou livrait, près de Canope, un combat sanglant qui restait sans résultats. Les Anglais réussirent à s'emparer d'une bouche du Nil et de Ramanieh, séparant ainsi la division du Caire de celle d'Alexandrie. Dès lors l'armée française, coupée en deux, n'eut plus d'autre ressource que celle de capituler. Le 25 juin, le général Belliard, qui défendait le Caire, rendit la ville, à la condition que ses troupes seraient transportées à Toulon; et le 2 septembre, le général Menou, cerné dans Alexandrie, capitulait aux mêmes conditions. L'Égypte était définitivement perdue pour la France. L'année précédente (5 septembre 1800), l'île de Malte était retombée au pouvoir des Anglais.

29. Bonaparte consul à vie. Sa glorieuse administration. Le Concordat; le Code civil; l'Instruction publique; les travaux publics.—Les pouvoirs de Bonaparte avaient été déjà prorogés pour dix ans, lorsque le 2 août 1802 (14 thermidor an X), sur la décision du Tribunat et du Corps législatif, le Sénat lui donna le consulat à vie, avec la faculté de désigner son successeur. Cette décision,

tez les faits qui obligèrent les Français à évacuer l'Égypte?
— 29. Quelle augmentation de pouvoir fut donnée à Bo-

préalablement soumise à un plébiscite, fut approuvée par 3,577,259 suffrages. Un sénatus-consulte organique modifia la constitution de l'an VIII. Les listes de notabilités furent abolies et remplacées par des colléges électoraux à vie. Le Tribunat, réduit à cinquante membres, ne fut plus, à vrai dire, qu'une section du Conseil d'Etat. Les attributions du Sénat furent considérablement augmentées : il avait le droit de suspendre le Corps législatif et le Tribunat, et même de modifier les institutions par de simples sénatus-consultes. Ainsi, la constitution devenait tout à fait monarchique. C'est alors que le premier consul prit le nom de Napoléon Bonaparte, et pour les esprits clairvoyants l'empire était bien près de se faire.

La paix avec l'Europe permit au premier consul de consacrer tous ses soins à l'administration intérieure. Bonaparte n'était pas seulement un grand capitaine ; il était aussi doué au plus haut degré d'un génie organisateur. Il pensait avec raison que toute société doit avoir pour base fondamentale la religion. Déjà un grand nombre d'églises s'étaient rouvertes au culte public et les fidèles se pressaient en foule au pied des autels relevés. Mais il fallait rétablir la paix religieuse, c'est-à-dire mettre un terme au schisme déplorable que la constitution civile du clergé avait provoqué. Le 15 juillet 1801, le

naparte ? — Quels changements furent faits à la constitution ? — De quels soins s'occupa Bonaparte ? — Que fit-li

premier consul signait avec le cardinal Consalvi, représentant du pape Pie VII, un concordat qui reconnaissait la religion catholique comme le culte de la majorité des Français, et décrétait une nouvelle circonscription des diocèses. Il y eut soixante siéges épiscopaux : dix archevêchés et cinquante évêchés. Les évêques étaient nommés par le gouvernement, mais ils recevaient du pape l'institution canonique; ils nommaient eux-mêmes leurs vicaires généraux, les chanoines et les curés. Le 8 avril 1802, un *Te Deum* solennel fut chanté dans l'église métropolitaine (Notre-Dame) de Paris.

La France, avant la Révolution, avait des lois et des coutumes, mais elles différaient d'une province à l'autre. Bonaparte confia à une commission composée d'éminents jurisconsultes [1] le soin de reviser ces lois et de les coordonner dans un code unique qui devait régir toute la France. Ce travail, discuté au Conseil d'Etat, devint le Code civil, nommé plus tard Code Napoléon : promulgué en 1803, il consacrait l'égalité des citoyens devant la loi, le respect de la propriété et de la famille.

L'Instruction publique reçut une organisation nouvelle. Un décret du 1er mai 1802 la centralisa entre les mains de l'État. Aux écoles centrales

pour la religion, pour les lois, pour l'instruction pu-

---

1. Ces jurisconsultes étaient Portalis, Bigot de Préameneu, Malleville et Tronchet, le défenseur de Louis XVI.

furent substitués des *lycées*, à la tête desquels étaient placés un proviseur, un censeur des études et un aumônier[1]. L'École polytechnique et l'Institut furent réorganisés ; des écoles primaires furent créées dans un certain nombre de communes.

En même temps, le premier consul instituait l'ordre national de la Légion d'honneur pour récompenser les services militaires et civils (19 avril 1802) ; il créait la Banque de France, grande institution de crédit ayant pour attributions de faire des avances d'argent sur les effets publics, d'escompter les effets de commerce, d'émettre des billets payables dans toute la France. Enfin l'industrie, les sciences, les arts, furent particulièrement encouragés. Les travaux publics reçurent aussi une vive impulsion : des canaux, des ports, des routes, des ponts, furent construits ou réparés.

30. Complot contre la vie du premier consul. La machine infernale; conspiration de Georges Cadoudal. Exécution du duc d'Enghien.—Le premier consul, qui, en organisant toutes les parties de l'administration, rendait de si grands services à la

blique ? — Donnez quelques détails sur l'institution de la Légion d'honneur et sur la création de la Banque de France. — 30. Par quelles mesures réparatrices le pre-

---

1. Ce n'est que plus tard, en 1806, que fut décrétée l'organisation du corps enseignant sous le nom d'Université, avec un grand maître, un conseil supérieur de l'instruction publique, des académies, des recteurs, des inspecteurs.

France, s'honorait aussi par des mesures réparatrices : il fit mettre en liberté un grand nombre de prêtres et de royalistes qui étaient encore détenus dans les prisons ; il rappela en France les proscrits du 18 fructidor et abolit l'odieuse fête du 21 janvier, célébrée comme anniversaire de la mort de Louis XVI ; enfin, tous les émigrés, en se soumettant à certaines conditions honorables, purent rentrer en France et recouvrer leurs biens qui n'avaient pas été vendus. Mais il y avait dans les anciens partis des hommes animés d'une haine violente contre le nouveau gouvernement et disposés à tout mettre en œuvre pour le renverser. Le 10 octobre 1800, le Corse Aréna, avec quelques complices [1], avait formé le projet d'assassiner le premier consul. Le complot fut découvert ; les conjurés furent arrêtés, condamnés à mort et exécutés. Le 24 décembre 1800, des agents de Georges Cadoudal, ancien chef de chouans, avaient disposé une machine infernale (un baril plein de poudre et de mitraille) dans la petite rue Saint-Nicaise, par laquelle le premier consul devait passer pour se rendre des Tuileries au théâtre de l'Opéra. La *machine infernale* éclata, fit de nombreuses victimes, mais n'atteignit pas Bonaparte. En 1804, il y eut une nouvelle conspiration, dont Georges Cadoudal et Pichegru étaient

mier consul honora-t-il son gouvernement ? — Quels com-

---

1. Les principaux complices d'Aréna étaient le peintre Topino-Lebrun et le sculpteur Ceracchi.

les principaux chefs ; Moreau lui-même, oubliant sa gloire, s'associait à leurs projets. Activement surveillés par la police, les conjurés furent arrêtés. Cadoudal fut guillotiné, Pichegru se tua dans sa prison, Moreau fut condamné au bannissement [1].

Bonaparte, profondément irrité de cette dernière tentative contre sa personne, voulut terrifier les royalistes « et leur apprendre qu'on ne s'attaquait pas impunément à un homme comme lui, » et qu'il n'épargnerait pas même un prince de la maison de Bourbon. Dominé par les plus mauvais sentiments, par la colère, la vengeance et l'orgueil, il osa, au mépris du droit des gens, faire saisir par des gendarmes le jeune duc d'Enghien [2], qui résidait à Ettenheim, dans le grand-duché de Bade. Le malheureux prince, conduit à Vincennes, fut traduit immédiatement devant un conseil de guerre, sans témoins, sans défenseur, condamné à mort et fusillé dans les fossés du château. Cet acte de violence et d'iniquité était pour le glorieux renom de Bonaparte une tache ineffaçable.

plots furent tramés contre sa vie ? — Racontez l'arrestation et la mort du duc d'Enghien.

1. Les deux frères Jules et Armand de Polignac et le marquis de Rivière, impliqués dans le complot, eurent leur grâce.
2. Petit-fils du prince de Condé, qui commandait l'armée royale des émigrés.

CHAPITRE XI.

L'Empire. Constitution impériale; les grands dignitaires de la couronne. Sacre de Napoléon Ier. — Projet de descente en Angleterre. Immenses préparatifs de Napoléon. Le camp de Boulogne. — Troisième coalition contre la France. Campagne d'Austerlitz; traité de Presbourg. Combat naval de Trafalgar.

31. L'Empire. Constitution impériale; les grands dignitaires de la couronne. Sacre de Napoléon Ier. — Après le dernier attentat contre la vie de Bonaparte, l'idée de substituer au consulat à vie la monarchie héréditaire devint dominante dans les grands corps de l'État, dans l'armée et généralement dans le public; du reste, cette pensée était conforme aux désirs secrets du premier consul. Le Tribunat, prenant l'initiative, proposa de nommer Bonaparte empereur héréditaire : le 28 floréal an XII (8 mai 1804), le Sénat proclama Bonaparte empereur des Français sous le nom de Napoléon Ier, et cet acte, soumis à l'acceptation du peuple, fut ratifié par 3,572,329 suffrages contre 2,569 votes négatifs.

La constitution consulaire, dite de l'an VIII, dut subir des modifications importantes. La dignité d'empereur conférée à Napoléon était

QUESTIONS. — 31. Quel nouveau titre fut donné à Bonaparte et sous quel nom? — Quelles modifications furent

déclarée héréditaire de mâle en mâle suivant l'ordre de primogéniture. S'il n'avait pas d'héritiers directs, son frère Joseph[1], et, à défaut, son frère Louis, devaient lui succéder. Le Sénat, le premier des grands corps de l'État, reçut de nouvelles attributions. Le Corps législatif put discuter les lois, mais seulement en comité secret. Quant au Tribunat, qui était réduit à cinquante membres et qui faisait double emploi avec le Conseil d'État, il fut supprimé trois ans après.

Pour rehausser l'éclat du trône, l'empereur créa d'abord six grands dignitaires inamovibles : un grand électeur, un grand connétable, un archichancelier de l'empire, un architrésorier, un grand amiral, un archichancelier d'État, qui formaient son conseil, et, le cas échéant, le conseil de régence ; ensuite, dix-huit maréchaux, dont quatre maréchaux honoraires membres du Sénat et quatorze maréchaux d'empire[2]. Il y eut aussi de grandes charges civiles : un grand aumônier, un grand chambellan, un grand maître des cérémonies, un grand maréchal du palais. Enfin les titres de prince, de duc, de

faites à la constitution consulaire? — Quels furent les grands dignitaires de la couronne? — Combien de maré-

---

1. Napoléon avait quatre frères : Joseph, Lucien, Louis, Jérôme, et trois sœurs.

2. Les quatre maréchaux honoraires étaient Kellermann, Lefebvre, Pérignon et Serrurier ; les quatorze maréchaux d'Empire, Jourdan, Berthier, Masséna, Lannes, Ney, Brune, Augereau, Murat, Bessières, Moncey, Mortier, Soult, Davout et Bernadotte.

comte, de baron, furent rétablis; mais ces titres, auxquels étaient attachés des majorats ou des dotations, ne conféraient à leurs possesseurs aucun des priviléges de l'ancienne noblesse.

L'empereur voulut donner à sa nouvelle dignité la sanction de la religion; il fit des démarches pressantes auprès du pape Pie VII pour le prier de venir le sacrer, renouvelant ainsi l'antique coutume des rois de France. Le souverain pontife se rendit à Paris, et le 2 décembre 1804 il administra, dans l'église Notre-Dame, l'onction sainte à Napoléon, qui couronna ensuite lui-même comme impératrice sa femme, Joséphine Tascher de la Pagerie[1], veuve du général Alexandre de Beauharnais, mort sur l'échafaud en 1793. Le 26 mai 1805, Napoléon à Milan plaçait sur sa tête la couronne de fer des anciens rois lombards et prenait le titre de roi d'Italie[2].

32. Projet de descente en Angleterre. Immenses préparatifs de Napoléon. Le camp de Boulogne. — Depuis la rupture du traité d'Amiens, Napoléon conservait un profond ressentiment contre l'Angleterre, qui elle-même, gouvernée de nouveau par le premier ministre William Pitt, ne dissimulait

chaux furent créés? — Racontez le sacre de Napoléon. — 32. Quelles étaient les dispositions que Napoléon avait

1. Joséphine avait de son premier mariage deux enfants, Eugène de Beauharnais et Hortense de Beauharnais, qui épousa Louis Bonaparte.
2. Eugène de Beauharnais fut fait vice-roi d'Italie.

pas la haine qu'elle avait vouée à la France. Il méditait depuis longtemps la pensée d'envahir la Grande-Bretagne et d'aller à Londres même imposer la paix au gouvernement anglais. Napoléon appliqua toutes les ressources de son génie à l'exécution de ce grand dessein. Il fit construire dans différents ports une immense flottille de bateaux destinés à transporter sur la plage de Douvres à travers le détroit de Calais une armée de cent cinquante mille hommes. Cette armée, la plus belle qu'on eût jamais vue, appelée la *grande armée*, était depuis deux ans réunie et constamment exercée dans trois camps, à Boulogne-sur-Mer, Ambleteuse et Montreuil. Mais, pour opérer en toute sécurité le trajet de France en Angleterre, il fallait être maître de la mer au moins durant quelques heures. Napoléon avait encore pris à cet égard les mesures les plus habiles. Il avait prescrit aux amiraux Latouche-Tréville[1], Missiessy et Gantheaume, qui commandaient les escadres de Toulon, de Rochefort et de Brest, de se rendre séparément aux Antilles, de s'y rallier, et de revenir ensemble rapidement occuper la Manche pour protéger le passage de l'armée. Il espérait que le gouvernement anglais voyant ses colonies d'Amérique menacées y enverrait ses flottes. Mais la fortune ne sourit

prises pour une descente en Angleterre? — Comment ses

---

1. Latouche-Tréville mourut avant de mettre à la voile et fut remplacé par l'amiral Villeneuve.

pas aux desseins de l'empereur. Gantheaume ne put sortir de Brest, où il était bloqué par les vaisseaux anglais. Missiessy, arrivé heureusement aux Antilles, y attendit vainement Villeneuve et rentra à Rochefort. Villeneuve, après avoir rallié à Cadix l'escadre espagnole, arrivait plus tard à la Martinique, et ne trouvant plus Missiessy revenait aussi en Europe, et le 22 juillet 1805 engageait avec une escadre anglaise, près du cap Finistère, un combat dans lequel il perdit deux vaisseaux. Tout brave qu'il était, l'amiral Villeneuve manquait de décision et de hardiesse : au lieu de courir à Rochefort et à Brest pour débloquer les deux amiraux ses collègues et revenir avec eux dans la Manche, il craignit d'exposer à un désastre la flotte qu'il commandait et il alla s'enfermer dans le port de Cadix. L'Angleterre n'avait plus à craindre les dangers d'une invasion.

Pendant ce temps, Napoléon était à Boulogne, les regards souvent tournés vers la mer, espérant toujours apercevoir enfin ses vaisseaux qu'il attendait avec une vive impatience. Quand il ne douta plus que ses desseins avaient échoué, il exhala sa colère par des plaintes amères contre le malheureux amiral Villeneuve. Le séjour de l'empereur au camp de Boulogne fut marqué par une belle et grande solennité : le 6 août 1804, il faisait la première distribution des croix d'honneur aux officiers et aux soldats de la grande armée.

desseins échouèrent-ils? — Quelle solennité eut lieu à

33. Troisième coalition contre la France. Campagne d'Austerlitz; traité de Presbourg. Combat naval de Trafalgar. — Cependant les puissances de l'Europe s'inquiétaient de l'ambition envahissante de Napoléon, qui, après s'être fait roi d'Italie, réunissait à l'empire le Piémont et Gênes et menaçait d'enlever aux Bourbons le royaume de Naples. L'Angleterre suscita contre la France une troisième coalition, dans laquelle entrèrent l'Autriche, la Russie, la Suède et Naples. Déjà quatre-vingt mille Autrichiens, sous les ordres du général Mack, prenaient l'offensive et cent mille Autrichiens, commandés par l'archiduc Charles, s'apprêtaient à envahir l'Italie, dont la défense était confiée au maréchal Masséna. Mais Napoléon partait du camp de Boulogne à la tête de la grande armée, franchissait le Rhin et pénétrait en Allemagne jusqu'au Danube avec une rapidité foudroyante. Vaillamment secondé par ses habiles lieutenants Lannes, Augereau, Ney, Murat, qui partout battirent les Autrichiens, il força le général Mack à s'enfermer dans Ulm et bientôt à se rendre avec trente mille hommes, débris de son armée (19 octobre).

Napoléon poursuivit sa marche sur Vienne, et le 12 novembre il occupait cette capitale. Cependant l'armée russe arrivait au secours de l'Autriche. Le 2 décembre 1805, jour anniversaire

Boulogne? — 33. Quelle fut la troisième coalition contre la France? — Racontez la marche de Napoléon en Allemagne, la capitulation d'Ulm et la bataille d'Austerlitz. —

de son couronnement, Napoléon livra aux Autrichiens et aux Russes une bataille décisive dans
les plaines d'Austerlitz, village de Moravie, et
remporta une victoire complète. L'Autriche
demanda la paix ; elle l'obtint, mais à de dures
conditions. Par le traité signé à Presbourg le
26 décembre 1805, elle cédait à la France les
États Vénitiens, l'Istrie et la Dalmatie; l'électeur
de Bavière et le duc de Wurtemberg, alliés de
Napoléon, recevaient, le premier, le Tyrol et le
Vorarlberg, le second, la Souabe, et tous les deux
le titre de roi.

Napoléon dominait sur le continent, mais l'Angleterre conservait sa supériorité sur mer. Le
21 octobre 1805, l'amiral Villeneuve, sorti de
Cadix avec les flottes française et espagnole,
livrait près du cap Trafalgar un combat sanglant à l'escadre anglaise commandée par l'amiral
Nelson, le plus illustre marin de son temps.
Après une lutte terrible dans laquelle les Français
déployèrent un courage héroïque, la victoire
resta aux Anglais, qui eurent à regretter la mort
de Nelson. Dix-huit vaisseaux de la flotte franco-
espagnole étaient pris ou détruits; l'amiral
Villeneuve, grièvement blessé, fut fait prisonnier.

Quelles furent les conditions du traité de Presbourg? —
Racontez le combat naval de Trafalgar.

CHAPITRE XII.

Ètats fédératifs de l'Empire; confédération du Rhin. Quatrième coalition contre la France. Campagne de Prusse; Iéna. — Napoléon à Berlin; sa proclamation à l'armée. Le droit des neutres. Le blocus continental. — Campagne de Pologne. Batailles d'Eylau et de Friedland. Traité de Tilsitt.

34. États fédératifs de l'Empire; confédération du Rhin. Quatrième coalition contre la France. Campagne de Prusse; Iéna. — L'ambition de Napoléon grandissant avec le succès de ses armes, il conçut le projet d'un vaste empire duquel dépendraient des royautés vassales soumises à ses volontés, et il disposa de ces royautés en faveur des membres de sa famille. Ainsi, il enleva la couronne de Naples aux Bourbons pour la donner à son frère Joseph; un autre de ses frères, Louis, eut le royaume de Hollande; Murat, son beau-frère, fut fait grand-duc souverain de Clèves et de Berg. De plus, il érigeait en duchés grands fiefs de l'Empire et en principautés des territoires qu'il distribua à ses généraux et à ses ministres : tels furent les duchés de Dalmatie, d'Istrie, de Frioul, de Vicence, de Padoue, etc., et les principautés de Bénévent, de Neuchâtel et de Ponte-Corvo. Déja médiateur

QUESTIONS. — 34. Qu'étaient-ce que les États fédératifs de l'Empire français? — Qu'était-ce que la confédération

de la Suisse, Napoléon substitua à l'ancienne organisation germanique la *Confédération du Rhin*, dans laquelle il fit entrer quatorze princes du midi et de l'ouest de l'Allemagne [1], et dont il se déclara le protecteur ou plutôt le maître; en même temps il obligeait l'empereur d'Allemagne, François II, à renoncer à son titre pour ne prendre que celui d'empereur d'Autriche sous le nom de François Ier (12 juillet 1806).

La Prusse, effrayée de l'établissement de la Confédération du Rhin, qui était pour elle une menace permanente, voulut y opposer une confédération des États du nord de l'Allemagne; mais les obstacles que lui suscita Napoléon firent échouer ce projet. Alors, sûre de l'alliance de l'Angleterre et de la coopération de la Russie, la Prusse se crut assez forte pour lutter contre la puissance du vainqueur d'Austerlitz et se décida à la guerre : ce fut la quatrième coalition. L'armée prussienne comptait cent vingt mille hommes sous les ordres du prince de Hohenlohe et du duc de Brunswick. L'armée française n'avait pas quitté l'Allemagne. L'empereur eut bientôt pris ses dispositions pour cette nouvelle campagne, dans laquelle il devait renouveler les prodiges d'Ulm et d'Austerlitz. Le 14 octobre 1806, à Iéna, dans le grand-duché de Saxe-Weimar, il

du Rhin? — Quelles puissances entrèrent dans la quatrième coalition contre la France? — Racontez la campagne de

---

1. L'Autriche et la Prusse étaient exclues de cette nouvelle Confédération.

remportait sur le prince de Hohenlohe une victoire éclatante. Le même jour, le maréchal Davout, avec vingt-six mille hommes, battait à Auerstaedt et dispersait le corps d'armée que commandait le duc de Brunswick. Partout les Prussiens étaient en fuite; vivement poursuivis par la cavalerie française, ils furent faits prisonniers en grand nombre : on peut dire que l'armée prussienne n'existait plus. En même temps, les villes les plus importantes, les places fortes, Erfurth, Leipsick, Magdebourg, Stettin, Custrin, Spandau, se rendaient ou étaient prises d'assaut. Le 27 octobre, Napoléon entrait à Berlin.

35. Napoléon à Berlin; sa proclamation à l'armée. Le droit des neutres. Le blocus continental.— Maître de la capitale de la Prusse, Napoléon adressait à son armée une proclamation dans laquelle il disait : « Soldats, une des premières puissances militaires de l'Europe est anéantie. Les forêts, les défilés de la Franconie, la Saale, l'Elbe, que nos pères n'eussent pas traversés en sept ans, nous les avons traversés en sept jours, et livré dans l'intervalle quatre combats et une grande bataille. Nous avons précédé à Berlin la renommée de nos victoires. Nous avons fait 60,000 prisonniers, pris 65 drapeaux, 600 pièces de canon[1]. Les Russes se vantent de venir à

Prusse et les conséquences de la victoire d'Iéna. — 35. Qu'était-ce que le droit des neutres? — Comment fut-

---

1. C'est avec les canons pris à Iéna que fut érigée la colonne de la place Vendôme.

nous; nous leur épargnerons la moitié du chemin. » L'armée russe, en effet, réunie dans les provinces polonaises et dans la Prusse orientale, se disposait à marcher en avant. De son côté, l'Angleterre, poussant l'abus de la force jusqu'à ses dernières limites, déclarait en état de blocus tous les ports de France et d'Allemagne, de Brest à Hambourg, et méconnaissait ainsi le *droit des neutres* [1].

Aux menaces de son implacable ennemie Napoléon répondit par le fameux *décret de Berlin*, qui proclamait le *blocus continental* (21 novembre 1806). Aux termes de ce décret, toute correspondance était interdite avec les îles Britanniques ; tout sujet anglais trouvé dans les pays occupés par nos troupes ou par celles de nos alliés devait être fait prisonnier de guerre ; le commerce des marchandises anglaises était défendu, et toute marchandise appartenant à l'Angleterre ou provenant de ses fabriques était déclarée de bonne prise ; enfin, aucun navire anglais ou venu des possessions anglaises ne pouvait être reçu dans les ports de la France ou de ses alliés. Ainsi, la lutte de Napoléon avec l'Angleterre devenait un duel à mort. Mais pour assurer le triomphe de ses desseins, l'empe-

il méconnu par l'Angleterre ? — Indiquez les dispositions

1. D'après les lois du code maritime, reconnues de toutes les nations civilisées, les Etats neutres, lorsque deux puissances sont en guerre, conservent le droit d'avoir des relations commerciales avec les deux parties belligérantes.

reur sera forcément amené à se faire le domina-
teur de toute l'Europe, et c'est là l'écueil contre
lequel sa puissance viendra se briser.

36. Campagne de Pologne. Batailles d'Eylau et de Friedland. Traité de Tilsitt. — Vers la fin du mois de novembre, Napoléon quitta Berlin et se dirigea vers les provinces polonaises, contrée couverte de forêts, entrecoupée de plaines arides et d'immenses marais, où l'armée française eut beaucoup à souffrir. Le 20 décembre, l'empereur entrait à Varsovie, et trois jours après il prenait l'offensive. Les Russes, battus à Czarnowo, à Pultusk, à Golymin, à Soldau, mais à peine entamés, rétrogradèrent lentement vers la Prusse orientale. Enfin, le 8 février 1807, Napoléon atteignit l'armée russe à Eylau[1] et lui livra bataille. Ce fut une lutte acharnée et sanglante. Le soir, les Russes se retirèrent, abandonnant aux Français le champ de bataille, ou, pour mieux dire, ce champ de carnage où gisaient couchés sur la neige glacée des milliers de morts et de blessés : spectacle affreux qui fit horreur à Napoléon lui-même.

Cette campagne d'hiver, qui n'eut pas de résultats décisifs, fut suivie d'une suspension
d'armes. Mais le retour de la belle saison mit de

du décret qui proclamait le blocus continental. — 36. Racontez les divers incidents de la campagne de Pologne. —
Quels furent les résultats des batailles d'Eylau et de

1. Petite ville située à 35 kilomètres de Kœnigsberg, capitale
de la Prusse orientale.

nouveau aux prises les belligérants. La campagne d'été fut courte et décisive. Le 14 juin 1807, jour anniversaire de la victoire de Marengo, Napoléon attire près de Friedland [1], sur les bords de l'Alle [2], l'armée russe, l'y enveloppe et la détruit en grande partie. Kœnigsberg ouvrit ses portes au vainqueur, qui se rendit aussi maître de Tilsitt sur le Niémen, et la ville forte de Dantzick, assiégée par le maréchal Lefebvre, capitulait après deux mois de résistance. Toute la monarchie prussienne était au pouvoir de Napoléon.

L'empereur de Russie, Alexandre Ier, fit demander la paix. On convint d'une entrevue. Cette entrevue eut lieu entre les deux souverains le 25 juin, au milieu du Niémen, sur un radeau, devant les deux armées, qui étaient rangées en bataille sur l'une et l'autre rive du fleuve. Peu après (8 juillet 1807) fut conclu le traité de Tilsitt, qui enlevait à la Prusse la moitié de ses États et de sa population, en lui imposant de plus, avec l'occupation militaire, d'énormes contributions. Les provinces prussiennes à l'ouest de l'Elbe et la Pologne prussienne, érigée en grand-duché de Varsovie, furent données à l'électeur de Saxe, qui reçut le titre de roi; les territoires situés sur la rive gauche de l'Elbe, avec

Friedland? — Où eut lieu l'entrevue de Napoléon et de l'empereur de Russie? — Quelles furent les conditions du traité de Tilsitt?

1. Friedland, petite ville à 45 kilomètres de Kœnigsberg.
2. Alle, rivière affluent de la Prégel.

les États de Hesse-Cassel, de Brunswick et de Hanovre, formèrent un nouveau royaume, celui de Westphalie, érigé en faveur de Jérôme, le plus jeune des frères de Napoléon. Alexandre reconnaissait Joseph comme roi de Naples, Louis comme roi de Hollande, et la nouvelle confédération du Rhin; de plus, il adhérait entièrement au blocus continental. De son côté, Napoléon promettait son appui à l'empereur de Russie pour enlever la Finlande à la Suède, la Moldavie et la Valachie à la Turquie, et même il lui laissait entrevoir dans un avenir assez prochain la possession de Constantinople. Ainsi, les deux puissants souverains semblaient s'entendre pour se partager l'Europe, qui ne formerait plus que deux empires, l'un : l'empire d'Orient pour Alexandre, l'autre, l'empire d'Occident pour Napoléon. Ce rêve ambitieux ne devait pas se réaliser.

CHAPITRE XIII.

Bombardement de Copenhague par les Anglais. Invasion du Portugal. Les Français en Espagne. — Renonciation des Bourbons au trône. Soulèvement des Espagnols. Capitulation de Baylen. — Débarquement d'une armée anglaise en Portugal : capitulation de Cintra. Napoléon en Espagne. Le siége de Saragosse.

37. Bombardement de Copenhague par les Anglais. Invasion du Portugal. Les Français en Espagne. — L'Angleterre, animée, plus que jamais

QUESTIONS. — 37. Racontez le bombardement de Copen-

dans sa haine contre Napoléon, osa commettre une odieuse violation du droit des gens envers un État neutre dont la marine pouvait être utile à la France. Au mois d'août 1807, une escadre anglaise portant une armée de vingt mille hommes arrivait inopinément dans le détroit du Sund, et le chef de cette expédition sommait le roi de Danemark de lui livrer sa flotte. Le prince indigné refusa. Alors l'armée anglaise débarqua, dressa ses batteries, et la malheureuse ville de Copenhague[1], bombardée durant trois jours et trois nuits, et incendiée en partie, fut forcée de capituler. Les Anglais capturèrent la flotte danoise, qui comptait quarante vaisseaux de guerre (1er septembre 1807). Le Danemark adhéra immédiatement au blocus continental, et resta désormais le fidèle allié de la France.

Le Portugal, où régnait la maison de Bragance, avait depuis longtemps des relations commerciales avec l'Angleterre ; il refusa de les rompre, malgré la sommation qui lui fut adressée par Napoléon. Une armée française, sous les ordres de Junot, envahit le pays, et le 30 novembre 1807 elle occupait Lisbonne : la famille royale avait quitté cette capitale depuis deux jours, pour se réfugier au Brésil. Le pape lui-même reçut l'ordre de fermer ses ports aux vaisseaux de l'Angleterre

hague par les Anglais. — Pourquoi le Portugal fut-il envahi par une armée française ? — Où se réfugia la fa-

---

1. Copenhague, capitale du Danemark, est située dans l'île de Séeland, sur le détroit du Sund.

et de ne permettre à aucun sujet anglais de résider dans les États romains. Pie VII représenta que, comme chef de l'Église universelle et père commun des fidèles, il devait rester en paix avec toutes les nations chrétiennes. Aussitôt Napoléon enjoignit au général Miollis d'occuper Rome militairement; de plus les provinces d'Urbin, d'Ancône, de Macerata et de Camerino, enlevées au Saint-Siége, furent réunies au royaume d'Italie.

Restait encore l'Espagne, qui avait constamment soutenu la cause de la France, et avait mis au service de cette cause ses soldats et ses vaisseaux. Cette fidélité devait être bien mal récompensée. Napoléon avait résolu de se rendre maître de l'Espagne, et ses desseins furent malheureusement favorisés par les déplorables divisions qui régnaient à la cour de Madrid. Le roi, le faible Charles IV, se laissait dominer par son ministre favori, Emmanuel Godoï, prince de la Paix. Le fils du roi, Ferdinand, prince des Asturies, héritier présomptif de la couronne, haïssait le ministre, avec lequel il était constamment en lutte, et, pour se donner un puissant appui, il sollicita imprudemment la protection de Napoléon. L'empereur ordonna à Murat de prendre le commandement des troupes qui se trouvaient aux Pyrénées, d'entrer en Espagne et de marcher sur Madrid.

mille royale? — Pourquoi Napoléon fit-il occuper Rome? — Quelles provinces furent enlevées au Saint-Siége? — Racontez les faits qui furent pour Napoléon un prétexte de

38. Renonciation des Bourbons au trône d'Espagne. Soulèvement des Espagnols. Capitulation de Baylen. — A l'approche de l'armée française, le roi Charles IV, la reine et le prince de la Paix firent leurs préparatifs de départ : ils voulaient se rendre à Cadix, et là s'embarquer pour l'Amérique. Mais la population de Madrid se souleva et envahit le palais de Godoï, en proférant des menaces de mort contre ce ministre, qui était généralement méprisé et détesté. Charles IV, pour calmer l'effervescence populaire, se résigna à abdiquer en faveur de son fils, le prince des Asturies, qui fut proclamé roi sous le nom de Ferdinand VII (20 mars 1808). Peu après, Murat entrait à Madrid avec ses soldats, et l'empereur, informé des événements qui avaient eu lieu dans cette capitale, se rendit à Bayonne, où Charles IV et son fils furent invités à venir le trouver. Là, Napoléon par ses menaces contraignit Ferdinand à reconnaître son père pour roi légitime, et Charles IV, à son tour, résigna tous ses droits entre les mains de Napoléon, qui disposerait de la couronne à sa convenance[1]. L'empereur fit proclamer roi d'Espagne et des

faire entrer ses troupes en Espagne. — 38. Pourquoi le roi Charles IV abdiqua-t-il en faveur de son fils Ferdinand? — Que se passa-t-il aux conférences de Bayonne? — A qui fut donnée la couronne d'Espagne? — Les Espa-

___

1. Charles IV reçut en dédommagement les châteaux de Compiègne et de Chambord. Ferdinand eut pour résidence le château de Valençay, situé dans le département de l'Indre, et appartenant à M. de Talleyrand.

Indes son frère Joseph, qui lui-même céda le trône de Naples à Murat (6 juin 1808).

Les Espagnols n'acceptèrent pas ces changements : ils ne voulaient à aucun prix être gouvernés par un prince étranger. Ils s'insurgèrent et prirent les armes au nom de leur roi légitime Ferdinand VII. Partout se réunissaient, sous le nom de *guérillas*, des bandes de partisans, qui ne faisaient pas la guerre méthodique à laquelle les soldats français étaient habitués : ils coupaient les routes, enlevaient les convois de vivres et de munitions, et échappaient à toute poursuite au milieu des montagnes dont ils connaissaient les défilés. Toutefois, une brillante victoire remportée par le maréchal Bessières à Médina-del-Rio-Seco ouvrit au roi Joseph les portes de Madrid (14 juillet 1808). Mais ce succès fut bientôt suivi d'un cruel désastre. Le général Dupont s'étant laissé surprendre et cerner par l'ennemi, près de Baylen [1], se résignait à déposer les armes avec les vingt mille hommes qu'il commandait (21 juillet). Quelques jours après, le roi Joseph était forcé de quitter Madrid. Cette déplorable capitulation fut rendue plus douloureuse encore par la mauvaise foi du général espagnol : d'après les conventions, les soldats français devaient rentrer en France; ils furent retenus prisonniers et transportés aux îles Baléares.

gnols voulurent-ils se soumettre à un prince étranger? — Quel fut le caractère de la guerre qui s'ensuivit? — Ra-

1. Petite ville de l'Andalousie située au pied de la Sierra Morena (montagne Noire).

39. Débarquement d'une armée anglaise en Portugal ; capitulation de Cintra. Napoléon en Espagne. Siége de Saragosse. — Les Portugais prirent aussi les armes, soutenus par une armée anglaise que commandait sir Arthur Wellesley, qui acquit plus tard, sous le nom de duc de Wellington, une si grande renommée. A peine débarqués, les Anglais marchèrent sur Lisbonne. Junot voulut les arrêter et leur livra bataille avec des forces bien inférieures à celles de l'ennemi ; il fut battu, et, voyant alors qu'il lui était impossible de se maintenir dans le pays, il signa la convention de Cintra, par laquelle il s'engageait à évacuer le Portugal. Mais du moins cette capitulation ne portait aucune atteinte à l'honneur des soldats français : ils restaient libres et rentraient en France avec armes et bagages.

Au mois de novembre 1808, Napoléon franchit lui-même les Pyrénées et prit le commandement de l'armée d'Espagne. Secondé par ses lieutenants, les maréchaux Soult, Ney, Lannes, Victor, il battit l'ennemi dans toutes les rencontres et ramena le roi Joseph à Madrid. Cependant l'armée anglaise de Portugal, sous les ordres du général Moore, entrait en Espagne et marchait au secours des Espagnols ; mais bientôt, se voyant menacée de plusieurs côtés à la fois par les troupes françaises, elle précipita sa retraite sur

contez la capitulation de Baylen. — 39. Les Portugais ne firent-ils pas cause commune avec les Espagnols ? — Par qui furent-ils soutenus ? — Comment les Français furent-ils obligés d'évacuer le Portugal ? — Par quels succès Na-

la Corogne[1], en essuyant de grandes pertes, et se rembarqua (novembre 1809).

Les Espagnols ne se laissèrent pas abattre par leurs défaites. Palafox, un de leurs chefs les plus intrépides, s'était enfermé dans Saragosse[2], dont les habitants étaient résolus à se défendre jusqu'à la mort. Cette ville, assiégée une première fois au mois de juin 1808, repoussa pendant cinquante jours toutes les attaques. Assiégée de nouveau en décembre, elle résista jusqu'à la fin de février avec toute l'énergie du désespoir, malgré la famine et la peste qui décimaient la population. Durant vingt jours on se battit de rue en rue et de maison en maison. Enfin les Français restèrent maîtres de la ville, mais elle n'était plus qu'un amas de ruines.

poléon rétablit-il les affaires en Espagne? — Racontez le siége de Saragosse.

1. Ville forte et port de mer de la Galice.
2. Capitale de l'Aragon, sur l'Ebre.

CHAPITRE XIV.

Entrevue d'Erfurth. Cinquième coalition contre la France. Essling et Wagram; paix de Vienne. — Rupture avec le pape. Réunion des États romains à l'empire français. Mariage de Napoléon avec une archiduchesse d'Autriche. — Réunion de la Hollande et des villes hanséatiques à la France. Puissance de Napoléon. Étendue de l'empire français.

40. Entrevue d'Erfurth. Cinquième coalition contre la France. Essling et Wagram; paix de Vienne. — Avant d'aller en Espagne pour y prendre la direction de la guerre, Napoléon avait voulu s'assurer que, pendant son absence, il n'aurait rien à craindre du côté de l'Allemagne. En conséquence, il proposa à l'empereur de Russie une entrevue qui fut acceptée, et qui eut lieu, le 27 septembre 1808, à Erfurth [1], où la plupart des princes allemands s'empressèrent aussi de se rendre. Là, au milieu des fêtes qu'il prodiguait à ses illustres hôtes, Napoléon consentit à laisser au czar toute liberté d'action pour enlever la Finlande aux Suédois, la Moldavie et la Valachie aux Turcs. Pour prix de cette concession, il obtenait la promesse de l'alliance russe, dans le cas d'une guerre prochaine avec l'Autriche. Cette dernière puissance, en effet, croyant avoir

QUESTIONS. — 40. — Quelles promesses l'empereur de Russie et Napoléon se firent-ils à l'entrevue d'Erfurth? —

1. Ville de la Saxe prussienne.

à se plaindre de plusieurs infractions faites au traité de Presbourg, déclara la guerre à la France au commencement de 1809. L'Angleterre, l'Espagne et le Portugal s'unissaient à sa cause : ce fut la cinquième coalition.

Le 9 avril les hostilités commencèrent. Napoléon, avec l'armée qu'il avait sous la main, prend vivement l'offensive. Le 22, il bat complétement les Autrichiens près d'Eckmulh, dans la basse Bavière, s'empare de Ratisbonne, marche sur Vienne, arrive devant cette ville le 10 mai, et le 13, après un court bombardement, les Français entraient pour la seconde fois dans la capitale de l'Autriche.

Tout n'était pas fini cependant. Il fallait poursuivre les Autrichiens au delà du Danube, sur la rive gauche, où ils s'étaient concentrés dans les environs du village d'Essling. Soixante mille hommes de l'armée française avaient déjà pu, non sans de grands dangers, traverser le fleuve à la hauteur de l'île Lobau, lorsque les ponts furent emportés par une crue aussi violente que subite. Pendant deux jours (21 et 22 mai) nos braves soldats eurent à soutenir à Essling [1] une lutte terrible et sanglante contre les forces supérieures de l'ennemi. Le soir du deuxième jour les Français se retirèrent dans l'île Lobau, qui fut trans-

Pour quel motif l'Autriche déclara-t-elle la guerre à la France? — Racontez les principaux faits de la campagne de 1809, l'occupation de Vienne, la bataille d'Essling, le

1. C'est à Essling que périt l'illustre maréchal Lannes, duc de Montebello.

formée en un vaste camp retranché. En même temps, Napoléon appelait à lui les armées d'Italie et de Dalmatie ; il faisait jeter des ponts fixes sur le grand bras du Danube, des ponts volants sur le petit bras, pour relier l'île Lobau à la rive gauche. Le 5 juillet 1809, Napoléon débouchait dans la plaine avec toute son armée et une puissante artillerie, et le lendemain, à Wagram, il remportait une victoire décisive, achetée, il est vrai, au prix de beaucoup de sang répandu.

L'armée autrichienne était en pleine retraite. Son chef, l'archiduc Charles, demanda et obtint un armistice, suivi quelques mois après du traité de Vienne (14 octobre), qui enlevait à l'Autriche plusieurs de ses provinces, et lui imposait une contribution de guerre de 85 millions.

41. Rupture avec le pape. Réunion des États romains à l'empire français. Mariage de Napoléon avec une archiduchesse d'Autriche. — Depuis le séjour qu'il avait fait à Paris pour la cérémonie du sacre, le pape avait toujours montré une grande bienveillance dans ses rapports avec le gouvernement de l'Empereur ; mais il refusait d'accéder au blocus continental, qui ruinait ses sujets. Irrité de cette résistance, Napoléon fit occuper Ancône et Rome par ses troupes, et peu après, un décret du 17 mai 1809 déclarait les États du Saint-Siége réunis à l'empire français : en d'autres termes, ce décret abolissait le pouvoir temporel

passage du Danube, la victoire de Wagram. — Quelles furent les conditions du traité de Vienne ? — 41. Quelle fut la cause de la rupture de Napoléon avec le pape ? — Comment

des papes. Pie VII y répondit par une bulle d'excommunication. Alors le général Miollis, qui commandait les troupes françaises à Rome, reçut l'ordre d'arrêter le pape. L'auguste vieillard, malade et affaibli par la souffrance, fut brusquement enlevé de son palais et conduit à Grenoble; puis, sur de nouveaux ordres de l'empereur, ramené en Italie, à Savone [1], où il resta captif pendant trois ans [2]. Les violences exercées par Napoléon contre le souverain pontife lui aliénèrent une grande partie du clergé français, et firent la plus fâcheuse impression sur l'opinion publique.

Napoléon désirait vivement avoir un héritier de son sang et de son nom. Cet héritier obtenu, l'Empire, suivant lui, serait consolidé et définitivement fondé. L'impératrice Joséphine, avec laquelle il était marié depuis près de quinze ans, ne lui avait pas donné d'enfant. Il se décida à rompre cette union; le divorce fut prononcé au mois de décembre 1809. Le 1er avril 1810 de l'année suivante, Napoléon épousait l'archiduchesse Marie-Louise, fille de l'empereur d'Autriche François II, et le 20 mars 1811 il lui nais-

Pie VII fut-il traité? — Où fut-il détenu prisonnier? — Pourquoi Napoléon se décida-t-il à rompre son union avec Joséphine? — Quelle princesse épousa-t-il? — Quel nom

1. Ville des États sardes, sur le golfe de Gênes.

2. En 1812, Pie VII fut transféré de Savone à Fontainebleau, où il eut encore à subir des obsessions, pour le forcer à signer un nouveau concordat. Enfin, après la campagne de France, au moment où les armées alliées approchaient de Paris, le pape fut rendu à la liberté, et le 14 mai 1814 il rentrait à Rome au milieu des acclamations du peuple.

sait un fils, qui reçut à son berceau le nom de Roi de Rome.

42. Réunion de la Hollande et des villes hanséatiques à la France. Puissance de Napoléon. Étendue de l'empire français. — La réunion des États de l'Église à l'empire français fut bientôt suivie de nouvelles annexions. Napoléon, reprochant à son frère, Louis Bonaparte, roi de Hollande, de ne pas faire observer rigoureusement le blocus continental, lui enleva la couronne ; et ses États, incorporés à la France (1810), formèrent sept départements. Les villes hanséatiques (Hambourg, Brême, Lubeck) furent aussi annexées à l'Empire. Enfin, à la même époque (1810) la Suède, par une révolution soudaine, devenait l'alliée de la France[1], de sorte que tous les États de l'Europe étaient fermés au commerce anglais.

L'empire français comprenait en 1811 cent trente départements, et s'étendait de l'Elbe[2] jusqu'à la Bidassoa[3], et du Garigliano[4] jusqu'à la Manche. Rome, Florence, Turin, Bruxelles, Amsterdam, Hambourg, n'étaient plus que des chefs-lieux de départements, administrés par les

fut donné à son fils. — 42. Quels nouveaux États furent réunis à l'empire français ? — Quelle était alors l'étendue de cet empire ? — Combien de départements comprenai t-il ?

1. Le roi de Suède, Gustave IV, fut déposé et remplacé par son oncle, le duc de Sudermanie, qui prit le nom de Charles XIII, et qui, n'ayant pas d'enfants, adopta comme son héritier et successeur le maréchal de France Bernadotte.
2. Fleuve d'Allemagne, qui se jette dans la mer du Nord.
3. Petit fleuve, qui sépare la France de l'Espagne.
4. Rivière d'Italie.

préfets de l'empereur. Roi d'Italie, Napoléon disposait souverainement des couronnes d'Espagne et de Naples, qu'il avait données à son frère Joseph et à son beau-frère Murat. Médiateur de la Suisse, il s'était fait le protecteur, c'est-à-dire le maître de la confédération du Rhin, qui comprenait vingt-deux États, parmi lesquels les quatre royaumes de Bavière, de Saxe, de Wurtemberg et de Westphalie. Depuis l'empire romain ou l'empire de Charlemagne, on n'avait jamais vu une puissance aussi colossale. Mais cette puissance était plus apparente que réelle. Tous ces peuples, différents de nationalité, de langage et de mœurs, soumis à la même loi, retenus par la crainte sous le même maître, étaient prêts à se tourner contre ce maître, aux premiers revers qu'il essuierait. La Prusse et l'Autriche, amoindries, humiliées, attendaient le moment propice pour se relever et se venger. La France elle-même, privée de toutes ses libertés, était lasse de ces guerres incessantes qui enlevaient tant de bras à l'agriculture et à l'industrie, et portaient le deuil dans toutes les familles : ses glorieux triomphes sur les champs de bataille étaient achetés au prix de trop de sang. Le sénat et le corps législatif n'osaient pas élever la voix pour faire connaître la vérité au tout-puissant empereur, qui ne leur demandait qu'une chose, l'obéissance absolue à ses volontés.

— La grande puissance de Napoléon était-elle bien solide ?
— Quels étaient les sentiments des peuples étrangers et de la France elle-même ?

CHAPITRE XV.

Principaux faits de la guerre d'Espagne de 1809 à 1812. Campagne de Russie; Napoléon à Moscou. Désastreuse retraite de l'armée française. — Soulèvement de l'Allemagne. Sixième coalition contre la France. Batailles de Dresde et de Leipzig (1813). — Campagne de France ; Champaubert ; Montmirail ; Montereau. Capitulation de Paris. Abdication de l'Empereur ; son départ pour l'île d'Elbe (1814).

43. Principaux faits de la guerre d'Espagne de 1809 à 1812. Campagne de Russie; Napoléon à Moscou. Désastreuse retraite de l'armée française. — Le temps des revers était déjà venu pour les Français en Espagne. Après son départ au mois de janvier 1809, Napoléon y avait laissé le roi Joseph avec le major général Jourdan, les maréchaux Soult, Ney, Victor, Moncey et le général Gouvion-Saint-Cyr. Les divisions des chefs français, l'intervention des armées anglaises qui occupaient le Portugal, l'acharnement des insurgés espagnols devaient rendre inutiles les efforts des meilleurs soldats de Napoléon. Au mois de mars 1809, Soult envahit le Portugal par le nord, et pénétra en vainqueur jusqu'à Oporto ; mais au mois de mai il fut obligé de battre en retraite devant Wellington. Pendant ce temps, les Espagnols étaient battus à Médellin en Estremadure.

QUESTIONS. — 43. Racontez les principaux faits de la guerre d'Espagne de 1809 à 1812. — Quelles furent les

et à Ciudad Réal dans la Manche (mars-avril 1809). La bataille de Talaveyra, sur le Tage (27-28 juillet 1809), livrée au roi Joseph par Wellington, resta indécise. Enfin, une dernière armée espagnole était détruite à Ocana, près du Tage (novembre 1809).

L'année suivante (1810), Masséna envahit le Portugal avec 70,000 hommes, s'empara de Coïmbre et força Wellington à se renfermer dans les lignes de Torres-Vedras, formées d'un triple retranchement, entre le Tage et la mer, où le général anglais avait 100,000 hommes et 400 canons. Avec les ressources dont il disposait, Masséna ne pouvait attaquer l'ennemi dans cette position formidable. Après avoir vainement attendu durant cinq mois les secours que le maréchal Soult devait lui amener, il se vit contraint de battre en retraite, suivi par l'armée anglaise, qui lui fit essuyer un grave échec à Fuentès de Onoro (mai 1811). Les succès de Suchet, qui dans l'Est avait conquis sur le général anglais Blake le royaume de Valence, ne suffisaient pas à réparer le mauvais effet de cette retraite. L'année 1812 fut marquée par de nouveaux désastres : la défaite de Marmont aux Arapiles (22 juillet 1812), et la prise de Madrid par Wellington (12 août).

C'est au moment où les affaires d'Espagne prenaient une si fâcheuse tournure que Napoléon s'engageait dans la funeste expédition de Russie.

causes de la mésintelligence entre Napoléon et l'empereur

Depuis l'entrevue d'Erfurth, les relations amicales entre Alexandre et Napoléon s'étaient bien refroidies. Alexandre ne voyait pas sans inquiétude l'extension du grand-duché de Varsovie, qui lui faisait craindre le rétablissement du royaume de Pologne; et une nouvelle annexion à l'empire français, celle du grand-duché d'Oldenbourg, l'avait profondément blessé. Le grand-duc était beau-frère d'Alexandre. Le czar réclama vainement en sa faveur. Loin de céder, Napoléon exigea qu'Alexandre confisquât tous les bâtiments neutres entrés dans ses ports, comme suspects d'avoir contrevenu aux décrets de Berlin et de Milan. Les deux empereurs ne purent s'entendre, et la guerrre fut résolue. L'alliance du prince royal de Suède Bernadotte, qui oubliait qu'il était né Français, et la paix de Bukharest avec les Turcs (**28 mai 1812**), permettaient à Alexandre de réunir toutes ses forces pour résister à Napoléon. Les rois de Prusse, de Bavière, de Saxe, et l'empereur d'Autriche étaient les alliés forcés, plutôt que volontaires, de la France.

A la tête de **640,000** hommes[1], Français, Italiens, Allemands, Polonais, et de **1,200** canons, Napoléon franchit le Niémen à Kowno, le **24** juin

Alexandre? — Avec quelles forces Napoléon franchit-il le Niémen? — Décrivez la marche de l'armée française, les

1. Tandis que Napoléon, avec le gros de l'armée, s'avançait dans l'intérieur de la Russie, le reste de ses troupes, formant deux ailes, l'une à l'extrême droite, l'autre à l'extrême gauche, devait défendre sa ligne de communication.

1812. Le **28** il était à Wilna, où il resta quinze jours pour donner du repos à ses soldats et organiser tous les services. Puis, prenant la route de Moscou, il battait Bagration à Mohilew (23 juillet), Barclay de Tolly à Ostrowno (25 juillet), entrait à Wilepsk (28 juillet), culbutait les forces réunies de Barclay et de Bagration devant Smolensk (17 août), les ponrsuivait, et mettait en déroute leur arrière-garde à Valontina (20 août). Les Russes reculaient toujours en dévastant le pays derrière eux. Enfin, le 7 septembre, la grande armée rencontra les 140,000 hommes de Kutusow dans les plaines de Borodino, sur les bords de la Moscowa. Chassés de leurs redoutes après une affreuse boucherie, les Russes perdirent 60,000 hommes, les Français 30,000. Le 15 septembre, Napoléon entrait à Moscou. Mais avant de quitter la ville, le gouverneur Rostopchine avait donné l'ordre d'y mettre le feu. L'incendie dura cinq jours (15-20 septembre). On ne pouvait hiverner au milieu des ruines. La saison était trop avancée pour marcher sur Pétersbourg. Napoléon avait fait des propositions de paix à Alexandre. Le czar ne répondit pas. La neige commença à tomber le 13 octobre. Au bout de trente-cinq jours, il fallut se résigner à la retraite. Napoléon partit de Moscou le 19 octobre avec 130,000 hommes, dont 80,000 combattants seulement. L'armée se dirigea sur Smolensk par la route de Kalouga, qui offrait d'abondantes ressources;

combats qu'elle eut à livrer et son entrée à Moscou. —

mais, après une lutte sanglante avec les Russes de Kutusow, à Malo-Javoslawetz, elle dut regagner la route de Mozaïsk, par où l'on était venu, et qui était ruinée. Quand on arriva à *Smolensk*, les combats, la faim, le froid, la neige, avaient réduit l'armée à 50,000 hommes (10 novembre). De Smolensk, les Français se dirigèrent vers Wilna. Trois armées russes, sous Wittgenstein, Tchitchagoff et Kutusow, s'apprêtaient à couper la retraite à nos malheureux soldats. Le combat de Krasnoë ouvrit le passage à Napoléon. Mais la neige tombait toujours, et le froid[1] devenait plus terrible. Réunie à Orcha, la grande armée franchit la Bérézina sous le feu des Russes au gué de Studzianka, mais elle perdit 20,000 hommes (26-29 novembre). Les débris de l'armée, protégés par Ney,[2] qui commandait l'arrière-garde, arrivèrent à Smorgoni dans un affreux désordre (5 décembre). Là, Napoléon les quitta pour regagner Paris, où une conspiration du général Malet avait failli renverser le gouvernement impérial (23-24 octobre). L'armée, sous la conduite de Murat, arriva le 9 décembre à Wilna, et le 11 décembre elle repassait le Niémen. Un mois après, Murat la quittait à son tour pour retourner à Naples, et laissait le commandement au prince Eugène, qui fut forcé de reculer jusqu'à l'Elbe (mars 1813). La campagne de Russie nous avait coûté 300,000 hommes.

Pourquoi ne put-elle pas séjourner dans cette ville ? —

1. Le froid atteignit jusqu'à 20 et 25 degrés.
2. Dans cette funeste retraite l'héroïque maréchal Ney montra le dévouement le plus admirable.

44. Soulèvement de l'Allemagne. Sixième coalition contre la France. Batailles de Dresde et de Leipzig (1813). —- Napoléon était vaincu. Une sixième coalition se forma, composée de l'Angleterre, de la Russie, de la Prusse, de la Suède, du Portugal et de l'Espagne. L'Autriche nous abandonna pour redevenir neutre. L'Allemagne sentit que le moment de la délivrance était venu ; les paysans abandonnèrent la charrue pour courir aux armes ; les étudiants quittèrent l'Université pour le champ de bataille. Napoléon avait fait décréter par le sénat une levée de 350,000 hommes. Déjà les Russes et les Prussiens étaient sur l'Elbe : le 18 mars ils entrèrent à Hambourg, le 27 à Dresde ; Dantzick et les places de l'Oder furent assiégées. Mais Napoléon arriva le 26 avril à Erfurth. Sans cavalerie, et avec des conscrits, il gagne la bataille de Lutzen, qui rejette les alliés au-delà de l'Elbe (2 mai). La victoire Bautzen de délivra la Saxe (21 mai) ; elle fut suivie de l'armistice de Pleiswitz (11 juin), et un congrès devait se réunir prochainement à Prague[1]. L'Autriche serait-elle pour ou contre nous ? Le ministre, M. de Metternich, chargé des

Racontez la désastreuse retraite de l'armée. — 44. Quelle nouvelle coalition se forma contre la France ? — Quels furont d'abord les succès de nos armes ? — N'y eut-il pas un armistice ? — Quelles étaient les conditions de paix of-

---

1. Ce congrès n'eut pas lieu. En y accédant ainsi qu'à l'armistice, Napoléon n'avait voulu que gagner du temps pour se mieux préparer à la guerre. Il était décidé à ne rien céder, malheureusement pour lui et surtout pour la France.

négociations avec Napoléon, lui laissait la Belgique, toute la rive gauche du Rhin, la Hollande et l'Italie; et il lui demandait l'abandon du grand-duché de Varsovie, de l'Illyrie, des villes hanséatiques et du protectorat de la confédération du Rhin. L'empereur refusa. Le 16 août, la trêve fut rompue, les hostilités recommencèrent, et 300,000 Autrichiens entrèrent en ligne contre nous. Napoléon avait en face de lui trois armées : l'armée du Nord, 130,000 hommes, sous Bernadotte, à Berlin; l'armée de Silésie, 120,000 hommes, sous Blücher, à Breslau; l'armée de Bohême, 200,000 hommes, sous Schwartzenberg, à Prague. La grande armée marche contre les coalisés, qui débouchaient de la Bohême avec les trois souverains pour attaquer Gouvion-Saint-Cyr dans Dresde. Elle gagne la bataille de Dresde, où Moreau périt frappé par un boulet français dans les rangs russes (27 août). Mais Vandamme, qui veut fermer la retraite aux vaincus, est battu et pris à Kulm (30 août). En même temps Oudinot, vaincu à Grosbeeren près de Berlin (23 août), était rejeté sur l'Elbe; Ney avait le même sort à Dennewitz (6 septembre). Les trois armées alliées firent leur jonction. Les Français réduits à 190,000 hommes perdirent la ligne de l'Elbe, et se virent attaqués sur tous les points, dans les plaines de Leipsick, entre la Partha, la Pleiss et l'Elster, par 330,000 coalisés. Ils résistèrent

fertes par l'Autriche? — Que fit Napoléon? — Racontez

trois jours. Abandonnés sur le champ de bataille par les Saxons et les Wurtembergeois, manquant de munitions, ils durent se résigner à la retraite. La destruction du grand pont de l'Elster, qui par une erreur funeste sauta trop tôt, fit périr toute notre arrière-garde avec son chef Poniatowski. La *bataille des Nations*[1] avait coûté la vie à 120,000 hommes (16-19 octobre). Il fallut encore livrer un combat. Les Français passèrent sur le corps de l'armée bavaroise à Hanau (30 octobre).

En Espagne, les affaires n'étaient pas moins malheureuses. Le roi Joseph, battu à Vittoria par l'armée anglaise (21 juin 1813), se retirait à Bayonne. Wellington, poursuivant ses succès, franchissait les Pyrénées, et arrivait sur les bords de la Bidassoa. Les Français évacuèrent l'Espagne, où le roi Ferdinand VII rentra peu après.

45. Campagne de France; Champaubert, Montmirail, Montereau. Capitulation de Paris. Abdication de l'empereur; son départ pour l'île d'Elbe (1814). — Cependant la guerre était portée sur le Rhin, et la France fut envahie. Au sud, 160,000 Anglo-Espagnols, sous Wellington, franchirent la Bidassoa; au nord, 80,000 Prussiens, Russes, Suédois, sous Bernadotte, Bulow et Wintzingerode, s'emparèrent de la Hollande et entrèrent

la bataille de Leipsick. — 45. Quelles étaient les forces des coalisés lorsqu'ils envahirent la France? — Quels sont

---

1. La bataille de Leipsick a été appelée la bataille des Nations, parce que toutes les nations de l'Europe, à l'exception des Anglais et des Espagnols, y furent représentées.

en Belgique (novembre 1813). A l'est, 80,00[...]
Autrichiens, sous Bubna, attaquaient les Alpe[...]
Au centre, l'armée de Bohême, commandée p[...]
Schwartzenberg et forte de 160,000 homme[...]
franchit le Rhin à Bâle, tandis que Blücher av[...]
l'armée de Silésie, forte de 100,000, le passa[...]
à Mayence. Schwartzenberg et Blücher devaie[...]
marcher simultanément sur Paris par les vallé[...]
de la Seine et de la Marne. Napoléon n'avait q[...]
60,000 hommes. Il quitte Paris le 26 janvie[...]
laissant la régence à Marie-Louise, et arrive[...]
Vitry-le-Français ; il bat Blücher à Saint-Dizi[...]
(27), puis à Brienne (29), sans pouvoir empêch[...]
la jonction des deux armées ennemies. Après[...]
bataille de la Rothière (1er février), il se repl[...]
sur Troyes et repousse l'ultimatum du congr[...]
de Châtillon, qui exigeait que la France rentr[...]
dans les limités de 1789 (8 février). Heureus[...]
ment les alliés se séparent. L'armée de Silési[...]
marchant sur Paris par la Marne, était éch[...]
lonnée de Châlons à la Ferté-sous-Jouarre. N[...]
poléon l'attaque, la bat à Champaubert (10 f[...]
vrier), à Montmirail (11), à Château-Thierry (1[...]
rejette Sacken sur Soissons, tombe sur Blüch[...]
à Vauxchamps (14), et le repousse sur Châlon[...]
Mais pendant ce temps Schwartzenberg et l'arm[...]
de Bohême, descendant la Seine, étaient arriv[...]
à Melun. Napoléon se retourne contre elle, la b[...]
à Mormans le 16, à Nangis le 17, à Montere[...]

les combats que Napoléon eut à livrer dans le cours [...]
cette campagne ? — Racontez la marche des alliés sur Par[...]

le 18, et rentre vainqueur dans Troyes. Blücher était de nouveau revenu sur Paris. Napoléon se dirige vers la Marne. Mais Soissons capitule et livre le passage de l'Aisne à Blücher, qui fait sa jonction avec l'armée du Nord (4 mars). Napoléon est vainqueur à Craonne (7 mars); il est repoussé à Laon (9) et s'empare de Reims (13). Il se trouvait sur les derrières des coalisés. Mais la route de Paris leur était ouverte. Il veut y courir; il arrive trop tard. Alexandre, décidé à en finir, avait marché sur Paris avec Blücher, Schwartzenberg et 180,000 hommes. L'impératrice, le roi de Rome, puis le roi Joseph abandonnent la capitale; aucun préparatif de défense n'est fait; la garde nationale est sans armes. Après un jour de lutte avec 22,000 hommes contre 180,000, Mortier et Marmont capitulent (30 mars), et les alliés entrent dans Paris.

Le 1er avril, le Sénat, dirigé par Talleyrand, nomma un gouvernement provisoire, qui, le 3, déclara Napoléon déchu du trône. L'empereur avait encore à Fontainebleau 40,000 hommes. Pourtant il abdiqua en faveur de son fils. La défection de Marmont, qui emmena son corps d'armée en Normandie, rendit les alliés plus exigeants. Napoléon dut abdiquer sans conditions. Le traité du 11 avril lui accorda la souveraineté de l'île d'Elbe, un revenu de deux millions sur le grand livre de France, et le droit d'emmener

la capitulation de cette ville, l'abdication de l'empereur et son départ pour l'île d'Elbe.

400 hommes de bonne volonté. Le **20** avril au matin, il fit ses adieux, dans la cour du Cheval-Blanc, à la vieille garde rangée en haie sur son passage. Après avoir embrassé son chef, le général Petit, et le drapeau des grenadiers, il monta en voiture avec les commissaires des puissances coalisées. Le **28** avril, il faisait voile pour l'île d'Elbe.

CHAPITRE XVI.

Première restauration des Bourbons. La charte constitutionnelle. Premier traité de Paris. Congrès de Vienne. — Retour de Napoléon. Les Cent Jours; septième coalition contre la France. Waterloo. — Capitulation de Paris. Napoléon à Sainte-Hélène. Les traités de 1815.

46. Première Restauration des Bourbons. La charte constitutionnelle. Premier traité de Paris. Congrès de Vienne. — Le 6 avril 1814, le sénat avait appelé au trône Louis Stanislas Xavier de Bourbon, frère de Louis XVI, qui prit le nom de Louis XVIII. Le nouveau roi quitta sa résidence d'Hartwell en Angleterre, et vint débarquer à Calais. Avant d'entrer dans Paris, où son frère le comte d'Artois l'avait précédé, il signa le 2 mai la déclaration de Saint-Ouen, par laquelle il promettait de donner à la France un gouver-

QUESTIONS. — 46. Quel prince fut appelé au trône par le Sénat? — Donnez quelques détails sur la charte oc-

Chambéry
Milan
ITALIE
31
Grenoble
Pô
45
TURIN
HAUTES ALPES
BASSES ALPES
Digne
Gênes
44
GOLFE DE GÊNES
Nice
Draguignan
VAR
43
Toulon
Bastia
I. d'Elbe
MÉDITERRANÉE
42
Ajaccio
3
4
5
6
7
8

Pl. 1

ANGLETERRE
BELGIQUE
ALLEMAGNE
SUISSE
ITALIE
ESPAGNE
OCÉAN ATLANTIQUE
LA MANCHE
MER DU NORD
MER MÉDITERRANÉE
GOLFE DU LION
GOLFE DE GASCOGNE
Monts Pyrénées
FRANCE
POLITIQUE
par
G. BERGE
TABLEAU
des anciennes Provinces.
1 Flandre   Cap. Lille.
2 Artois   Arras.
3 Picardie   Amiens.
4 Normandie   Rouen.
5 Ile-de-France   Paris.
6 Champagne   Troyes.
7 Lorraine   Nancy.
8 Orléanais   Orléans.
9 Touraine   Tours.
10 Berry   Bourges.
11 Nivernais   Nevers.
12 Bourbonnais   Moulins.
13 Marche   Guéret.
14 Limousin   Limoges.
15 Auvergne   Clermont-Fd.
16 Bretagne   Rennes.
17 Maine   Le Mans.
18 Anjou   Angers.
19 Poitou   Poitiers.
20 Aunis   La Rochelle.
21 Angoumois   Angoulême.
22 Saintonge   Saintes.
23 Alsace   Strasbourg.
24 Franche-Comté   Besançon.
25 Bourgogne   Dijon.
26 Lyonnais   Lyon.
27 Guyenne   Bordeaux.
28 Gascogne   Auch.
29 Béarn   Pau.
30 Comté de Foix   Foix.
31 Roussillon   Perpignan.
32 Languedoc   Toulouse.
33 Dauphiné   Grenoble.
34 Provence   Aix.
a Corse   Bastia.
b Comtat Venaissin   Avignon.
c Dté de Savoie   Chambéry.
d Cté de Nice Oneil   Nice.
Paris   Londres   Dunkerque   Lille   Bruxelles   Maestricht   Luxembourg   Coblentz   FRANCFORT   Strasbourg   Metz   Nancy   Bar-le-Duc   Mézières   Laon   Amiens   Dieppe   Rouen   Le Havre   Caen   St-Lô   Évreux   Versailles   Chartres   Le Mans   Laval   Rennes   St-Brieuc   Quimper   Vannes   Nantes   La Roche-sur-Yon   Angers   Tours   Blois   Orléans   Auxerre   Troyes   Chaumont   Dijon   Besançon   Lons-le-Saunier   Mâcon   Bourg   Nevers   Moulins   Bourges   Châteauroux   Guéret   Limoges   Clermont-Ferrand   St-Étienne   Lyon   Valence   Privas   Le Puy   Aurillac   Tulle   Périgueux   Angoulême   La Rochelle   Niort   Poitiers   Bordeaux   Agen   Cahors   Rodez   Mende   Montauban   Auch   Mont-de-Marsan   Bayonne   Pau   Tarbes   Foix   Toulouse   Albi   Carcassonne   Perpignan   Montpellier   Nîmes   Avignon   Digne   Gap   Grenoble   Chambéry   Draguignan   Nice   Toulon   Marseille   Ajaccio   Bastia   TURIN   Genève   Milan   BERNE
Échelles:
Myriamètres et Kilomètres
Lieues de France de 25 au degré
Chef-lieu de Département
Ports Militaires
Ports Marchands

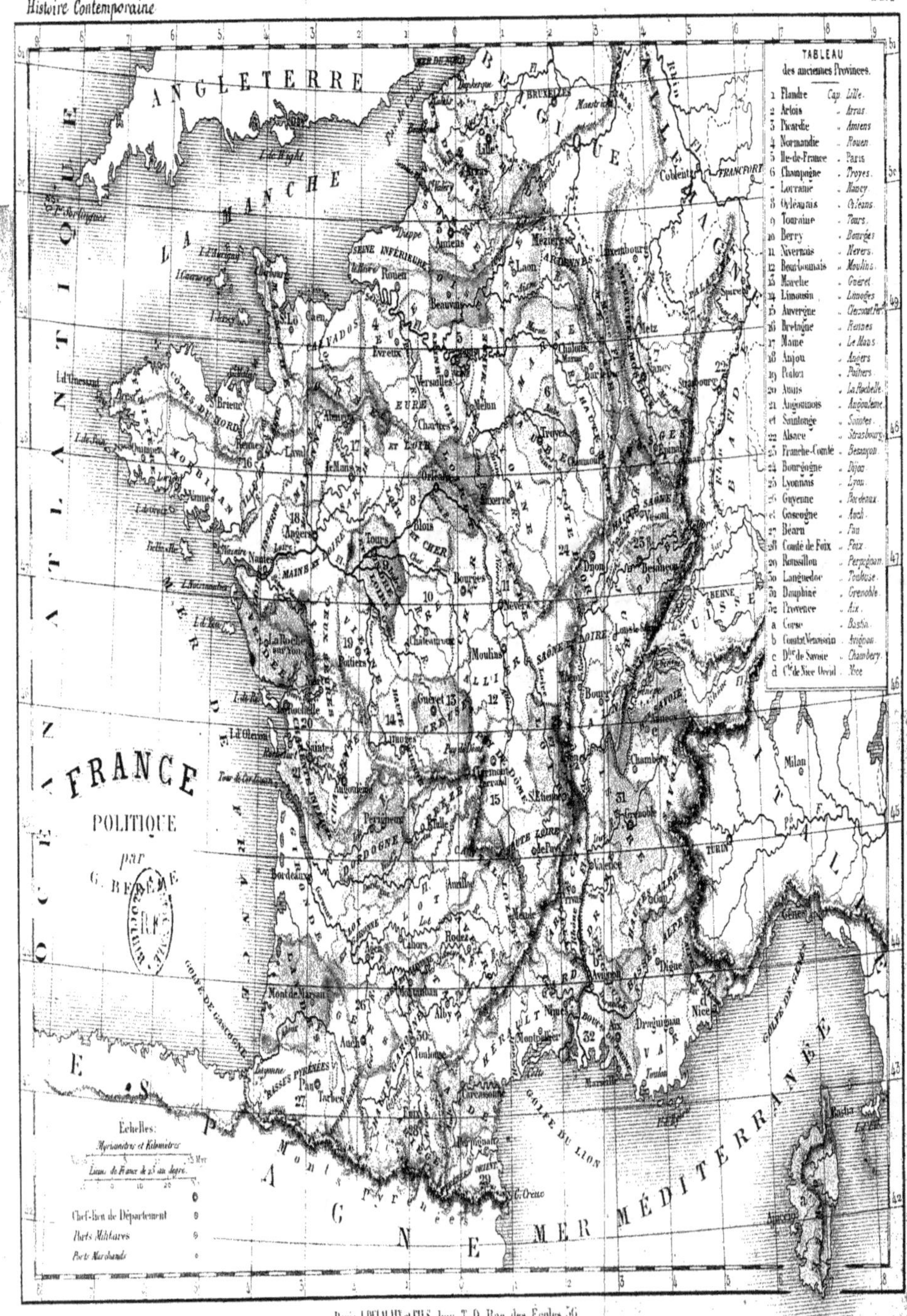

nement représentatif. Le 4 juin suivant, il octroya la *charte constitutionnelle*, dont les articles principaux établissaient : une royauté héréditaire ; deux chambres, celle des députés élus, celle des pairs, nommés par le roi, toutes deux ayant le vote de l'impôt et la discussion des lois ; la responsabilité des ministres, l'inamovibilité des juges, la liberté de la presse, des cultes, l'inviolabilité des propriétés, la garantie de la dette publique, la libre admissibilité de tous les Français à tous les emplois civils et militaires, le maintien de la Légion d'honneur, des pensions et grades. Il fallait maintenant traiter avec les alliés victorieux et maîtres de Paris. La convention du 23 avril 1814 avait suspendu les hostilités. Le premier traité de Paris, du 30 mai, établit la paix définitive. La France rentrait dans ses limites du 1er janvier 1792 ; elle conservait Philippeville, Marienbourg, Bouillon, Sarrelouis, Landau, Mulhouse, Montbéliard, Avignon et Chambéry. Elle cédait aux Anglais Tabago, Sainte-Lucie, l'île de France, Rodrigue, les Seychelles. La possession de Malte était aussi définitivement assurée à l'Angleterre. Un congrès devait se réunir à Vienne pour décider du sort des contrées qui avaient été annexées à l'empire français.

Le congrès de Vienne s'ouvrit le 22 septembre 1814 et se prolongea jusqu'au mois de mars

troyée par Louis XVIII. — Quels furent les conditions du premier traité de Paris ? — Pourquoi un congrès se réunit-il à Vienne ? — Quelles puissances y étaient représen-

1815. Huit puissances y furent représentées : la Russie, l'Autriche, l'Angleterre, la Prusse, l'Espagne, le Portugal, la Suède et la France. Les diplomates les plus célèbres qui y figurèrent, furent pour la France, Talleyrand, pour l'Autriche, Metternich, pour la Russie, Nesselrode, pour l'Angleterre, Castlereagh. On pouvait donc espérer que la paix et la tranquillité de l'Europe seraient désormais assurées, quand une nouvelle révolution éclata en France.

47. Retour de Napoléon. Septième coalition contre la France. Les Cent jours. Waterloo. — La Restauration avait été accueillie avec le plus vif enthousiasme; mais bientôt des signes de mécontentement se manifestèrent. Les faveurs étaient prodiguées aux anciens émigrés; les acquéreurs des biens nationaux se croyaient menacés dans leur possession. L'armée regrettait son chef et son drapeau[1]; un grand nombre d'officiers, réduits à la demi-solde, étaient laissés sans emploi. Enfin, les ennemis du nouveau gouvernement faisaient un crime aux Bourbons d'être revenus à la suite de l'étranger[2].

Alors Napoléon veut tenter de ressaisir le pouvoir qu'il a perdu; il quitte l'île d'Elbe[3]. Le

tées? — 47. Quelles furent les causes du mécontentement qui se manifesta contre le nouveau gouvernement? — Ra-

1. Le drapeau blanc avait remplacé le drapeau tricolore.
2. Cette accusation, si souvent répétée depuis, est injuste : l'ambition et les fautes de Napoléon avaient seules amené l'étranger en France.
3. Le retour de l'île d'Elbe, qui devait être si fatal à Napoléon, fut un immense malheur pour la France.

6.

1ᵉʳ mars **1815**, il aborde avec **700** hommes au golfe Jouan, entre à Cannes et arrive à Gap le **5**. Devant Grenoble les troupes envoyées pour le combattre se joignent à lui. Le colonel Labédoyère lui amène le 7ᵉ de ligne. Le **5** mars, il est maître de Grenoble, le **10**, de Lyon. Ney, chargé de le combattre, est forcé par les soldats de se donner à lui à Auxerre, et le **20** mars l'empereur rentre aux Tuileries. Louis XVIII s'était retiré à Gand. Mais le plus difficile restait à faire. Les souverains réunis au congrès de Vienne avaient déclaré Napoléon hors la loi (**13** mars). Sentant le besoin de s'appuyer sur l'opinion libérale, Napoléon fit rédiger par Carnot et Benjamin Constant une constitution désignée sous le nom d'*acte additionnel aux constitutions de l'Empire*.

Il fallait maintenant lutter contre les **800,000** soldats de la coalition qui s'apprêtaient à envahir la France sur tous les points. Déjà deux armées étaient en Belgique : **124,000** Prussiens sous Blücher dans la vallée de la Meuse ; **100,000** Anglo-Hollandais sous Wellington entre la Meuse et la mer. Napoléon, résolu à prendre l'offensive, franchit la Sambre à Charleroi, le **15** juin, avec **129,000** hommes. Il veut se porter entre les deux généraux ennemis et les battre l'un après l'autre. Le **16** juin il livre aux Prussiens la bataille de Ligny[1], tandis que le maréchal Ney, aux Quatre-

contez le retour de Napoléon de l'île d'Elbe et sa marche sur Paris. — Que firent les puissances coalisées ? — Ra-

____

1. Village de Belgique, près de Namur.

Bras[1], sur la route de Bruxelles, doit arrêter Wellington et le refouler. Mais le général Drouet d'Erlon, trompé par des ordres contraires, promène entre Ligny et les Quatre-Bras ses 20,000 hommes inutiles à Napoléon aussi bien qu'à Ney. Celui-ci, qui n'a que 25,000 hommes contre toute l'armée anglaise, l'arrête cependant et l'empêche de porter secours à Blücher. La journée de Ligny coûte 25,000 hommes aux Prussiens. Mais ni l'une ni l'autre des deux armées ennemies n'est détruite. Résolu alors à porter le gros de ses forces contre les Anglais, Napoléon charge Grouchy de poursuivre Blücher avec 34,000 hommes. Lui-même se réunit à Ney et arrive, le 17 juin au soir, en face de l'armée anglaise rangée en bataille sur le plateau du Mont-Saint-Jean, à cheval sur la route de Bruxelles, en avant de Waterloo et de la forêt de Soignes, son front couvert par une artillerie formidable. La bataille commence le 18 à onze heures du matin. Les Français ont 72,000 hommes, les Anglais 70,000. Pendant que notre gauche, conduite par Reille, attaque la droite anglaise au château d'Hougoumont, 74 canons battent le centre et la gauche anglaise. Mais à ce moment 30,000 Prussiens, conduits par Bülow arrivent de Wavres par Saint-Lambert; ils ont échappé à Grouchy. Napoléon est obligé de détacher contre eux 12,000 hommes conduits par

contez la bataille de Waterloo et l'héroïque dévouement

____

1. Ville de Belgique, dans le Brabant méridional.

Lobau. Pendant ce temps les quatre divisions d'infanterie du comte d'Erlon attaquent l'armée anglaise sur le plateau. Elles sont repoussées avec de grandes pertes. Ney les rallie, s'empare de la Haie-Sainte, et vient charger avec quarante escadrons de cuirassiers toute l'infanterie de Wellington massée en carrés sur le plateau. Après une affreuse mêlée, notre cavalerie est repoussée. Ney revient à la charge avec soixante-dix-sept escadrons, prend l'artillerie anglaise, traverse les carrés, les sabre, les écrase. Mais notre infanterie occupée contre Bulow ne peut le soutenir. Il faut une seconde fois évacuer le plateau. Lobau luttait toujours contre les Prussiens. Mais une troisième armée de 20,000 hommes, conduits par Blücher, envahit le champ de bataille au moment où l'empereur lançait contre les Anglais sa réserve, dix bataillons des grenadiers et des chasseurs de la vieille garde. Alors commence la déroute. La garde impériale se forme en carrés, et ces héroïques soldats se font tuer pour assurer le salut de l'empereur. Les Prussiens poursuivent les vaincus jusqu'à la frontière. Les Français avaient perdu 30,000 hommes, les alliés 22,000. Dès lors, tout était fini.

48. Capitulation de Paris. Napoléon à Sainte-Hélène. Les traités de 1815. — Napoléon revint à Paris. La chambre des représentants obligea l'empereur à abdiquer (23 juin), et créa un gou-

de la garde impériale. — 48. Quelles furent les consé-

vernement provisoire. Déjà Blücher et Wellington avaient envahi la France. Dans les derniers
jours de juin, ils arrivèrent sous les murs de
Paris. Davout, qui avait remplacé Grouchy dans
le commandement de l'armée, avait à sa disposition 70,000 soldats, 47,000 gardes nationaux
ou fédérés. On pouvait engager la lutte avec les
alliés. Mais le gouvernement provisoire capitula
au lieu de combattre (3 juillet). Le 8, Louis XVIII
rentra dans Paris, pendant que l'armée se retirait derrière la Loire.

Napoléon, après un court séjour à l'Élysée et
à la Malmaison, était parti pour Rochefort.
Désespérant de pouvoir échapper à la croisière
anglaise et gagner les États-Unis, il se livra
aux Anglais, après avoir écrit au prince régent [1]
pour lui demander asile. On le traita comme prisonnier de guerre. Transféré du *Bellerophon* sur
le *Northumberland*, il fut conduit avec ses compagnons Bertrand, Montholon, Las Cases, Gour-
gaud, à l'île de Saint-Hélène, au milieu de l'Atlantique, à 500 lieues du continent. Prisonnier du
gouverneur de l'île, Hudson Lowe, pendant six
ans, il employa sa captivité à dicter le récit de ses
campagnes (*Mémorial de Saint-Hélène*). Son nom
grandit par l'éloignement. La légende transforma
l'histoire de sa vie, effaçant le mal, augmentant le

quences de la défaite de l'armée française? — Comment
Napoléon fut-il traité? — Donnez quelques détails sur sa

1. Le roi d'Angleterre, Georges III, étant tombé en démence,
son fils, qui fut ensuite roi sous le nom de Georges IV, exerça
la régence de 1810 à 1820.

bien, et, lorsqu'il mourut à Longwood le 5 mai
1821, la France, indulgente pour quiconque a
montré de la force, fût-ce à ses dépens, ne se sou-
venait plus que d'Arcole, de Marengo, d'Austerlitz,
d'Iéna et de Wagram; elle avait oublié le Dix-huit
brumaire, Trafalgar, Baylen, Moscou, Leipsick,
Waterloo!

La bataille de Waterloo et la capitulation de
Paris avaient mis la France et l'Europe à la merci
des coalisés victorieux. Louis XVIII était rentré
à Paris le 8 juillet 1815. Le 1er août, il fut
obligé de donner aux étrangers une première
indemnité de cent millions et de licencier l'armée. Deux mois après, Alexandre, François II
et Frédéric-Guillaume III conclurent le pacte
fameux sous le nom de *sainte alliance*. Les trois
monarques s'engageaient à unir tous leurs efforts
pour maintenir la paix en Europe et combattre
la révolution. Le 20 novembre, Louis XVIII
dut signer le second traité de Paris, qui main-
tenait, en les aggravant encore, tous les actes
du congrès de Vienne avant les Cent jours. Le
traité du 20 novembre réduisait la France à ses
limites de 1789; il lui enlevait de plus Philippeville et Marienbourg, le duché de Bouillon,
Sarrelouis, le cours de la Sarre, Landau, plusieurs communes du pays de Gex, Porentruy et
la Savoie, qui nous avaient été laissés par le
traité de 1814. La perte de Philippeville et de
Marienbourg, que nous possédions depuis

captivité. — Quelles conditions furent imposées à la France?

Louis XIV, et qui couvraient le pays entre la Sambre et la Meuse, ouvrait la France au nord, entre Avesnes et Rocroy, par la vallée de l'Oise. Compromise au nord par la perte de Landau, l'Alsace l'était également au sud par la destruction des fortifications d'Huningue, qui ne pourraient jamais être rétablies. En outre, la France dut payer une contribution de guerre de 700 millions, sans parler de 370 millions de réclamations particulières. Enfin, 150,000 soldats étrangers devaient rester pendant trois ans en garnison dans nos places fortes, entretenus et nourris à nos frais.

Pour éloigner à jamais la France d'Anvers, et pour l'écarter des bouches de l'Escaut, de la Meuse et du Rhin, un nouveau royaume, formé de la Belgique et de la Hollande réunies, avait été créé par le congrès de Vienne en faveur de la maison d'Orange. Guillaume Ier devint roi des Pays-Bas. C'est à lui qu'étaient cédées Philippeville, Marienbourg et Bouillon. Toute une ligne de places fortes fut élevée entre la mer et la Meuse, afin de rendre le nouveau royaume inattaquable, et d'en faire comme l'avant-poste de l'Europe contre la France.

L'Allemagne était complétement bouleversée. La Prusse recouvra Magdebourg sur l'Elbe, Dantzick à l'embouchure de la Vistule, et le grand-duché de Posen ; elle acquit toute la Saxe septentrionale, et obtint sur les deux rives du

— Quels territoires perdit-elle par les traités de 1815 ? —

Rhin les pays qui formèrent la Prusse rhénane, c'est-à-dire les provinces de Cologne, Dusseldorf, Coblentz, Aix-la-Chapelle, Trèves. On donna à la Bavière la partie de l'ancien Palatinat située sur la rive gauche du Rhin, avec Spire et Landau : ce fut la Bavière rhénane. L'Autriche obtint la Dalmatie et toutes les provinces Illyriennes, la Gallicie, l'archevêché de Salzbourg, le pays de Braünau, le Tyrol, le Vorarlberg, la Valteline, la Lombardie, et la Vénétie. Pour régler les affaires intérieures de l'Allemagne, on créa la Confédération germanique, composée de 39 états souverains.

L'Italie ne subit pas moins de changements que l'Allemagne. Venise et Milan avaient été rendues à l'Autriche. Le roi de Sardaigne rentra en possession du Piémont, de Nice, de la Savoie ; on lui donna le territoire de l'ancienne république de Gênes. Parme et Plaisance furent laissées à Marie-Louise. L'archiduc Ferdinand III fut rétabli dans le grand-duché de Toscane ; l'archiduc François IV rentra dans Modène. Le pape Pie VII recouvra les États pontificaux tels qu'ils existaient avant le traité de Tolentino. Ferdinand IV, retiré en Sicile depuis 1806, avait été rétabli à Naples après la chute de Murat vaincu par les Autrichiens (mai 1815), et fusillé le 13 octobre de la même année, à la suite d'une tentative malheureuse pour recouvrer son royaume. La Suisse redevint ce qu'elle était avant la Révolu-

Quels changements furent faits en Europe au profit des

tion ; mais elle acquit trois nouveaux cantons : le Valais, Neufchâtel, Genève. En Espagne Ferdinand VII, et en Portugal Jean VI, étaient rentrés dans la plénitude de leurs droits.

Dans le nord de l'Europe, la Norwège était enlevée au Danemark et donnée à la Suède. Les Danois obtenaient comme compensation le Lauenbourg. L'empereur de Russie, possédant déjà la Finlande enlevée aux Suédois en 1809, et la Bessarabie enlevée aux Turcs en 1812, devenait maître de presque toute la Pologne. Quant à l'Angleterre, en possession de l'île de la Trinité cédée par l Espagne, et du cap de Bonne-Espérance enlevé aux Hollandais (1802), de Sainte-Lucie, de l'île de France ou Maurice, et de Malte, elle se trouvait maîtresse des mers.

CHAPITRE XVII.

Seconde restauration des Bourbons. L'occupation étrangère. Réaction contre les Cent jours. — Ministère Richelieu. Congrès d'Aix-la-Chapelle. Évacuation du territoire français. — Ministère Decazes. Assassinat du duc de Berry; naissance du duc de Bordeaux. Troubles intérieurs; conspirations.

49. Seconde Restauration des Bourbons. L'occupation étrangère. Réaction contre les Cent jours. — Louis XVIII était resté à Gand pendant les Cent jours. Après la bataille de Waterloo, il rentra

puissances coalisées? — Quelles colonies furent attribuées à l'Angleterre?

QUESTIONS. — 49. Que fit Louis XVIII au moment où il

en France à la suite des vainqueurs. Parvenu à Cambrai, le 28 juin 1815, il publia, une proclamation dans laquelle il disait : « J'accours pour ramener mes sujets égarés, pour me placer une seconde fois entre les Français et les armées alliées, dans l'espoir que les égards dont je peux être l'objet tourneront au salut de mes sujets. C'est la seule manière dont j'ai voulu prendre part à la guerre. Je n'ai point permis qu'aucun prince de ma famille parût dans les rangs étrangers... Je promets, moi qui n'ai jamais promis en vain, de pardonner aux Français égarés tout ce qui s'est passé depuis le jour où j'ai quitté Lille, au milieu de tant de larmes, jusqu'au jour où je suis entré dans Cambrai, au milieu de tant d'acclamations. » Seuls les auteurs des faits insurrectionnels antérieurs au 23 mars devaient être désignés par les deux chambres et punis.

Quand le roi rentra dans Paris, le 8 juillet, la ville était occupée par les Anglais et les Prussiens. Le musée du Louvre fut dévasté ; les vainqueurs nous prirent d'admirables chefs-d'œuvre de peinture et de sculpture. Blücher voulait faire sauter le pont d'Iéna ; Louis XVIII déclara qu'il s'y ferait porter dans son fauteuil[1], et le pont d'Iéna fut respecté. 1,150,000 soldats étrangers de toute nation occupèrent la France, vivant aux dépens des habitants et commettant toutes sortes

rentra en France ? — Comment les soldats étrangers se conduisaient-ils à Paris ? — Quelles étaient leurs exigences

---

1. Louis XVIII était impotent, et ses jambes malades ne lui permettaient guère de marcher.

d'excès. Pourtant nos places fortes du nord et de l'est tenaient encore bon. Le général Barbanègre, avec cent trente-cinq hommes, défendit Huningue pendant vingt-sept jours contre l'archiduc Jean et 10,000 Autrichiens. L'armée s'était retirée derrière la Loire avec Davout, son chef. La France était alors menacée d'un démembrement. Les Allemands voulaient l'Alsace, la Franche-Comté, la Lorraine; le royaume des Pays-Bas réclamait la Flandre. L'énergique résistance de Louis XVIII, secondée par Wellington et l'empereur de Russie, parvint à nous épargner ce malheur. On a vu au chapitre précédent quelles furent les conditions du second traité de Paris du 20 novembre 1815. 150,000 soldats étrangers entretenus aux frais de la France devaient occuper pendant trois ans au moins, cinq ans au plus, dix-huit de nos places fortes.

L'aspect intérieur de la France n'était pas moins douloureux. Les terribles événements des Cent jours avaient surexcité les passions. Des crimes, des violences et des vengeances particulières ensanglantèrent surtout le midi[1]. Le maréchal Brune fut assassiné par la populace d'Avignon

et leurs prétentions? — Pendant combien de temps devaient-ils occuper le territoire français? — Racontez les excès regrettables qui eurent lieu dans le Midi. — Quels

1. Quelques écrivains ont désigné sous le nom de *Terreur blanche* les excès de la réaction qui se produisit en 1815. Sans doute ces excès furent regrettables ; mais on ne saurait sans exagération les comparer à l'affreux régime de la *Terreur,* qui immola des milliers d'innocentes victimes.

(1ᵉʳ août 1815); les généraux Lagarde et Ramel eurent le même sort à Nîmes et à Toulouse. Quant aux auteurs du 20 mars, ils furent traduits devant les tribunaux militaires. Labédoyère, qui le premier avait conduit son régiment à Napoléon, fut condamné à mort à Paris; les deux frères César et Constantin Faucher, surnommés les jumeaux de la Réole, furent exécutés à Bordeaux. Condamné également, Lavalette fut sauvé par le dévouement de sa femme. Le maréchal Ney, envoyé par Louis XVIII pour combattre l'empereur, s'était au contraire joint à lui : la cour des pairs le condamna à mort, et il fut fusillé dans l'allée de l'Observatoire du jardin du Luxembourg le 7 décembre 1815 [1].

Louis XVIII n'était pas l'auteur de ces actes de sévérité; il résistait au contraire aux passions de la Chambre des députés, à laquelle il avait d'abord donné le nom de *Chambre introuvable*, et où la majorité appartenait aux *ultra-royalistes*. Pour réprimer toute tentative de complots, la Chambre créa des cours prévôtales, dont les arrêts étaient sans appel. Une insurrection tentée à Grenoble par l'avocat Didier fut rigoureusement punie.

50. Ministère Richelieu. Congrès d'Aix-la-Chapelle. Évacuation du territoire français : — Cepen-

sont les principaux personnages qui furent punis? — Que fit la Chambre des députés? — Comment fut composé le

1. Quoique l'on puisse reconnaître que le maréchal Ney ait été justement condamné, ses glorieux services méritaient bien que sa vie fût épargnée.

dant le nouveau ministère, présidé par le duc de Richelieu, qui avait pour collègues le baron Louis, le maréchal Gouvion-Saint-Cyr et le duc Decazes, craignit que les emportements de la Chambre introuvable n'amenassent une nouvelle révolution. Le 5 septembre 1816, Louis XVIII signa une ordonnance qui dissolvait la Chambre des députés. Les élections qui suivirent donnèrent une majorité modérée. « Que les haines cessent ! disait le roi dans son discours d'ouverture. Que les enfants d'une même patrie soient vraiment un peuple de frères ! »

En 1817 les Chambres votèrent une loi électorale qui conférait la qualité d'électeur à tout citoyen âgé de 30 ans et payant 300 francs de contributions directes. L'année suivante, sur la proposition du maréchal Gouvion-Saint-Cyr, on décida que l'armée serait recrutée par le tirage au sort ; la durée du service était fixée à six ans, et le contingent annuel à 40,000 hommes. « Il fallait, disait Louis XVIII, que chaque soldat sût qu'il portait le bâton de maréchal de France dans sa giberne. »

Ce fut aussi en 1818, au congrès d'Aix-la-Chapelle, que le duc de Richelieu, grâce à ses relations personnelles avec l'empereur de Russie, obtint l'évacuation anticipée du territoire fran-

ministère? — Quelles sages paroles le roi fit-il entendre lorsque la nouvelle Chambre se réunit? — Donnez quelques détails sur la loi électorale de 1817. — A qui revient l'honneur d'avoir obtenu l'évacuation anticipée du territoire français par les troupes étrangères? — Quels étaient

çais par les armées étrangères. « J'ai assez vécu, écrivait à cette occasion le roi, puisque j'ai vu la France libre et le drapeau français flotter sur toutes les villes de France. »

Cependant à chaque élection partielle (la Chambre des députés se renouvelait par cinquième) le nombre des opposants, des *libéraux*, augmentait. Ils comptaient parmi eux Voyer d'Argenson, Benjamin Constant, Laffitte, Dupont (de l'Eure), Casimir Périer, Lafayette. Le duc de Richelieu crut prudent de se rapprocher des ultra-royalistes, et, sur le refus du roi, donna sa démission (21 décembre 1818).

51. Ministère Decazes. Assassinat du duc de Berry; naissance du duc de Bordeaux. Troubles intérieurs; conspirations. — M. Decazes, auquel le roi montrait une grande affection, fut chargé, avec le général Dessoles, de former un nouveau cabinet. Il créa 73 nouveaux pairs pour avoir une majorité ministérielle, et supprima la censure, malgré l'opposition de ceux qui lui reprochaient de compromettre le trône. Un événement tragique amena sa chute. Le roi était veuf et sans enfants; son frère le comte d'Artois avait deux fils : le duc d'Angoulême, qui avait épousé Madame Royale, fille de Louis XVI, sans qu'un héritier fût sorti de leur union, et le duc de Berry, marié à la princesse Caroline de Naples. Ce jeune prince, sur la tête duquel reposaient les espé-

les principaux membres de l'opposition dans la Chambre des députés? — Racontez l'assassinat du duc de Berry. —

rances des amis de la dynastie, fut poignardé au sortir de l'Opéra par un garçon sellier nommé Louvel (13 février 1820). Sept mois plus tard, le 29 septembre 1820, sa veuve mit au monde un enfant, qui reçut le titre de duc de Bordeaux. Une souscription nationale fut ouverte pour l'achat du château de Chambord, qui fut donné à l'enfant royal.

La mort du duc de Berry avait amené la chute de M. Decazes, auquel Louis XVIII donna, avec le titre de duc, l'ambassade de Londres. Le duc de Richelieu revint une seconde fois au pouvoir. Les Chambres adoptèrent des lois sévères sur la presse et une nouvelle loi électorale. Dorénavant il devait y avoir deux espèces de colléges électoraux : les colléges d'arrondissement devaient nommer 258 députés, et les colléges de département 172. Les électeurs qui payaient 1,000 francs de contributions devaient voter à la fois dans les deux colléges.

L'opposition avait combattu cette loi sans succès. Les ennemis du gouvernement essayèrent dès lors de le renverser par la force. Des sociétés secrètes s'étaient formées sous le nom de *Charbonnerie*, à l'imitation des *carbonari* italiens ; elles tentèrent sur divers points de la France des conspirations qui échouèrent. La conjuration de Belfort fut découverte avant l'heure où elle devait éclater (1er janvier 1822). Le co-

Quel nom fut donné à son fils qui naquit sept mois après? — Quelles modifications furent apportées à la loi électo-

lonel Caron essaya vainement d'insurger la garnison de Colmar (2 juillet 1822). Quatre sous-officiers du 45° de ligne, connus sous le nom des *quatre sergents de La Rochelle*, Bories, Goubin, Pommier, Raoulx, furent condamnés à mort et exécutés comme conspirateurs (21 septembre 1822). Le général Berton eut le même sort après avoir échoué dans deux tentatives pour soulever les habitants et la garnison de Saumur (octobre 1822).

CHAPITRE XVIII.

Ministère Villèle. Congrès de Vérone. Intervention de la France en Espagne. — Révolution en Portugal. Indépendance du Brésil. Indépendance des colonies espagnoles.—Insurrection des Grecs contre les Turcs. Les Souliotes; Scio; Missolonghi. Sympathies de l'Europe pour la Grèce.

52. Ministère Villèle. Congrès de Vérone. Intervention de la France en Espagne.—Le duc de Richelieu, auquel les ultra-royalistes reprochaient de n'avoir pas assez d'énergie, ayant donné sa démission, un nouveau cabinet, dont M. de Villèle était le chef, arriva au pouvoir (15 décembre 1821). Les circonstances étaient alors difficiles

rale? — Qu'était-ce que la Charbonnerie? — Quelles sont les conspirations qui furent réprimées?

QUESTIONS. 52. — Par qui le duc de Richelieu fut-il remplacé au ministère? — Quel était la cause de l'agitation

pour les gouvernements. Partout les peuples s'agitaient pour échapper à la domination de la Sainte Alliance. En Allemagne, les étudiants des universités étaient prêts à s'insurger ; l'un d'eux, Karl Sand, vint à Manheim poignarder le poëte Kotzebue, qui passait pour un espion de la Russie (23 mars 1819). Les congrès de Carlstadt et de Vienne (1819-20), dirigés par le ministre autrichien Metternich, prirent des mesures sévères pour empêcher tout soulèvement en Allemagne.

Une révolution éclatait à la même époque au sud des Pyrénées. Ferdinand VII, rétabli en 1814 à Madrid, gouverna en roi absolu. L'Espagne était ruinée par la guerre et désorganisée ; les colonies d'Amérique s'insurgeaient ; les troupes manquaient de tout ; elles se soulevèrent dans l'île de Léon, le 1er janvier 1820, sous la conduite du commandant Riego et du lieutenant-colonel Quiroga. Toute l'Espagne se déclara pour eux. Hors d'état de résister, Ferdinand promit tout ce qu'on voulut. Les Cortès élues rétablirent la constitution espagnole de 1812, firent payer l'impôt par tout le monde, et proclamèrent l'égalité devant la loi. Six mois après, la révolution éclatait également en Italie. A Naples, le vieux roi Ferdinand était obligé par le général Pepe et les carbonari à proclamer la constitution espagnole de 1812. Dans la Lombardie, où la

qui se manifestait dans plusieurs états de l'Europe ?—Que se passa-t-il en Allemagne ? — Racontez la révolution qui éclata en Espagne. — N'y eut-il pas aussi des mouvements insurrectionnels en Italie ? — Comment furent-ils étouffés ?

domination de l'Autriche était très-dure, une insurrection paraissait imminente. Après les congrès de Troppau (octobre 1820) et de Laybach (janvier 1821), où la Sainte Alliance fut resserrée, les Autrichiens allèrent rétablir le pouvoir absolu à Naples ; ils étouffèrent aussi le mouvement qui avait éclaté en Piémont sous la direction du comte de Santa-Rosa.

Restait l'Espagne. Au congrès de Vérone, où la France fut représentée par Châteaubriand, il fut décidé que l'Europe interviendrait pour rétablir à Madrid la monarchie absolue, et que la France se chargerait de cette intervention (1822). Des débats orageux éclatèrent à cette occasion à Paris dans la Chambre des députés. Manuel, membre de l'opposition, accusé d'avoir fait l'apologie du régicide, fut expulsé de la Chambre (4 mars 1823) et suivi par soixante et un députés. Quelques mois après, 100,000 Français entraient en Espagne sous les ordres du duc d'Angoulême et des maréchaux Moncey et Oudinot ; ils arrivèrent à Madrid sans avoir eu presque à combattre. Les Cortès, emmenant avec eux le roi, se retirèrent à Cadix et dans l'île de Léon. Les troupes françaises, traversant un canal, s'emparèrent de la presqu'île du Trocadéro, en face de Cadix (31 août 1823). La ville était menacée d'un bombardement. Les Cortès dûrent permettre à Ferdinand d'aller rejoindre le duc d'Angoulême.

— Pour quel motif une intervention française en Espagne fut-elle résolue ? — Racontez les principaux faits de cette

L'Assemblée fut dissoute. La monarchie absolue était rétablie.

53. Révolution en Portugal. Indépendance du Brésil. Indépendance des colonies espagnoles. — La famille royale portugaise, lors de l'invasion de ses États par les soldats de Napoléon, s'était réfugiée dans sa belle colonie du Brésil. Une révolution éclata le 24 août 1820 à Lisbonne contre le gouvernement de la régence qui administrait au nom du roi Jean VI. Des Cortès s'assemblèrent et votèrent une constitution. Le roi ratifia tout et quitta Rio-de-Janeiro pour revenir à Lisbonne avec son second fils dom Miguel; il laissait au Brésil comme gouverneur son fils aîné, dom Pedro. Les Brésiliens, irrités de voir leur pays redescendre au rang de colonie, se proclamèrent indépendants, et nommèrent dom Pedro empereur.

Les colonies espagnoles d'Amérique ne tardèrent pas à en faire autant; elles étaient excitées par l'exemple des États-Unis, qui s'étaient affranchis de l'Angleterre, et de Saint-Domingue, qui s'était affranchi de la France. La métropole les privait de toutes libertés civiles, politiques, religieuses, commerciales; elle ne leur permettait de vendre et d'acheter qu'à elle; elle leur interdisait la culture de l'olivier et de la vigne, pour les contraindre à acheter ses huiles et ses

expédition. — 53. Quelle révolution éclata à Lisbonne? — Comment le Brésil devint-il indépendant du Portugal? — Quelles causes déterminèrent les colonies espagnoles d'Amérique à s'affranchir du gouvernement de la métro-

vins. De fait les colons se trouvèrent indépendants de 1808 à 1814 ; car ils avaient refusé de reconnaître Joseph Bonaparte, et Ferdinand VII, leur roi nominal, était alors prisonnier en France. En 1814, ils refusèrent de reprendre l'ancien joug. La lutte entre les insurgés et les Espagnols dura quinze ans. Le libérateur de l'Amérique du Sud fut Bolivar. Le Mexique fut longtemps tiraillé entre le dictateur Santa-Anna et l'empereur Iturbide, qui, chassé une première fois du pays et revenu malgré sa promesse, fut pris et fusillé (1824). Les républiques suivantes se formèrent successivement :

1° Le *Mexique*, duquel devaient se détacher plus tard le Texas et la Californie, qui font aujourd'hui partie des États-Unis, et le *Guatémala*, qui depuis s'est subdivisé lui-même en cinq républiques : Guatémala, Honduras, San-Salvador, Costa-Rica et Nicaragua ;

2° Les *États-Unis de Colombie*, qui depuis se sont divisés en trois républiques : Vénézuela, Nouvelle-Grenade ou Colombie proprement dite et Équateur ;

3° Le *Pérou*, duquel s'est détachée la Bolivie ou Haut-Pérou ;

4° Le *Chili* ;

5° La *Plata* ou *Confédération Argentine*, avec Buénos-Ayres pour capitale ; la république de l'Uruguay ou de la Bande orientale ou de Montévidéo s'en est séparée depuis ; Buénos-

pole? — Quels sont les États indépendants qui se for-

Ayres a été tyrannisée pendant vingt ans (1829-1851) par le féroce dictateur Rosas ;

6° Le *Paraguay*, qui, sous le dictateur Francia (1813-1840), resta absolument fermé aux étrangers.

54. Insurrection des Grecs contre les Turcs. Les Souliotes ; Scio ; Missolonghi. Sympathies de l'Europe pour la Grèce. — Pendant que l'Amérique s'affranchissait, une autre terre renaissait à la vie : c'était la Grèce, si petite sur la carte, mais si grande dans l'histoire par l'éclat de sa civilisation, par les hommes de génie qu'elle a produits, et par les immortels chefs-d'œuvre de tout genre, soit dans les lettres, soit dans les arts, qu'elle nous à légués. Courbée depuis plusieurs siècles sous l'oppression des Turcs ignorants et fanatiques, elle avait tout perdu, elle était retombée presque à l'état sauvage. Mais le christianisme et l'amour de la patrie vivaient toujours dans le cœur des habitants. A la suite d'une insurrection malheureuse des Souliotes [1], on avait vu leurs femmes et leurs filles s'élancer dans des précipices plutôt que de tomber aux mains des musulmans.

En 1821, Ali, pacha de Janina, s'étant révolté contre le sultan Mahmoud, fut vaincu, puis tué. Les Souliotes, sous la conduite de Marco Botzaris, s'étaient armés, espérant pro-

mèrent successivement ? — 54. Quelle était à cette époque la situation de la Grèce ? — Quelles furent les premières

______

[1]. Habitants de la ville de Souli, en Épire.

fiter de cette guerre entre leurs oppresseurs. Le 21 mars 1821, l'archevêque Germanos et Colocotroni plantèrent sur les murs de Calavrita, en Achaïe, le drapeau de l'indépendance. Toute la Morée s'insurgea ; Athènes, Missolonghi, en firent autant. Les îles se déclarèrent libres. D'intrépides marins, Canaris et Miaulis, montés sur de frêles navires, allèrent incendier les vaisseaux turcs partout où ils les rencontraient. Marco Botzaris, Colocotroni, les Ypsilanti, combattaient sur terre. Mais les Turcs avaient l'avantage du nombre et commettaient d'abominables cruautés. Dans l'île de Scio, au mois d'avril 1822, la population fut égorgée, et 35,000 femmes emmenées en esclavage. Ces horreurs soulevèrent l'indignation de l'Europe. Des hommes généreux, entre autres le Français Fabvier, l'Italien Santa-Rosa et l'Anglais lord Byron, qui mourut plus tard à Missolonghi, vinrent au secours des Grecs ; les Russes, qui voyaient en eux des compatriotes, les soutenaient par tous les moyens. Pour étouffer plus vite toute résistance, le sultan appela les Égyptiens à son aide. Méhémet-Ali, ancien soldat albanais, homme énergique, devenu pacha, puis vice-roi d'Égypte, avait, avec l'aide de son fils Ibrahim et de son général Soliman-Pacha (l'officier français Sève), organisé une armée régulière, créé une flotte, conquis la Nubie et l'Hedjaz. Il l'envoya au sultan Ibrahim avec une armée. Les

tentatives des Grecs pour se soustraire à l'oppression des Turcs ? — Quels hommes se distinguèrent dans cette lutte ? — Que fit le sultan pour comprimer plus vite l'in-

Égyptiens débarquèrent en Morée (1825); ils prirent Navarin et Tripolitza. Missolonghi résista deux ans (1824-26); quand il n'y eut plus de vivres, ceux des assiégés qui ne purent se frayer un passage à travers les rangs ennemis firent sauter les poudrières : Missolonghi n'existait plus (12 avril 1826). En même temps, à Constantinople, le sultan Mahmoud détruisait les janissaires. La Grèce semblait perdue.

CHAPITRE XIX.

Mort de Louis XVIII. Avénement de Charles X. Maintien de la Charte constitutionnelle et du ministère Villèle. Sacre du roi à Reims. — Indemnité d'un milliard aux émigrés. Lois impopulaires, Chute du ministère Villèle. — Les torys et les wihgs. Convention entre l'Angleterre, la France et la Russie, en faveur de la Grèce. Bataille navale de Navarin.

55. Mort de Louis XVIII. Avénement de Charles X. Maintien de la Charte constitutionnelle et du ministère Villèle. Sacre du roi à Reims. — Victorieux dans la guerre d'Espagne, le gouvernement de Louis XVIII voulut profiter de ce succès pour s'affermir à l'intérieur. M. de Villèle résolut de dissoudre la chambre des députés et d'en convoquer une nouvelle qui serait

surrection? — Racontez la résistance héroïque de Missolonghi.

QUESTIONS. 55. — Quelles mesures le ministre M. de

renouvelée intégralement au bout de sept ans ; malgré l'opposition du général Foy, la loi fut votée et la chambre dissoute le 24 décembre 1823. La nouvelle chambre élue, comme l'avait espéré le ministère, contenait en immense majorité les députés de la chambre introuvable de 1815 : elle fut nommée la *chambre retrouvée.* M. de Villèle triomphait. Mais le roi se mourait : il expira le 16 septembre 1824, à l'âge de soixante-neuf ans, après avoir dit, en mettant la main sur la tête du duc de Bordeaux : « Que Charles X ménage la couronne de cet enfant ! »

Le nouveau roi, frère de Louis XVIII, et qui portait avant son avénement le titre de comte d'Artois, prit en effet le nom de Charles X. C'était un prince bienveillant, doux et religieux ; mais il manquait de fermeté, de clairvoyance, et se laissait trop exclusivement dominer par les anciens émigrés. Il ne changea rien au gouvernement ; la Charte constitutionnelle fut maintenue, et le ministère Villèle conservé. L'avénement du nouveau règne fut marqué par des mesures accueillies avec une grande joie : la suppression de la censure des journaux, et l'amnistie accordée à des condamnés pour délits politiques. Cependant l'opposition n'avait pas désarmé : les députés libéraux se préparaient à continuer vivement la lutte contre le ministère ; leurs principaux

Villèle prit-il après les succès de la guerre d'Espagne ? — Quel prince succéda à Louis XVIII ? — Quel était le caractère de Charles X ? — Quels étaient les principaux chefs

chefs étaient Lafayette, Benjamin Constant, Casimir Périer, le général Foy. Paul-Louis Courier leur prêtait le secours de ses pamphlets, Béranger celui de ses chansons[1].

Le dernier roi de France sacré à Reims avait été Louis XVI. Charles X résolut d'aller chercher dans l'antique basilique la consécration religieuse pour la monarchie restaurée. Le 29 mai 1825, le petit-fils de Louis XV, portant tous les insignes des anciens rois de France, le sceptre, la main de justice et la couronne de Charlemagne, reçut, au pied de l'autel, des mains de l'archevêque les onctions sacrées. Cette grande cérémonie fut célébrée dans de beaux vers par Lamartine et Victor Hugo, mais tristement travestie par un autre poëte, le chansonnier Béranger.

56. Indemnité d'un milliard aux émigrés. Lois impopulaires. Chute du ministère Villèle. — Dès le début du règne, le ministère présenta aux chambres des lois d'une gravité considérable et qui donnèrent lieu à des débats passionnés. La première fut celle qui avait pour objet

de l'opposition? — Chez quels écrivains trouvaient-ils un appui? — Racontez le sacre de Charles X. — 56. Quel était l'objet de la demande d'un milliard faite par le mi-

1. Béranger n'exaltait dans ses chansons la gloire militaire de l'Empire que pour mieux rabaisser et dénigrer la Restauration, et cependant c'est la Restauration qui avait rendu à la France toutes les libertés confisquées par l'Empire. Paul-Louis Courier, dans ses pamphlets d'une mordante ironie, ne cachait pas la haine qu'il avait vouée à la famille des Bourbons.

d'accorder aux anciens émigrés un milliard pour les indemniser de la perte de leurs biens confisqués et vendus en leur absence pendant la révolution. Combattue par l'opposition, cette loi, qui était juste dans son principe, fut votée par les deux chambres : 30,000,000 de rentes 3 p. 100 furent créées pour payer l'indemnité.

La loi du sacrilége, qui suivit celle-ci, punissait de mort le vol avec effraction dans les églises et de la peine du parricide la profanation des vases et objets sacrés. Les orateurs les plus éloquents dans les deux chambres combattirent la loi comme excessive dans les pénalités qu'elle édictait : elle fut cependant adoptée avec des adoucissements, mais elle ne fut jamais appliquée dans ses principales dispositions. En minorité à la chambre des députés, les libéraux, dans leurs journaux, attaquaient le gouvernement avec violence. L'un de leurs orateurs les plus brillants, le général Foy, étant mort le 28 novembre 1825, une foule immense assista à ses funérailles, et une souscription publique ouverte en faveur de ses enfants produisit un million.

Bientôt après le ministère commit une faute grave : le code civil avait aboli le droit d'aînesse et consacré l'égalité du partage des successions entre tous les enfants, en laissant seulement une portion disponible à la volonté du testateur.

nistère? — Quelles autres lois furent ensuite proposées?

M. de Peyronnet, l'un des ministres, présenta un projet de loi aux termes duquel, dans les familles qui payeraient 300 francs d'impôts fonciers, la portion disponible cesserait de l'être pour se trouver réunie à la part de l'aîné. Cette loi imprudente, votée par les députés, fut repoussée par la chambre des pairs, qui rejeta également une loi sur la presse, que le ministre M. de Peyronnet avait présentée.

Quelque temps après, le 29 avril 1827, le roi passa en revue la garde nationale de Paris au Champ-de-Mars ; Charles X fut reçu aux cris de *vive le Roi !* mais aussi de *vive la Charte ! A bas les ministres !* « Je suis venu ici, dit-il, pour recevoir des hommages et non des leçons. » La garde nationale fut licenciée. Pour s'assurer la majorité dans la chambre haute, M. de Villèle fit créer par le roi 76 nouveaux pairs. Espérant que de nouvelles élections lui donneraient une chambre des députés encore plus dévouée à sa politique, il fit prononcer la dissolution le 5 novembre 1827.

Son attente fut trompée. Toutes les nuances de l'opposition se réunirent contre lui. La société *Aide-toi, le ciel t'aidera*, fut formée par les libéraux. Sur 428 députés élus à la nouvelle chambre, M. de Villèle ne pouvait compter que 125 partisans. Un ministre, M. de Peyronnet, avait échoué dans deux colléges ; au contraire, Royer-Collard fut nommé dans sept colléges à la

— Quels incidents se produisirent lors d'une revue de la garde nationale ? — Que fit le ministère ? — A la suite de

fois. Après les élections, les Parisiens illuminèrent (18 novembre 1827). Le 19, il y eut dans les rues collision entre les troupes et la population ; des coups de fusil furent tirés, le sang coula. Enfin M. de Villèle quitta le ministère le 5 janvier 1828, et un cabinet libéral, présidé par M. de Martignac, arriva au pouvoir.

57. Convention entre l'Angleterre, la France et la Russie en faveur de la Grèce. Bataille navale de Navarin. — L'année 1827, troublée à l'intérieur par tant d'orageux débats, fut marquée au dehors par un fait glorieux pour la France. L'opinion publique était sympathique aux Grecs et indignée des cruautés commises par les Turcs. Il en était de même en Angleterre ; mais les Anglais craignaient, en prêtant les mains à l'affranchissement de la Grèce, d'amener la chute de l'empire Ottoman et l'occupation de Constantinople par les Russes, qui dès lors posséderaient l'entrée de la Méditerranée, l'accès de l'Asie, et pourraient menacer l'empire britannique dans l'Hindoustan. En Russie, l'aîné des fils de Paul Ier, l'empereur Alexandre Ier, étant mort, le troisième fils de Paul, Nicolas Ier, devint empereur par suite de la renonciation du grand-duc Constantin (1825). Il entra en négociations avec les Anglais. Au début du règne de Georges IV, monté sur le trône en 1820, les torys[1] avaient été

quels événements M. de Villèle fut-il obligé de se retirer ? — 57. Quelles sont les puissances qui convinrent d'inter-

____

1. On désignait sous le nom de *torys* les conservateurs, et sous le nom de *whigs* les libéraux.

au pouvoir, jusqu'au jour où lord Castlereagh, l'élève et le successeur de William Pitt, se coupa la gorge dans un accès d'humeur noire (12 août 1823). Les whigs arrivèrent alors au pouvoir, et les nouveaux ministres, au nombre desquels étaient deux hommes célèbres, Canning et Huskisson, se montrèrent disposés à défendre l'indépendance de la Grèce.

L'Angleterre, la France et la Russie s'unirent pour proposer leur médiation aux Grecs et à la Turquie (6 juillet 1827). Si, au bout d'un mois, les Turcs n'avaient pas accepté cette proposition, on devait les contraindre par les armes à céder. Loin d'y consentir, le sultan Mahmoud redoubla de violence. Ibrahim fit brûler par les Égyptiens les villages de la Morée. Alors les amiraux anglais (sir Codrington), russe (Heydden), et français (de Rigny) vinrent, à la tête d'une flotte composée de vaisseaux des trois puissances, s'embosser devant la baie de Navarin et enjoignirent à la flotte égyptienne et turque de n'en point sortir. Loin de céder, Ibrahim prit l'initiative des hostilités. Une effroyable bataille navale fut livrée le 20 octobre 1827. La flotte ottomane fut anéantie.

venir entre les Grecs et les Turcs ? — Que firent ces derniers ? — Racontez la bataille de Navarin.

CHAPITRE XX.

Ministère Martignac. Les Français en Morée. Indépendance de la Grèce. — Ministère Polignac. Prise d'Alger. Les ordonnances. — Révolution de juillet 1830. Abdication de Charles X. Chute de la branche aînée des Bourbons.

58. Ministère Martignac. Les Français en Morée. Indépendance de la Grèce. — Le ministère dirigé par M. de Martignac, et qui comptait dans ses rangs MM. de Portalis, Roy, de Caux, de Vatimesnil, de la Ferronnais, de Saint-Cricq, Hyde de Neuville et Mgr Feutrier, évêque de Beauvais, dura du 5 janvier 1828 au 8 août 1829. A l'intérieur, il fit voter une loi destinée à prévenir les fraudes électorales, abolit la censure et l'autorisation préalable pour les journaux, soumit tous les établissements secondaires au régime de l'université et limita le nombre des élèves des petits séminaires. Attaquées par le clergé et les royalistes purs comme imprudentes et oppressives, par l'opposition comme insuffisantes, ces mesures ne satisfirent personne, et le rejet d'un projet de loi électorale amena la chute du ministère.

A l'extérieur, après la bataille de Navarin, pour achever l'affranchissement de la Grèce, un corps de quatorze mille Français, sous les ordres du général Maison, vint occuper les places fortes de la Morée, telles que Patras, Coron, Mo-

QUESTIONS. 58. Comment était composé le nouveau ministère? — Quels furent ses principaux actes? — Quelle fut la cause de sa chute? — Racontez l'expédition des

don, Navarin. Les troupes égyptiennes les évacuèrent sans résistance et se rembarquèrent avec Ibrahim pour leur pays. En même temps le czar avait déclaré la guerre à la Turquie. Après une lutte acharnée d'un an, les succès de Wittgenstein et de Diebitch en Europe, de Paskiewitch en Asie, obligèrent le sultan à traiter. Par la paix d'Andrinople (14 septembre 1829), Mahmoud cédait aux Russes l'embouchure septentrionale du Danube et reconnaissait l'indépendance de la Grèce, dans laquelle, il est vrai, ni Candie, ni la Thessalie, ni l'Epire, ne se trouvaient comprises. Après de longues dissensions, quand le président Capo d'Istria eut été assassiné, Othon Ier, fils du roi de Bavière, fut proclamé roi des Grecs en 1832, et déclaré majeur en 1835 ; renversé par une révolution en 1862, il fut remplacé par un prince danois qui prit le nom de Georges Ier. Les Anglais ont cédé au royaume de Grèce les îles Ioniennes, qu'ils occupaient depuis 1815.

59. Ministère Polignac. Prise d'Alger. Les ordonnances. — Après la chute du ministère Martignac, Charles X appela au pouvoir un cabinet, dont les principaux membres, MM. de Polignac, de Bourmont et la Bourdonnaye, étaient malheureusement peu prudents et très-impopulaires[1].

Français en Morée. — Après quels événements la Grèce fut-elle reconnue indépendante et érigée en royaume ? — 59. Quels hommes furent appelés au pouvoir après la

1. Les autres ministres étaient MM. de Courvoisier, de Chabrol, d'Haussez, de Montbel. M. de Guernon-Ranville remplaça peu après M. la Bourdonnaye.

L'avénement des nouveaux ministres, qui étaient les amis personnels du roi, irrita l'opposition qui dès lors se prépara à la résistance et à la lutte. Toute-puissante déjà par les journaux dont elle disposait, elle pouvait compter sur l'aide des sociétés secrètes, qui étaient « toujours prêtes, dès qu'une circonstance favorable se présenterait, à reprendre leur travail de conspiration et de destruction. »

A l'ouverture de la session parlementaire, la chambre des députés répondit, le 18 mars 1830, à un passage du discours royal par une adresse signée de 221 membres, qui renfermait la phrase suivante : « La Charte a fait du concours permanent des vues politiques de votre gouvernement avec les vœux de votre peuple la condition indispensable de la marche régulière des affaires publiques. Sire, notre loyauté, notre dévouement, nous condamnent à vous dire que ce concours n'existe pas. » La chambre des députés fut aussitôt prorogée, puis dissoute. Le ministère comptait sur un grand succès militaire au dehors pour obtenir de nouvelles élections favorables à sa politique.

En 1827, le dey d'Alger Hussein, le chef de ces corsaires qui infestaient la mer Méditerranée depuis trois siècles par leurs pirateries, avait, dans une fête publique, frappé d'un coup

chute du ministère Martignac? — Quels étaient les termes de l'adresse en réponse au discours royal? — Par combien de députés cette adresse fut-elle signée? — Que fit le minis-

d'éventail M. Deval, consul de France. Aucune réparation ne fut accordée. Le 25 mai 1830, le général Bourmont et le vice-amiral Duperré partirent de Toulon avec 103 navires de guerre, 377 bâtiments de transport, 225 radeaux, 27,000 marins et 37,000 soldats. Le 14 juin, on débarqua dans la presqu'île de Sidi-Ferruch, à l'ouest d'Alger. Le 19, l'armée gagna la bataille de Staouëli. Le fort de l'Empereur, qui défendait Alger, sauta le 4 juillet, et la ville capitula le lendemain.

Charles X et ses ministres se firent illusion sur la portée de ce succès. Les élections nouvelles renvoyèrent à la chambre des députés les 221 et avec eux 49 nouveaux opposants. Le ministère ne se tint pas pour battu. L'article 14 de la Charte accordait au roi le pouvoir de « faire des ordonnances pour l'exécution des lois et la sûreté de l'Etat. » En se fondant sur cet article, les ministres signèrent le 25 juillet quatre ordonnances qui furent publiées le lendemain au *Moniteur officiel* : la première suspendait la liberté de la presse périodique et soumettait les journaux à l'autorisation préalable ; la seconde dissolvait la chambre des députés ; la troisième changeait le système électoral, en enlevant aux *patentés* la qualité d'électeurs ; la quatrième convoquait les colléges électoraux pour le 13 septembre suivant. C'était là, sans doute, une grave atteinte à la constitution ;

tère? — Racontez la conquête d'Alger. — Les élections nouvelles furent-elles favorables au ministère? — Que renfermait

mais, Charles X, à vrai dire, était sincèrement convaincu que, menacé par la révolution, il ne faisait qu'user d'un droit légitime en défendant les prérogatives de la couronne et la sûreté de l'État contre les attaques de ses ennemis.

60. Révolution de juillet 1830. Abdication de Charles X. Chute de la branche aînée des Bourbons. Cependant la publication de ces ordonnances avait excité une vive émotion dans Paris. Une protestation fut rédigée par M. Thiers, au nom de tous les journaux ; elle contenait la phrase suivante : « Le gouvernement a perdu aujourd'hui le caractère de légalité qui commande l'obéissance. Nous lui résisterons. » Le 27 juillet au matin, les ateliers se fermèrent. Les rues furent envahies par les ouvriers et les étudiants ; de tous côtés s'élevèrent des barricades. Partout le drapeau tricolore reparut, aux cris de : « Vive la Charte ! A bas les Bourbons ! » L'émeute devenait une révolution.

Charles X était à Saint-Cloud. Il n'y avait dans Paris que 12,000 soldats, sous les ordres du maréchal Marmont, duc de Raguse. La garde royale et les Suisses étaient dévoués au gouvernement ; mais les troupes de ligne, jalouses de ces corps privilégiés, restèrent à peu près inactives les deux premiers jours, et, le troisième, se joignirent au peuple (27, 28, 29 juillet). Le 29, les insurgés, déjà maîtres de l'Hôtel-de-Ville, péné-

l'article 14 de la Charte ? — Quelles ordonnances furent publiées le 26 juillet ? — 60. Racontez les événements des

trèrent dans le Louvre et les Tuileries. Les Suisses se replièrent avec la garde sur Saint-Cloud.

A Paris, les députés réunis à l'hôtel du banquier Laffitte confièrent le pouvoir militaire aux généraux Lafayette et Gérard et le pouvoir civil à une commission composée de Casimir Périer, du comte Lobau, d'Audry de Puyraveau, de Mauguin et de Schonen. Charles X s'était enfin décidé à révoquer les ordonnances et à prendre M. de Mortemart pour premier ministre. On lui répondit qu'il était trop tard. Les députés étaient résolus à un changement de dynastie : ils avaient l'intention de nommer roi le duc d'Orléans[1], qui avait servi dans les armées républicaines, et qui n'avait cessé, pendant toute la Restauration, d'entretenir les rapports les plus bienveillants avec la haute bourgeoisie, les financiers et les députés opposants. Une proclamation en sa faveur fut affichée dans les rues de Paris. Alors ce prince, qui pendant la lutte était resté au Raincy, se rendit au Palais-Royal. Il annonça qu'il acceptait le titre de lieutenant général du royaume, en ajoutant ces mots : « Une charte sera désormais une vérité. » Le 31 juillet, il vint prendre possession de son nouveau titre à l'Hôtel-de-Ville.

Charles X, à la même heure, se retirait à Rambouillet avec les troupes qui lui restaient fi-

journées de juillet et la révolution qui s'ensuivit. — En

---

1. Le duc d'Orléans était le fils de Philippe Égalité, qui avait voté la mort de Louis XVI et qui périt lui-même sur l'échafaud.

dèles. Le 2 août, il abdiqua en faveur de son petit-fils le duc de Bordeaux et chargea le duc d'Orléans, auquel il conférait le titre de lieutenant général du royaume, de le faire proclamer sous le nom de Henri V. Louis-Philippe ne répondit pas à cet appel; entraîné par la force des événements, il était décidé à occuper le trône.

Le 7 août, la chambre des députés, à la majorité de 219 voix contre 33, déclara le trône vacant et proclama le duc d'Orléans *roi des Français* sous le nom de Louis-Philippe Ier. Cependant Charles X était toujours à Rambouillet. La garde nationale de Paris marcha sur cette ville, avec le général Pajol pour chef. Charles X ne voulut pas résister; il licencia ses troupes, et alla s'embarquer à Cherbourg pour l'Angleterre. Il devait mourir six ans plus tard (le 6 novembre 1836), à Goritz, dans les États autrichiens.

La Restauration avait duré quinze ans, et ce furent quinze années de paix, de repos et de prospérité pour la France. Le commerce et l'industrie s'étaient développés d'une manière remarquable. Malgré toutes les dettes qui furent entièrement acquittées, jamais les finances de l'État n'avaient été dans une situation meilleure qu'à la fin du règne de Charles X. Les caisses d'épargne furent créées en 1818, et les salles d'asile établies en 1826. Enfin, si la France avait été dotée du ré-

faveur de qui Charles X abdiqua-t-il? — Cette abdication fut-elle acceptée? — Quel prince fut appelé au trône? — Quelle résolution Charles X prit-il? — Quelle avait été

gime constitutionnel, si elle avait repris son rang parmi les grandes puissances de l'Europe, c'est au gouvernement de la Restauration qu'elle devait ces bienfaits. Ce gouvernement fit des fautes : fallait-il, pour l'en punir, se précipiter tout à coup aux dernières extrémités, c'est-à-dire le renverser? Les périls qui, dans la crise de juillet, menaçaient à la fois la royauté et la société tout entière, pouvaient être conjurés par le bon sens et le patriotisme de la nation[1].

CHAPITRE XXI.

Avénement du duc d'Orléans sous le nom de Louis-Philippe I". Charte de 1830. Procès des ministres de Charles X. — Création du royaume de Belgique. Révolutions en Pologne, en Italie, en Portugal. — Ministère Casimir Périer. Insurrections à Lyon et à Paris. La duchesse de Berry en Vendée.

61. Avénement du duc d'Orléans sous le nom de Louis-Philippe Ier. Charte de 1830. Procès des mi-

la situation de la France sous le gouvernement de la Restauration?

QUESTIONS. 61. Donnez quelques détails sur le roi Louis-

1. « C'eût été, dit M. Guizot, un grand bien pour la France, et de sa part un grand acte d'intelligence et de vertus politiques, que sa résistance se renfermât dans les limites du droit monarchique et qu'elle ressaisît ses libertés sans renverser son gouvernement. »

nistres de Charles X. — Le nouveau roi Louis-Philippe Ier descendait de Louis XIII au sixième degré[1]. Dans sa jeunesse, il avait servi sous les drapeaux républicains, comme lieutenant du général Dumouriez, à Valmy et à Jemmapes. Forcé d'émigrer, il n'était rentré en France qu'avec les Bourbons qui l'avaient rétabli dans ses honneurs et dignités et lui avaient fait restituer tous ses biens. Riche et affable, il avait su conquérir la confiance de la classe moyenne. Sa femme, la reine Marie-Amélie de Naples, était respectée de tous pour ses vertus privées[2].

Pendant toute la durée de son règne, Louis-Philippe fut en butte aux attaques de trois partis : les *légitimistes*, qui reprochaient au roi d'avoir usurpé le trône de Henri V, fils du duc de Berry ; les *bonapartistes*, qui voulaient rétablir l'empire

Philippe et sur sa famille. — Quels sont les partis contre lesquels le nouveau roi eut à lutter ? — Quelles modifica-

1. Voici quels furent ses ancêtres depuis Louis XIII : 1° Philippe, premier duc d'Orléans, second fils de Louis XIII et frère de Louis XIV (1640-1700) ; 2° Philippe duc d'Orléans et régent de France (1674-1723) ; 3° Louis (1703-1752) ; 4° Louis-Philippe (1725-1785) ; 5° Louis-Philippe, surnommé Egalité (1747-1793).

2. Huit enfants étaient nés de leur union : 1° Ferdinand, duc d'Orléans, qui épousa la princesse Hélène de Mecklembourg-Schwerin, fut père de deux fils, le comte de Paris et le duc de Chartres, et périt dans un accident de voiture, à Neuilly, en 1842 ; 2° le duc de Nemours ; 3° le prince de Joinville ; 4° le duc d'Aumale ; 5° le duc de Montpensier ; 6° la princesse Louise, qui épousa plus tard le roi des Belges Léopold Ier ; 7° la princesse Marie, célèbre par son talent pour la sculpture, et qui fut mariée au duc Alexandre de Wurtemberg ; 8° la princesse Clémentine, qui épousa le prince de Saxe-Cobourg-Gotha.

en faveur du duc de Reichstadt, fils de Napoléon Ier, et après la mort de ce jeune homme, en faveur de Louis-Napoléon, fils de Louis, ancien roi de Hollande, et de la reine Hortense; enfin les *républicains*, qui aspiraient à l'établissement du suffrage universel et voulaient renverser le gouvernement monarchique.

La Charte de 1830 différa de celle de 1814 sur plusieurs points. Dès les premiers jours du règne, la chambre des députés supprima l'article 6 de la Charte, qui déclarait la religion catholique religion de l'État. L'article 14, sur lequel Charles X s'était appuyé pour publier les ordonnances, fut aboli. Par la loi électorale du 22 février 1831, le cens électoral fut abaissé de trois cents francs d'impôts à deux cents; enfin, le 27 août 1831, une autre loi révisa la constitution de la pairie, qui cessa désormais d'être héréditaire.

Les premiers ministres de Louis-Philippe, nommés le 11 août 1830, furent Dupont (de l'Eure), Laffitte, de Broglie, Guizot, Molé, Casimir Périer, Dupin aîné, le baron Louis et le général Gérard; Lafayette commandait en chef les gardes nationales. Deux graves questions se présentaient au gouvernement: le procès des ministres de Charles X, signataires des ordonnances, et la marche à suivre dans la politique extérieure. Les ministres accusés furent condamnés par la

tions furent faites à la Charte constitutionnelle? — Quels furent les premiers ministres de Louis-Philippe? — A

chambre des pairs à la prison perpétuelle (21 décembre 1830). Leur procès fut suivi de manifestations tumultueuses, dont la plus déplorable fut le sac de l'église Saint-Germain-l'Auxerrois et la destruction de l'archevêché par une foule en délire[1]. A l'extérieur, des mouvements révolutionnaires avaient éclaté partout en Europe, à l'exemple de ce qui s'était passé en France. Fallait-il les soutenir, au risque d'avoir à lutter contre une coalition? Louis-Philippe s'y refusa. Alors Lafayette et Dupont (de l'Eure) donnèrent leur démission. Laffitte, qui s'était chargé de former un nouveau cabinet, se retira à son tour et céda la place à Casimir Périer.

62. Création du royaume de Belgique. Révolutions en Pologne, en Italie, en Portugal. — Les traités de 1815 avaient réuni en un seul État, sous le nom de royaume des Pays-Bas, la Belgique, catholique de religion, française de langage, agricole et industrielle, avec la Hollande, qui professait le calvinisme, parlait le flamand et vivait du commerce maritime. A la nouvelle de la révolution de juillet à Paris, les habitants de Bruxelles s'insurgent le 25 août 1830, chassent la garnison hollandaise et se proclament indépendants. Au

quelle peine les ministres de Charles X furent-ils condamnés? — De quelles scènes déplorables leur procès fut-il suivi? — 62. Racontez comment s'opéra la séparation

---

1. Ce qui fut aussi déplorable, c'est l'inertie du gouvernement, qui ne fit rien pour arrêter ces coupables excès ni pour les punir.

mois de février 1831, un congrès belge offrit la couronne au duc de Nemours, second fils de Louis-Philippe. Le roi des Français, désireux de conserver la paix avec ses voisins et craignant d'alarmer l'Europe, n'accepta point. Alors, sur les conseils de la conférence de Londres, où l'Angleterre, la France, la Russie, la Prusse et l'Autriche étaient représentées, les Belges prirent pour roi le prince Léopold de Saxe-Cobourg, parent de la famille royale d'Angleterre, qui épousa la princesse Louise, fille de Louis-Philippe. Le roi des Pays-Bas, Guillaume, refusant d'abandonner la citadelle d'Anvers, une armée française, commandée par le général Gérard, vint l'assiéger et s'en rendit maître (29 novembre-23 décembre 1832).

La Pologne fut moins heureuse que la Belgique. Bien traité par Alexandre, ce pays, sous son successeur Nicolas, se vit menacé de perdre sa constitution et d'être converti en une simple province de l'empire russe. Dans la nuit du 29 novembre 1830, les habitants de Varsovie se soulevèrent ; ils chassèrent la garnison moscovite et le vice-roi Constantin. Par malheur, les seigneurs polonais refusèrent d'affranchir leurs serfs ; l'Autriche et la Prusse, qui détenaient une partie de l'ancien royaume des Jagellons empêchèrent tout secours d'arriver aux insurgés. La France, qui leur était sympathique, était trop loin et ne pouvait affronter

de la Belgique d'avec la Hollande ? — Quel prince les Belges prirent-ils pour roi ? — Racontez le soulèvement

l'Europe pour les soutenir. Les généraux Chlopicki et Skrznecki repoussèrent les Russes dans plusieurs combats; mais à la fin, après une lutte héroïque, les Polonais furent accablés par le nombre. Varsovie succomba (7 septembre 1831), et la Pologne perdit sa constitution pour devenir une province russe. Beaucoup de ses habitants cherchèrent un refuge en France. Seule, la ville de Cracovie conserva avec le nom de République son indépendance nominale jusqu'en 1846, époque où elle fut annexée aux États autrichiens.

Les tentatives des Italiens, dont l'inspirateur était Mazzini, pour s'affranchir de la domination de l'Autriche ou des gouvernements locaux ses alliés, ne réussirent pas mieux. A Modène, à Parme, dans la Romagne, l'insurrection fut étouffée. Un corps de troupes françaises, sous les ordres du colonel Combes, vint occuper Ancône en 1832, pour empêcher les Autrichiens de s'y établir, et y demeura jusqu'en 1838.

On a déjà vu qu'après la révolution portugaise de 1820 le roi Jean VI, laissant en Amérique son fils aîné dom Pédro, que les Brésiliens proclamèrent empereur, était revenu à Lisbonne avec son fils cadet dom Miguel. Jean VI mourut le 10 mai 1826. Dom Pédro, son successeur naturel, renonça à ses droits au trône de Portugal en faveur de sa fille dona Maria et accorda aux

de la Pologne et sa lutte contre les Russes. — Quel fut le résultat de la tentative des Italiens, pour se soustraire à la domination autrichienne? — Quelle guerre civile eut

Portugais une constitution libérale. Dom Miguel, proclamé régent, supplanta sa nièce et se fit proclamer roi absolu au mois de juin 1828. Dom Pédro vint en Europe au secours de sa fille, et, après quatre ans de guerre civile, parvint à expulser dom Miguel, avec l'aide du commodore anglais Napier et du général français Solignac.

63. Ministère Casimir Périer. Insurrections à Lyon et à Paris. La duchesse de Berry en Vendée. — Pendant que ces événements se passaient en Europe, Casimir Périer, premier ministre en France, avec le maréchal Soult, Sébastiani, Louis, Barthe, de Montalivet, d'Argout, de Rigny, pour collègues, se proposait comme but le maintien de l'ordre au dedans et de la paix au dehors. Doué d'un caractère énergique, d'une haute intelligence et d'un grand sens politique, Casimir Périer était sans contredit l'homme le plus capable d'imposer à tous les partis et de faire respecter le gouvernement. Une insurrection républicaine qui éclata à Lyon, par suite de la mésintelligence entre les patrons et les ouvriers (21 novembre 1831), un mouvement à Grenoble, amené par un conflit entre la garnison et les habitants (11 mars 1832), enfin deux ou trois autres tentatives d'émeutes furent vigoureusement combattues et réprimées. Casimir Périer faisait face à tous les obstacles

lieu en Portugal ? — Comment se termina-t-elle ? — 63. Comment était composé le ministère dont Casimir Périer était le président ? — Quelle était la politique du premier ministre, et quelles étaient ses qualités ? — Quelles insurrections furent réprimées ? — Comment mourut Casi-

avec une activité fébrile; mais dans cette lutte ardente il usait ses forces, et, le 16 mai 1832, il mourait victime du terrible choléra qui sévissait si cruellement à Paris.

La mort de Casimir Périer fut un grand malheur pour la France. Les révolutionnaires devinrent plus audacieux; à Paris, le parti républicain fit une tentative à main armée pour renverser le gouvernement, à l'occasion des funérailles du général Lamarque, député de l'opposition. Après une lutte de deux jours, qui se concentra surtout autour du cloître Saint-Merry, les insurgés furent vaincus (5-6 juin 1832).

D'un autre côté, la duchesse de Berry, mère du duc de Bordeaux, que ses partisans nommaient Henri V, débarquait secrètement à Marseille, le 22 avril 1832, et gagna l'ouest de la France, où elle espérait soulever les Vendéens. Elle échoua dans sa tentative, fut dénoncée par un traître, un juif nommé Deutz, arrêtée à Nantes, et conduite prisonnière à la citadelle de Blaye (6 novembre 1832). Quelques mois après elle fut rendue à la liberté.

A l'époque où se passaient ces divers événements, le fils de Napoléon et de Marie-Louise, le duc de Reichstadt, mourait à Vienne en Autriche.

mir Périer? — Racontez la tentative de la duchesse de Berry en Vendée.

CHAPITRE XXII.

Opérations militaires en Algérie (1830-1840). Lutte contre Abd-el-Kader. Prise de Constantine. Défense de Mazagran. — Nouvelles insurrections à Paris et à Lyon. Tentatives contre la vie de Louis-Philippe. Complot du prince Louis Bonaparte à Strasbourg. — Guerre civile en Espagne. Isabelle II et don Carlos. Le général Espartero.

64. Opérations militaires en Algérie (1830-1840). Lutte contre Abd-el-Kader. Prise de Constantine. Défense de Mazagran. — A l'époque où la révolution de juillet éclata en France, le maréchal Bourmont, maître d'Alger, venait d'occuper Oran à l'ouest et Bône à l'est. A la nouvelle des événements de Paris, il alla rejoindre Charles X dans l'exil. Son successeur, le général Clausel (2 septembre 1830), chassa de Blidah Bou-Meyrag, bey de Titteri, franchit victorieusement le sol de Mouzaïa et occupa Médéah. Clausel fut remplacé par le général Berthezène (1831), puis par Savary, duc de Rovigo, qui organisa les tirailleurs indigènes, les zouaves, les chasseurs d'Afrique, la légion étrangère, et créa les bureaux arabes.

Le 22 juillet 1834, une ordonnance donna à l'ancienne régence d'Alger le nom de *possessions*

QUESTIONS. 64. Quelles furent les premières opérations des généraux français en Algérie? — Quel titre fut donné

françaises dans le nord de l'Afrique. Le général Drouet d'Erlon reçut le titre de gouverneur général et eut à lutter contre un terrible adversaire, Abd-el-Kader, de la tribu des Haschem, né en 1807 et devenu en 1832 émir des Arabes de Mascara, lequel attaqua Tlemcen et Mostaganem, qui s'étaient mises sous la protection de la France. Le général Desmichels, gouverneur d'Oran, signa avec lui le 26 février 1834 un traité qui laissait à l'émir tout ce qu'il avait conquis et où la souveraineté de la France n'était pas reconnue. Drouet d'Erlon désavoua son lieutenant et le remplaça par le général Trézel. Celui-ci éprouva au bord de la Macta un sanglant échec dans lequel périt le colonel Oudinot (26 juin 1835).

Le maréchal Clausel, envoyé en Algérie pour remplacer Drouet d'Erlon, de concert avec le duc d'Orléans, battit Abd-el-Kader sur les bords du Sig et s'empara de Mascara (novembre 1835); il prit encore Tlemcen, que le commandant Cavaignac défendit victorieusement contre un retour offensif de l'émir, qui fut culbuté par le général Bugeaud à la Sikkak (5 juillet 1836).

Encouragé par ce succès, Clausel voulut attaquer dans l'est de l'Algérie le bey de Constantine Ahmed; mais on ne lui donna pour cette opération que 8,000 hommes. Après un terrible assaut, que la force de la position, le mauvais

au général Drouet d'Erlon avec le commandement de l'armée? — Qu'était-ce qu'Abdel-Kader? — Quels furent les principaux faits de la guerre jusqu'en 1836? — Racontez

temps, le manque de vivres, rendirent infructueux, il fallut battre en retraite. Le commandant Changarnier, resté à l'arrière-garde avec 300 hommes et cerné par 6,000 Arabes, fit former le carré et s'ouvrit un passage à la baïonnette. Clausel fut rappelé (**21-24 novembre 1836**).

Le général Danrémont fut envoyé en Algérie comme gouverneur. Pour attaquer Constantine avec succès, il fallait être en paix avec Abd-el-Kader. Le général Bugeaud, gouverneur d'Oran, signa avec lui le traité de la Tafna, aux termes duquel l'émir reconnaissait la souveraineté de la France (1er juin (**1837**). Deux mois après, Danrémont était devant Constantine avec **13,000** hommes ; il fut tué par un boulet de canon, la veille de l'assaut, et remplacé par le général Valée. Le **31** octobre, nos soldats, conduits par le colonel Combes, qui périt dans l'attaque, et par Lamoricière, alors lieutenant-colonel des zouaves, s'emparèrent de la place. Le général Valée devint maréchal de France et gouverneur de l'Algérie.

La prise de Constantine n'intimida point Abd-el-Kader. Nos troupes ayant franchi le Petit Atlas au défilé du Biban ou des Portes de fer, il vint avec les contingents de quatre-vingt-deux tribus attaquer le petit village de Mazagran, près de Mostaganem : pendant quatre jours, **123** chasseurs de la 10e compagnie du 1er bataillon d'Afrique, sous les ordres du capitaine Lelièvre,

le siége de Constantine. — Comment périt le général Danrémont? — Par qui fut-il remplacé? — Racontez la dé-

repoussèrent victorieusement les assauts de
12,000 Arabes (2-6 février 1840). Pendant ce
temps, les ducs d'Orléans et d'Aumale avaient
maintenu dans l'obéissance la province d'Alger,
où des soulèvements étaient à craindre.

65. Nouvelles insurrections à Paris et à Lyon. Tentatives contre la vie de Louis-Philippe. Complot du prince Louis Bonaparte à Strasbourg. — Tandis
que nos soldats s'illustraient par leur courage au
pied de l'Atlas, les dissensions intestines continuaient en France. Le 11 octobre 1832, un
cabinet composé de MM. de Broglie, Thiers, Guizot [1], Humann, Barthe, et du maréchal Soult, arriva au pouvoir. Il eut à lutter contre des adversaires de toute sorte. Les fabricants de Lyon
ayant voulu diminuer de vingt-cinq centimes par
aune le salaire des ouvriers, une insurrection
républicaine éclata dans cette ville et ne fut vaincue qu'après quatre jours de combat (9-13 avril
1834). Une insurrection qui eut lieu simultanément à Paris fut étouffée par le général Bugeaud
après une lutte sanglante, surtout dans la rue
Transnonain (14 avril 1834). Les prisonniers,
dits les *accusés d'avril,* comptant parmi eux Godefroy Cavaignac, Armand Marrast, Guinard,
Kersausie, Lagrange, furent traduits devant la
Chambre des pairs. Leur procès (février 1835)

fense héroïque de Mazagran? — 65. Comment était composé le ministère du 11 octobre 1832? — Quelles insurrec-

---

1. M. Guizot signala son passage au ministère de l'instruction
publique par une importante loi sur l'enseignement primaire.

donna lieu à des manifestations passionnées. La plupart d'entre eux parvinrent à s'échapper de la prison de Sainte-Pélagie.

Le trône de Louis-Philippe ne semblait plus menacé; mais sa vie fut mise en péril par plusieurs attentats. Le 28 juillet 1835, pendant une revue de la garde nationale, sur le boulevard du Temple, il échappa à l'explosion d'une machine infernale que le corse Fieschi avait préparée avec ses complices Pépin et Morey[1]. Le 25 juillet 1836, Alibaud tira sur lui. Le ministère fit alors voter par les Chambres des lois sévères contre la presse, dites *lois de septembre*, qui furent violemment attaquées par les journaux républicains.

Le 22 février 1836, MM. Guizot et de Broglie, s'étant trouvés en désaccord avec M. Thiers, donnèrent leur démission. M. Thiers forma un nouveau cabinet. A son tour il ne put s'entendre avec le roi sur la politique étrangère et laissa le pouvoir à M. Molé (6 septembre 1836).

Un mois après, une conspiration éclatait à Strasbourg. Louis-Napoléon, fils du roi Louis et de la reine Hortense et neveu de Napoléon Ier, essaya, de concert avec le colonel Vaudrey et quelques complices, de soulever la garnison de

tions eut-il à réprimer? — Racontez l'attentat de Fieschi. — Quelles lois furent votées contre la presse? — N'y eut-il pas changement de ministère? — Quels sont les prin-

1. Les victimes de cet horrible attentat furent nombreuses, et parmi elles le maréchal Mortier, duc de Trévise.

8.

Strasbourg. Il échoua, fut fait prisonnier par le lieutenant-colonel Taillandier, du 46e de ligne (30 octobre 1836), et conduit par l'ordre du roi à bord d'un vaisseau qui le transporta en Amérique.

Le 30 mai 1837, le duc d'Orléans, héritier de Louis-Philippe, épousa la princesse Hélène de Mecklembourg-Schwerin. Bientôt après, le gouvernement mexicain refusant d'accorder réparation pour des préjudices causés à des négociants français, une escadre, commandée par le contre-amiral Baudin et le prince de Joinville, alla bombarder le fort de Saint-Jean-d'Ulloa, près de la Vera-Cruz (27 novembre 1838): par le traité du 9 mars 1839, le Mexique fit droit aux réclamations de la France.

A ce moment-là même, M. Molé, auquel les élections législatives avaient été contraires, tombait du pouvoir. Les républicains tentèrent deux mois après à Paris, sous la conduite de Barbès, Blanqui et Martin Bernard, une nouvelle insurrection qui fut réprimée (12 mai 1839).

66. Guerre civile en Espagne. Isabelle II et don Carlos. Le général Espartero. — Pendant la première partie du règne de Louis-Philippe en France, l'Espagne fut le théâtre d'une guerre civile acharnée. Le roi Ferdinand VII, trois fois veuf sans enfants, eut de sa quatrième femme Marie-Christine une fille, Isabelle, qui naquit le

cipaux événements qui eurent lieu sous le ministère Molé? — 66. Quelle fut la cause de la guerre civile qui éclata en

10 octobre 1830. Aux termes de la loi de succession établie en 1714 par Philippe V, et qui excluait les femmes de la couronne, le trône, après Ferdinand, devait revenir à son frère don Carlos. Ferdinand révoqua cette loi. Il mourut le 29 septembre 1833, en laissant la couronne à sa fille Isabelle II, sous la régence de sa veuve Marie-Christine.

Don Carlos fit appel aux armes avec l'appui de la noblesse et du clergé : la Galice, la Navarre, les provinces basques (Alava, Biscaye, Guipuzcoa), se soulevèrent en sa faveur. Ses partisans, dont les principaux chefs étaient Zumalacarréguy et Cabrera, reçurent le nom de *carlistes*. Pour obtenir contre eux l'appui des libéraux, le premier ministre de la régente, Martinez de la Rosa, donna à l'Espagne, en 1834, une constitution sous le nom de *statut royal*. Don Carlos avait fait cause commune avec dom Miguel, qui disputait alors le Portugal à sa nièce dona Maria et à dom Pédro, père de la jeune princesse. La *quadruple alliance*, conclue par dom Pédro et Marie-Christine avec les gouvernements français et anglais (22 avril 1834), amena la défaite de dom Miguel, mais non celle de don Carlos.

D'ailleurs Marie-Christine, qui regrettait les concessions faites par elle à l'opinion libérale, renvoya en 1836 le ministre réformateur Mendizabal. Ce fut le signal d'un mouvement militaire. Le 12 août 1836, le peuple et les soldats

Espagne ? — Racontez les principaux faits de cette guerre.

envahirent le palais de la Granja. Marie-Christine dut accorder la constitution du 18 juin 1837, qui confiait le pouvoir législatif aux cortès, comprenant un sénat et une chambre des députés: tous les Espagnols étaient déclarés égaux devant la loi, admissibles à tous les emplois civils et militaires ; la liberté individuelle et la liberté de la presse étaient proclamées.

Cependant la lutte continuait toujours contre les carlistes, et elle était signalée de part et d'autre par d'affreuses cruautés. Enfin le général Espartero, placé par la régente à la tête de son armée, vainquit les partisans du prétendant et les contraignit à se soumettre ou à chercher, avec don Carlos lui-même, un refuge en France. Espartero reçut le titre de duc de la Victoire. Marie-Christine ayant voulu profiter de la défaite des carlistes pour reprendre le plein exercice de son autorité, que la constitution de 1837 avait amoindrie, la population de Madrid, excitée par les adhérents du général Espartero, se souleva contre elle. Marie-Christine, fut contrainte d'abdiquer et de partir pour la France ; Espartero la remplaça au pouvoir avec le titre de régent (1841).

— A quel parti resta la victoire ? — Comment Marie-Christine fut-elle remplacée par le général Espartero ?

CHAPITRE XXIII.

Question d'Orient. Les deux guerres entre la Turquie et l'É-
gypte (1831-1833, 1839-1840). Ministère Thiers. Fortifications
de Paris (1840). — Ministère Guizot (1840-1848). Complot bonapartiste de Boulogne. Mort du duc d'Orléans. Droit de
visite. Mariages espagnols. — L'Algérie de 1840 à 1848.
Prise de la Smala. Guerre contre les Marocains. Bataille
d'Isly; Abd-el-Kader prisonnier.

**67. Question d'Orient. Les deux guerres entre la
Turquie et l'Égypte (1831-1833, 1839-1840). Ministère Thiers. Fortifications de Paris (1840).** — On
appelle question d'Orient l'ensemble des pro-
blèmes soulevés par la décadence de l'empire
ottoman et les convoitises des États européens
qui aspirent à le remplacer. De **1808** à **1839**, les
Turcs avaient eu à leur tête un homme énergique,
le sultan Mahmoud. Il extermina les janissaires et
tenta de réorganiser l'Orient à l'européenne. Mais
en **1812** les Russes lui prirent la Bessarabie; de
1822 à **1829**, la Grèce lui échappa. Le traité d'Andrinople (**1829**) donna au czar Nicolas le droit
d'intervenir dans les affaires intérieures de l'empire ottoman comme protecteur de ses coreligion-
naires les chrétiens grecs de Moldavie, de Valachie et de Serbie. En **1830**, l'un des vassaux de
la Porte, le dey d'Alger, fut renversé par la
France. De son côté, le vice-roi d'Égypte, Méhé-

QUESTIONS. 67. Qu'est-ce-que la question d'Orient? —
Racontez les principaux faits des deux guerres qui eurent

met-Ali, et son fils Ibrahim n'étaient plus que de nom sujets du sultan. La Russie désirait ardemment s'emparer de Constantinople ; mais cette ville avec le Bosphore, la mer de Marmara et le détroit des Dardanelles, c'est la clef de la Méditerranée et de la mer Noire. De plus l'Égypte, avec l'isthme de Suez, la mer Rouge, le détroit de Bab-el-Mandeb d'une part, de l'autre la Syrie, l'Euphrate et le golfe Persique, c'est la route de l'Hindoustan, sur laquelle veille l'Angleterre. A Londres on veut conserver l'empire turc pour tenir fermé l'accès de l'Hindoustan; à Pétersbourg, on veut le détruire, pour s'ouvrir le chemin de l'Inde.

En **1831**, Méhémet-Ali, à la suite d'un différend avec le pacha de Saint-Jean-d'Acre, attaqua les Turcs. Ibrahim-Pacha, son fils, prit Gaza, Jaffa, Saint-Jean-d'Acre (**1831-1832**). Il gagna les batailles de Homs, près de Damas, de Beïlan, près des ruines d'Antioche (juin-juillet **1832**); il envahit ensuite l'Anatolie, remporta sur le grand vizir Réchid-Pacha une victoire décisive à Konieh (**21** décembre **1832**), et menaça Constantinople. Le czar profita de l'occasion pour offrir son appui aux Turcs. Une fois les Russes entrés en Turquie, voudraient-ils en sortir ? L'Angleterre[1], la France et l'Autriche firent signer entre

lieu entre la Turquie et l'Égypte. — Dans quelles circon-

1. L'Angleterre fut gouvernée de 1830 à 1837 par Guillaume IV. Le premier bill de réforme électorale fut voté sous son règne en 1832, l'esclavage des noirs dans les colonies an-

Mahmoud et Méhémet-Ali le traité de Kutayé (14 mai 1833), qui donnait à l'Égypte les quatre pachaliks de Damas, Saint-Jean-d'Acre, Alep, Tripoli, avec le district d'Adana au nord de la Syrie. Le sultan n'en signa pas moins avec le czar le traité secret d'Unkiar-Skelessi, aux termes duquel il promettait d'ouvrir les détroits à la marine militaire russe et de les fermer à toutes les autres (8 juin 1833).

Après six ans de paix, Mahmoud, voulant se venger de l'Égypte, reprit l'offensive en 1839 ; mais l'armée turque, commandée par Hafiz-Pacha, fut anéantie par les Égyptiens d'Ibrahim et de Soliman-Pacha à la bataille de Nézib (24 juin 1839). Mahmoud mourut six jours après, laissant l'empire à son fils Abdul-Medjid, âgé de 16 ans. Qu'allait faire l'Europe? La France était favorable au vice-roi d'Égypte; la Russie était heureuse de trouver une occasion d'intervenir en Turquie sous prétexte de défendre le sultan. L'Angleterre, gouvernée par lord Palmerston, voulait maintenir l'intégrité de l'empire ottoman en écartant les Russes de Constantinople. Il proposa au gouvernement français d'agir en commun avec lui, au besoin par la force. Le ministère que

stances M. Thiers fut-il appelé à former un nouveau mi-

glaises aboli en 1834; en 1837, à la mort de Guillaume IV, sa nièce Victoria devint reine. Elle épousa le prince Albert de Saxe-Cobourg. La loi salique existant en Hanovre, cet État, qui de 1714 à 1837, avait été la possession des souverains d'Angleterre, eut désormais un roi particulier jusqu'en 1866, époque de sa destruction par les Prussiens.

Louis-Philippe avait appelé au pouvoir le 12 mai 1839, et qui se composait du maréchal Soult, de MM. Teste, Schneider, Duperré, Duchâtel, Cunin-Gridaine, Dufaure, Passy, Villemain, n'accueillit point les ouvertures de l'Angleterre; il tomba du reste bientôt devant un vote des Chambres, et fut remplacé le 1er mars 1840 par un nouveau cabinet, sous la présidence de M. Thiers.

Ne pouvant obtenir le concours de la France, lord Palmerston résolut d'agir sans elle et contre elle, en s'appuyant sur l'Autriche et la Prusse. Son plan fut de se joindre aux Russes pour protéger le sultan et accabler l'Égypte: de cette manière, l'intégrité de l'empire ottoman serait maintenue à la fois contre Méhémet-Ali et contre le czar; car l'intervention russe, combinée avec celle des Anglais, des Prussiens et des Autrichiens, cessait d'être dangereuse pour l'Europe. M. Guizot était ambassadeur de France en Angleterre. A son insu, lord Palmerston fit signer, le 15 juillet 1840, le traité de Londres entre l'Angleterre, la Prusse, l'Autriche et la Russie. Sommé au nom des puissances d'évacuer la Syrie, Méhémet-Ali refusa; le bombardement de Beyrouth et de Saint-Jean-d'Acre par les Anglais l'obligea de sortir de la contrée.

En France, l'irritation était vive. Sur la proposition de M. Thiers, une loi fut votée pour entourer Paris d'une enceinte de remparts pro-

nistère? — Quelle mesure fut prise au sujet de Paris? —

8.

tégée par des forts, afin que si la guerre était déclarée, et que les hasards des batailles amenassent une invasion, on ne vît pas, comme en 1814, la prise de la capitale paralyser la résistance nationale. L'opinion publique demandait la guerre. Mais Louis-Philippe s'effrayait à la pensée d'une lutte contre la Russie, la Prusse, l'Autriche et l'Angleterre réunies; il refusa d'augmenter l'armée, et M. Thiers donna sa démission. Méhémet-Ali se soumit et ne garda que l'Égypte (27 novembre 1840). Le traité des Détroits, du 3 juillet 1841, fit rentrer la France dans le concert européen : il déclara les Dardanelles, la mer de Marmara et le Bosphore ouverts à la marine marchande et fermés à la marine militaire de toutes les nations.

68. Ministère Guizot (1840-1848); complot bonapartiste de Boulogne; mort du duc d'Orléans. Droit de visite. Mariages espagnols. — Après la démission de M. Thiers, Louis-Philippe avait rappelé de Londres M. Guizot, qui forma le 29 octobre 1840 un nouveau ministère avec le maréchal Soult, Martin du Nord, Duperré, Villemain, Duchâtel, Cunin-Gridaine et Humann. Ce cabinet, qui, sauf quelques changements dans les personnes, dura huit ans, voulait fermement maintenir la paix au dehors et combattre au dedans le désordre anarchique. Il fut incessamment en butte aux attaques passionnées de

Pourquoi M. Thiers donna-t-il sa démission? — 68. Comment était composé le ministère Guizot? — Quelle fut sa

l'opposition, et les journaux hostiles au gouvernement répétaient à l'envi que la France était abaissée et humiliée. Louis-Napoléon, revenu d'Amérique à Londres, crut l'occasion favorable pour renouveler une tentative contre le gouvernement. Il vint débarquer à Boulogne et essaya de soulever la garnison (6 août 1840) ; repoussé, poursuivi, arrêté, il fut condamné par la chambre des pairs à un emprisonnement perpétuel, et enfermé au château de Ham d'où il réussit à s'échapper en 1846.

L'opinion publique s'était vivement émue de l'issue de la question d'Orient. Pour la calmer, Louis-Philippe envoya le prince de Joinville à Sainte-Hélène chercher les restes de l'empereur Napoléon, qui arrivèrent à Paris le 15 décembre 1840 et furent transportés à l'hôtel des Invalides au milieu d'un immense concours de peuple. Deux ans après, le 13 juillet 1842, le duc d'Orléans, héritier du trône, périt à Neuilly par un accident de voiture. La mort prématurée de ce prince, sur lequel étaient fondées les plus heureuses espérances, excita des regrets universels. Le vote des deux chambres décida que la régence appartiendrait au duc de Nemours, si Louis-Philippe venait à mourir avant la majorité de son petit-fils, le comte de Paris.

Les députés de l'opposition demandaient la

politique? — Quels sont les principaux faits qui signalèrent les dernières années du règne de Louis-Philippe ? — Donnez quelques détails sur la nouvelle tentative du prince

réforme électorale, c'est-à-dire l'abaissement du cens et l'adjonction des capacités aux listes d'électorat. La majorité de la chambre repoussa la proposition, le gouvernement ayant déclaré à tort ou à raison que les concessions qu'on lui demandaient n'étaient ni opportunes ni nécessaires.

La question du *droit de visite* vint encore passionner l'opinion publique. D'après une convention signée entre l'Angleterre et la France en 1831, les croiseurs des deux nations avaient le droit de visiter en mer les navires suspects de faire la traite des noirs ; il en résultait pour notre marine marchande d'incessantes vexations. Aussi, lorsque le ministère se montra disposé à renouveler en 1841 la convention de 1831, de vives reclamations s'élevèrent dans la chambre des députés. Heureusement de nouvelles négociations avec le gouvernement anglais eurent pour résultat l'abolition du droit de visite réciproque.

Le contre-amiral Dupetit-Thouars avait occupé, en Océanie, les îles Marquises; il signa ensuite avec Pomaré, reine de l'île Taïti, dans l'archipel de la Société, un traité par lequel elle se plaçait sous le protectorat français. Le missionnaire anglais Pritchard, en même temps consul et pharmacien, excitant les indigènes contre les Français, fut expulsé par l'amiral. L'Angleterre exigeait une éclatante réparation ; le gouvernement français consentit seulement à accorder à Pritchard une indemnité en argent (1843-1845).

Louis Bonaparte, la question du droit de visite, l'affaire

Après l'affaire Pritchard vinrent les *mariages espagnols*, c'est-à-dire l'union de la reine d'Espagne Isabelle II avec son cousin don François d'Assise, et celle de sa sœur l'infante dona Luisa avec le duc de Montpensier, le plus jeune des fils de Louis-Philippe. Ce dernier mariage fut accompli malgré l'opposition et le mécontentement du gouvernement anglais (1846).

69. L'Algérie de 1840 à 1848. Prise de la Smala. Guerre contre les Marocains. Bataille d'Isly ; Abd-el-Kader prisonnier. — Depuis 1840, la lutte n'avait pas été interrompue en Algérie. Le maréchal Valée, secondé par les généraux Duvivier, Lamoricière, Changarnier et le duc d'Orléans, remporta un brillant succès sur Abd-el-Kader au col de Mouzaïa (12 mai 1840) ; l'émir fut chassé de Médéah et de Milianah. Le général Bugeaud, devenu en 1841 gouverneur général, poursuivit vigoureusement l'offensive. Abd-el-Kader perdit successivement Takedempt, Mascara, Saïda, Tlemcen. La *Smala,* c'est-à-dire sa famille, ses troupeaux et ses trésors, fut enlevée près de Taguin par le duc d'Aumale et le général Yousouf (16 mai 1843).

Réfugié dans le Maroc, Abd-el-Kader décida l'empereur Abd-er-Rhaman à s'unir à lui contre les Français. Le maréchal Bugeaud accourut. Avec 12,000 hommes formés en carrés, il mit en déroute 40,000 Marocains sur les bords de l'Isly (13 août 1844). Le fils d'Abd-er-Rhaman prit la fuite avec son immense cavalerie, en abandonnant à nos soldats un riche butin et son parasol impérial. En même temps, une escadre conduite par le prince de Joinville bombardait Tanger et Mogador. Abd-er-Rhaman dut faire la paix. Resté seul, Abd-el-Kader continua sa résistance. A chaque instant, de nouveaux soulèvements éclataient en sa faveur parmi les Arabes des plaines et les Kabyles des montagnes. Il obtint un dernier succès sur les Français à Sidi-Brahim (22 septembre 1845). Mais le chef arabe Bou-Maza fit sa soumission (12 avril 1847). Abd-el-Kader lui-même, cerné de toutes parts, se rendit le 23 décembre de la même année au général Lamoricière, lieutenant du duc d'Aumale, nouveau gouverneur de l'Algérie. Transporté en France et interné au château d'Amboise, l'émir fut remis en liberté en 1852.

— Par qui fut-elle prise ? — Racontez l'expédition contre le Maroc et la bataille de l'Isly. — Que fit le prince de Joinville ? — Racontez la soumission d'Abd-el-Kader. — Où fut-il détenu ? — A quelle époque fut-il remis en liberté ?

CHAPITRE XXIV.

Les idées socialistes. Agitation pour la réforme électorale. Les banquets. — Journées des 22, 23 et 24 février 1848. Révolution. Abdication de Louis-Philippe. — Le gouvernement provisoire. Proclamation de la république. Le suffrage universel.

70. Les idées socialistes. Agitation pour la réforme électorale. Les banquets. La paix qui régnait depuis 1815, les progrès de l'industrie et du commerce, en agglomérant dans toutes les villes, surtout à Paris et à Lyon, un nombre considérable d'ouvriers, avaient fait surgir un problème redoutable. Qu'adviendrait-il si, par suite d'un incident imprévu, mauvaise récolte, guerre, révolution, la confiance disparaissait? si les transactions entre les producteurs et les acheteurs s'arrêtaient, et, dès lors, si les ouvriers se trouvaient sans travail, c'est-à-dire sans pain? Question redoutable qui présageait des émeutes avec tous leurs désordres matériels. Et puis, il faut le dire, le désordre dans les esprits, le désordre moral, ajoutait aux périls dont la société était menacée. Depuis longtemps déjà des livres malsains, répandus à profusion, avaient propagé dans la population ouvrière, avec les idées socialistes[1],

QUESTIONS. 70. Quelles craintes l'agglomération des ouvriers dans les villes inspirait-elle? — Qu'étaient-ce

1. La doctrine du *socialisme*, qui eut pour chefs principaux

les principes les plus subversifs, les doctrines les plus déplorables.

Tous les socialistes étaient ennemis du gouvernement de Louis-Philippe et républicains. Mais la monarchie de Juillet comptait encore d'autres adversaires que préoccupaient uniquement les questions politiques : les uns, comme Ledru-Rollin et Armand Marrast, souhaitaient la chute de la monarchie, la proclamation de la République et l'établissement du suffrage universel; les autres, comme Odilon Barrot, Duvergier de Hauranne, de Rémusat, qui formaient l'opposition dynastique, désiraient maintenir le gouvernement monarchique; mais ils l'affaiblissaient par leurs attaques passionnées contre le ministère. Ils savaient bien cependant qu'il y avait derrière eux toutes sortes d'hommes audacieux, prêts à profiter d'une occasion pour accomplir leurs desseins anarchiques.

Pendant l'année 1847, il y eut dans la plupart des grandes villes des manifestations en faveur

que les idées socialistes ? — Quels furent les principaux chefs de la doctrine du socialisme ? Quels étaient les principes des communistes ? — Quels hommes se montraient ennemis du gouvernement ? — Comment se manifesta

Saint-Simon (1760-1825) et Charles Fourier (1768-1837), donna naissance à deux sectes : les *socialistes* proprement dits, qui avaient la prétention d'assurer le bonheur des ouvriers par une nouvelle organisation du travail ; et les *communistes*, qui voulaient que tous les biens fussent mis en commun et dont les principes, comme ceux de la société secrète dite l'*Internationale*, ne tendent à rien moins qu'à détruire la liberté, la propriété, la famille et la religion.

de la réforme électorale. Partout s'organisaient des banquets *réformistes* [1], dans lesquels se faisait entendre les paroles les plus violentes. Au banquet de Mâcon, Lamartine menaça la royauté de tomber devant « la révolution du mépris. » Au banquet de Dijon, Ledru-Rollin s'écriait : « Nous tous qui sommes ici, nous sommes des ultra-radicaux. » L'agitation soulevée par ces manifestations était encore excitée par la presse, qui tous les jours accusait le gouvernement de conspirer contre les libertés publiques.

71. Journées des 22, 23 et 24 février 1848. Révolution. Abdication de Louis-Philippe. — La session des chambres s'ouvrit le 27 décembre 1847. Les débats au sujet de la réforme électorale furent repris avec un redoublement de vivacité ou plutôt d'irritation. En principe, le roi et le ministère n'étaient pas systématiquement opposés à une réforme : mais soutenus par une imposante majorité, ils ne croyaient pas qu'il fût de leur honneur et d'une bonne politique de céder aux menaces et de souscrire à des concessions arrachées par la violence [2].

l'agitation des esprits au sujet de la réforme électorale ? — 71. Que se passa-t-il à l'ouverture de la session des

1. Le premier banquet réformiste eut lieu à Paris, le 10 juillet, au Château-Rouge.
2. La France aurait peut-être échappé aux malheurs d'une nouvelle révolution, si le ministère s'était montré plus conciliant, et surtout si l'opposition, au lieu de céder à des passions aveugles ou ennemies, avait écouté les conseils de la raison et d'un vrai patriotisme.

Un certain nombre d'électeurs du XIIe arrondissement (faubourg Saint-Marceau), avaient formé le projet de se réunir dans un banquet pour y manifester leurs sentiments en faveur de la réforme électorale, et les députés de l'opposition promirent d'y assister. Le gouvernement, par mesure d'ordre public, et comme la loi lui en donnait le droit, interdit le banquet, et déclara que, le cas échéant, il s'y opposerait par la force. Le parti radical ne tint aucun compte de l'interdiction et fixa la date du banquet au **22 février.** Ce jour-là, dès le matin, les troupes étaient déployées dans les rues; les agitateurs s'y trouvaient aussi. Des bandes d'ouvriers et d'étudiants, des membres des sociétés secrètes, se dirigeaient vers le lieu de réunion, criant : *A bas Guizot! vive la réforme !* chantant la Marseillaise et lançant des pierres aux gardes municipaux. A la chambre des députés, M. Odilon Barrot déposait un acte d'accusation contre le ministère.

Le lendemain, **23 février,** la garde nationale, tardivement rassemblée, montre une attitude peu rassurante pour le gouvernement; elle aussi crie : *A bas Guizot ! vive la réforme !* et ne semble pas disposée à combattre l'insurrection. M. Guizot, croyant que sa retraite calmera les esprits, donne sa démission, et M. Molé est chargé de former un nouveau ministère. A cette nouvelle la joie est grande dans Paris ; on illumine. Tout paraissait donc terminé; mais ce n'était

chambres ? — Racontez les événements des 22, 23 et

pas ce que voulaient les émeutiers, les révolutionnaires. Le soir, vers dix heures, des bandes d'hommes sortis des faubourgs et conduits par des chefs parcoururent les boulevards, et lorsqu'ils furent arrivés à la hauteur du ministère des affaires étrangères, gardé extérieurement par un bataillon de ligne, l'un d'eux tira un coup de pistolet sur les soldats et tua un homme. La troupe répondit à cette agression par une décharge qui renverse sur la chaussée, morts ou blessés, des gens inoffensifs, simples curieux. Les émeutiers, dont pas un seul n'avait été atteint [1], chargent sur un tombereau les cadavres de quelques-unes des victimes, et les promènent à la lueur des torches, en criant vengeance, et en appelant le peuple aux armes. Toute la nuit fut employée à dépaver les rues, et le lendemain, 24 février, Paris était hérissé de barricades.

Cependant le roi Louis-Philippe avait confié au maréchal Bugeaud le commandement de l'armée et de la garde nationale. De moment en moment la situation devenait plus grave, et M. Molé n'y pouvait plus suffire. Le roi fit appeler M. Thiers et le chargea de former un ministère : celui-ci n'y consentit qu'à la condition d'avoir pour collègue M. Odilon Barrot. Bientôt même il demande la révocation du commandement donné au maréchal Bugeaud

---

1. Au moment où le coup de pistolet était tiré, les émeutiers, qui avaient sans doute un mot d'ordre, s'étaient baissés et avaient ainsi échappé à toute atteinte. Il est évident que leurs coupables desseins étaient prémédités et concertés.

et il exige que la troupe garde une attitude passive. C'était paralyser les moyens d'action que l'illustre maréchal avait concertés, les mesures de défense qu'il avait prises et que lui seul était capable d'exécuter. La troupe resta donc sans ordres, et déjà les insurgés, avec lesquels la garde nationale faisait cause commune, engageaient la fusillade et attaquaient le palais royal. Louis-Philippe, découragé, se décida à abdiquer en faveur de son petit-fils le comte de Paris ; puis il quitta les Tuileries, monta dans une voiture avec la reine et réussit à sortir de Paris [1].

72. Le Gouvernement provisoire. Proclamation de la république. Le suffrage universel. — Il n'y avait plus dans Paris d'autre pouvoir que la chambre des députés. La duchesse d'Orléans, accompagnée de ses deux enfants et du duc de Nemours, vint se présenter au palais Bourbon, espérant, avec l'appui de MM. Dupin et Odilon Barrot, obtenir la régence pour elle-même, la couronne pour son fils aîné, le comte de Paris ; mais le peuple envahit la chambre, s'entassa sur les bancs, dans les couloirs, et rendit inutiles les derniers efforts des partisans de la monarchie. L'émeute triomphante imposa ses volontés.

24 février. — 72. Pourquoi la duchesse d'Orléans se rendit-elle à la chambre des députés? — Comment les derniers efforts des partisans de la monarchie devinrent-ils inutiles ? —

1. Louis-Philippe gagna la côte de la Manche et s'embarqua pour l'Angleterre, où il mourut en 1850, au château de Claremont.

Sur la proposition de Ledru-Rollin et de Lamartine, un gouvernement provisoire fut aussitôt formé : il se composait de Dupont (de l'Eure), François Arago, Lamartine, Ledru-Rollin, Crémieux, Marie, Garnier-Pagès. Tous se rendirent à l'Hôtel de ville ; là leur nombre fut grossi par Louis Blanc, Ferdinand Flocon, Armand Marrast et l'ouvrier Albert, élus par le peuple dans la salle Saint-Jean. En même temps Caussidière et Sobrier prenaient possession de la préfecture de police, Étienne Arago, de la direction générale des postes ; Charles Lagrange[1] devenait gouverneur de l'Hôtel de ville, et le colonel de Courtais, commandant de la garde nationale.

Dès le 24 février, la république fut proclamée par le gouvernement provisoire au balcon de l'Hôtel de ville. La peine de mort en matière politique et l'esclavage des nègres dans les colonies furent abolis. Une assemblée constituante était convoquée : elle devait être composée de 900 représentants élus directement par le suffrage universel. Tout Français âgé de vingt-et-un ans et ayant six mois de domicile était électeur ; le vote devait avoir lieu par scrutin de liste. Les

De quels hommes le gouvernement provisoire fut-il composé ? — Quelle forme de gouvernement fut proclamée ? — Quelles résolutions furent prises par le gouvernement provisoire ? — Quel devait être le nombre des représentants ? — Comment étaient-ils élus ?

1. Le conspirateur Lagrange était le chef des bandes qui, dans la soirée du 23 février, parcoururent le boulevard, et c'est à lui qu'on attribue le coup de pistolet tiré sur la troupe.

élections se firent le 23 avril, et les députés, réunis le 4 mai, proclamèrent de nouveau la république.

CHAPITRE XXV.

Assemblée nationale constituante. Journée du 15 mai. Les ateliers nationaux; insurrection de juin. Le général Cavaignac. Constitution de 1848. — Louis-Napoléon président de la république. Assemblée législative. Révolution en Italie et en Allemagne. Expédition de Rome. — Dissentiment entre le Président et l'Assemblée. Coup d'État du 2 décembre 1851. Prolongation des pouvoirs du Président.

73. Assemblée nationale constituante. Journée du 15 mai. Les ateliers nationaux; insurrection de Juin. Le général Cavaignac. Constitution de 1848. — La majorité de l'Assemblée constituante appartenait au parti républicain modéré. Lamartine avait été nommé dans dix départements[1]. Aussitôt réunie, la Constituante nomma une commission exécutive de cinq membres, qui furent MM. Arago, Garnier-Pagès, Marie, Lamartine et Ledru-Rollin. Cette commission remplaça le

QUESTIONS. 73. Quel fut le premier acte de l'Assemblée constituante? — Quels étaient les membres de la commis-

1. A l'Hôtel de ville, lorsque la république fut proclamée, la populace voulait faire arborer le drapeau rouge. Lamartine, malgré les menaces de mort proférées contre lui, repoussa avec indignation ce drapeau qui ne rappelait que de sanglants souvenirs. Cet acte de courage lui valut une grande popularité.

gouvernement provisoire. Les élections n'avaient pas répondu à l'attente du parti avancé. Excité par les clubs et les journaux, le peuple se porta le 15 mai au palais de l'Assemblée nationale, pénétra dans la salle des séances sous prétexte de présenter une pétition en faveur de la Pologne et dispersa un instant les députés. Bientôt pourtant la garde nationale accourut de toutes parts, chassa les envahisseurs et rétablit la Constituante. Barbès, Blanqui, Raspail, Huber, furent décrétés d'accusation comme instigateurs de l'attentat.

La révolution du 24 février, en détruisant la confiance, en ruinant le crédit, avait eu pour premier résultat l'arrêt du travail. Quatre jours après, une commission de gouvernement s'était établie au Luxembourg sous la présidence de M. Louis Blanc, pour s'occuper du sort des ouvriers. Là, au lieu de chercher les moyens pratiques et raisonnables de leur venir en aide, on discutait les théories socialistes sur l'*organisation du travail*, théories qui n'avaient d'autre effet que d'égarer l'esprit des ouvriers en leur faisant concevoir les espérances les plus chimériques. En attendant, l'agitation dans la rue devenait menaçante : le peuple demandait du pain. Alors, la fraction modérée du gouvernement provisoire, sur la proposition de M. Marie, créa des *ateliers nationaux*. Huit à dix mille ou-

sion exécutive? — Racontez l'attentat commis contre l'Assemblée le 15 mai. — Quelles discussions avaient lieu au

vriers y furent d'abord enrôlés ; mais le nombre s'en accrut bientôt à tel point qu'on en compta plus de cent mille. Ils étaient payés et ne travaillaient pas : c'était une lourde charge pour l'État. C'était aussi un grave danger pour la société, la plupart des ouvriers obéissant aux ordres des sociétés secrètes.

A la suite de l'attentat du 15 mai, la majorité de la Constituante invita, le 21 juin, tous les ouvriers de dix-huit à vingt-cinq ans à s'enrôler ou à partir pour la Sologne, où on leur offrait du travail. Ce fut le signal d'une insurrection formidable. Le 23 juin, la plus grande partie de Paris fut hérissée de barricades. Le général Cavaignac, auquel le souvenir de son frère Godefroy, l'un des chefs du parti républicain sous Louis-Philippe, avait fait confier le ministère de la guerre, fut chargé de défendre l'Assemblée, avec les troupes de ligne, la garde nationale et la garde mobile, composée de volontaires auxquels on donnait une haute paye ; il avait pour lieutenants les généraux Lamoricière, Bedeau, Damesme, Duvivier, Négrier, Bréa et Clément Thomas. La lutte dura quatre jours (23, 24, 25, 26 juin) ; elle fut sanglante et se termina par la défaite des insurgés. Les généraux Duvivier et Négrier furent blessés à mort ; le général Bréa fut massacré à la barrière de Fontainebleau. L'archevêque de Paris,

Luxembourg? — Qu'était-ce que les ateliers nationaux? — Que fit l'Assemblée à leur égard? — Racontez l'insurrection de juin et les douloureux incidents qui la signa-

Mgr Affre, ayant voulu s'interposer entre les combattants au faubourg Saint-Antoine, fut frappé d'une balle et mourut victime de son dévouement[1]. Après la lutte, 11,000 insurgés prisonniers furent déportés. L'Assemblée décréta que le général Cavaignac avait bien mérité de la patrie, et lui conserva le pouvoir exécutif. Il prit pour ministres MM. Senard, Bethmont, Bastide, Lamoricière, Vaulabelle, Thouret, Recurt.

Il fallait maintenant rédiger une constitution. Elle fut votée le 12 novembre. Elle confirmait l'établissement en France du suffrage universel. Il suffisait pour être électeur d'être né Français, âgé de vingt et un ans, et de n'avoir subi aucune condamnation ; pour être éligible, d'avoir vingt-cinq ans. Le pouvoir législatif était confié à une assemblée de 750 membres, assisté d'un conseil d'État élu par elle pour préparer les lois. Le pouvoir exécutif devait être exercé par un président de la république, élu pour quatre ans par le suffrage universel, mais rééligible seulement après une autre période de quatre années.

L'élection du président de la république eut lieu le 10 décembre. Louis-Napoléon, qui s'était échappé de Ham en 1846 et auquel les souvenirs du premier empire avaient donné une grande

lèrent. — Donnez quelques détails sur la constitution votée le 12 novembre. — Comment les suffrages furent-ils

______

1. Au moment d'expirer, il prononça cette belle parole : « Puisse mon sang être le dernier versé. » Le bon pasteur avait donné sa vie pour son troupeau.

popularité, fut élu par 5,562,834 suffrages[1]. Le général Cavaignac en avait obtenu 1,469,166; Ledru-Rollin, 370,119; Lamartine, 17,910[2]. Louis-Napoléon prêta serment de fidélité à la république et à la constitution de 1848 ; il prit ensuite possession de la présidence au palais de l'Élysée. Six mois après, l'Assemblée constituante se retira.

74. Louis-Napoléon, président de la république. Assemblée législative. Révolution en Italie et en Allemagne. Expédition de Rome. — L'assemblée législative se réunit le 28 mai 1849. Les élections s'étaient faites sous l'impression des souvenirs de l'insurrection de juin et avaient donné la majorité aux hommes d'ordre, aux conservateurs ; beaucoup d'entre eux étaient partisans du gouvernement monarchique.

Cependant la révolution en 1848 s'était étendue à toute l'Europe. En Italie, le roi de Naples Ferdinand, le grand-duc de Toscane Léopold II, le roi de Sardaigne Charles-Albert et le pape Pie IX accordèrent des constitutions à leurs sujets

partagés pour l'élection du président de la république? — 74. A quelle époque l'Assemblée législative se réunit-elle? — A quel parti appartenait la majorité? — Racontez

1. L'élection du prince Louis-Napoléon fut une protestation contre la révolution de 1848, qui n'avait produit que l'anarchie et le désordre.

2. Lamartine avait perdu toute sa popularité en ne séparant pas sa politique de celle de Ledru-Rollin, dont les circulaires menaçantes semblaient annoncer que le gouvernement républicain voulait procéder, comme la Convention, par la terreur et la violence.

9.

(11 et 15 février, 4 et 15 mars 1848). En Autriche, à la suite de deux soulèvements successifs à Vienne (13 mars et 16 mai 1848), le ministre Metternich tomba du pouvoir et l'empereur Ferdinand dut consentir à la convocation d'une assemblée constituante élue par le suffrage universel ; il accorda aussi à la Hongrie un ministère particulier.

Les Vénitiens et les Lombards supportaient impatiemment le joug autrichien. Les Milanais s'insurgèrent, et, après cinq jours de combat, chassèrent la garnison (17-22 mars) ; Venise en fit autant. Tous les souverains italiens, entraînés par leurs sujets, leur envoyèrent des secours. Le 27 septembre 1848, la diète hongroise, sur la proposition de Kossuth, se déclara en permanence. L'empereur Ferdinand dut sortir de Vienne le 6 octobre, à la suite d'une troisième insurrection. Le gouvernement autrichien semblait perdu ; il triompha cependant. Vienne, assiégée par les trois corps d'armée de Windischgraetz, de Jellachich et d'Auesperg, fut prise d'assaut le 30 octobre, l'assemblée dissoute et l'autorité royale rétablie. Ferdinand abdiqua le 2 décembre 1848 ; son neveu et successeur, François-Joseph, eut à combattre les Hongrois, qui s'étaient déclarés indépendants, et qu'il parvint à soumettre avec le secours d'une armée russe (1849).

les principaux faits des révolutions qui éclatèrent en Italie. — Quels furent les résultats de la guerre entre l'empereur d'Autriche et le roi de Sardaigne ? — Quels étaient les

Les sympathies pour les Italiens étaient vives en France. Le général Cavaignac offrit au roi de Sardaigne de le soutenir ; mais Charles-Albert, qui rêvait la formation d'un royaume unitaire à son profit, répondit que l'Italie se suffirait à elle-même. Il eut d'abord l'avantage à Goïto (30 mai 1848) et prit Peschiera. Bientôt pourtant le roi de Naples rappela son contingent et détruisit la constitution que ses sujets lui avaient arrachée. Charles-Albert perdit contre le feld-maréchal Radetski la bataille de Custozza (25 juillet 1848). Chassé de Milan, il dut signer le 9 août un armistice aux termes duquel il se retirait derrière le Tessin. Il recommença les hostilités le 20 mars 1849 ; défait à la bataille décisive de Novare (23 mars), il abdiqua et alla mourir en Portugal à Oporto. Son fils et successeur Victor-Emmanuel dut subir la loi de l'Autriche. Venise, qui avait proclamé la république, fut défendue un an par le président Manin et le général Ulloa ; elle succomba le 25 août 1849.

À Rome, le comte Rossi, ministre de Pie IX, avait été assassiné dans une émeute le 15 novembre 1848. Le Saint-Père se réfugia à Gaëte. Une assemblée constituante se réunit le 6 février 1849 et proclama la république sous la direction d'un triumvirat présidé par Mazzini. Le général Garibaldi commandait l'armée. L'Assemblée constituante française, qui siégeait encore à cette époque, vota l'envoi d'un corps de troupes

chefs du mouvement révolutionnaire à Rome ? — Par qui

à Civita-Vecchia. Le président de la république, Louis-Napoléon, envoya le général Oudinot (25 avril 1849). Le triumvirat refusa d'ouvrir les portes de Rome aux Français. Sur ces entrefaites eurent lieu les élections pour la législative. La majorité de cette assemblée désirait le rétablissement du saint Père ; le général Oudinot reçut l'ordre d'attaquer Rome. Alors à Paris, le 13 juin 1849, Ledru-Rollin déposa sur le bureau de la chambre un acte d'accusation contre le pouvoir exécutif, auquel il reprochait d'avoir violé la constitution en attaquant la république romaine. Sa proposition étant repoussée, il fit appel aux armes et, à la tête des artilleurs de la garde nationale, occupa le Conservatoire des arts et métiers. Les insurgés, cernés par les troupes, n'osèrent pas engager la lutte ; ils s'échappèrent à travers les fenêtres et les jardins. L'instigateur du complot, Ledru-Rollin, se réfugia en Belgique. Rome fut prise après un mois de siége (3 juin-2 juillet 1849) ; Pie IX y rentra au milieu des acclamations de son peuple.

En Allemagne, à la suite d'une insurrection à Berlin, le 18 mars 1848, le roi de Prusse Frédéric-Guillaume IV avait dû accorder une constitution à ses sujets. Tous les souverains des États secondaires furent contraints d'en faire autant. Le 18 avril, un parlement composé de députés élus par le suffrage universel dans tous les États allemands, s'assembla à Francfort-

la cause du pape fut-elle soutenue ? — Que se passa-t-il

sur-le-Mein. Fonder l'unité germanique sous le sceptre d'un empereur constitutionnel était le rêve des Allemands. Mais le roi de Prusse refusa la couronne impériale par crainte de mécontenter l'Autriche, qui venait de rappeler ses députés du parlement. Peu après, ce parlement, qui s'était retiré à Stuttgart pour y siéger, fut dispersé par les soldats prussiens. Partout l'insurrection fut vaincue (mars 1851), et l'ancienne confédération germanique rétablie.

75. Dissentiments entre le Président et l'Assemblée. Coup d'État du 2 décembre 1851. Prolongation des pouvoirs du Président. — En France, de graves dissentiments ne tardèrent pas à s'élever entre le président de la république et l'Assemblée législative. La majorité de cette Assemblée souhaitait une restauration monarchique, et espérait la voir accomplir par l'épée du général Changarnier. Elle vota le 15 mars 1850 une loi qui proclamait la liberté de l'enseignement secondaire. Deux mois après, à la suite d'élections complémentaires à Paris qui envoyèrent à la chambre quatre républicains, Carnot, Vidal, de Flotte et Eugène Sue, elle restreignit le suffrage universel par la loi du 31 mai 1850, qui exigeait pour être électeur trois ans de domicile.

De son côté Louis-Napoléon voulait se perpétuer au pouvoir. Le 7 janvier 1851, il enleva le

en Allemagne? — 75. Comment se manifestèrent les dissentiments entre le Président de la république et la majorité

commandement de l'armée de Paris au général Changarnier, dont il redoutait l'opposition. Dans des revues, au camp de Satory, les soldats furent encouragés à crier : «Vive l'Empereur!» Le général Neumayer ayant rappelé les troupes à l'exécution des règlements militaires, qui interdisent tout cri sous les armes, fut éloigné.

Aux termes de la constitution, le mandat de Louis-Napoléon expirait en 1852, et il ne pouvait pas, avant quatre ans, se présenter de nouveau aux électeurs. Ses partisans dans l'Assemblée législative demandèrent la révision de la constitution. L'article 3 exigeait, pour cette révision, les trois quarts des suffrages exprimés. A la suite de très-vifs débats la demande fut repoussée (19 juillet 1851). Alors Louis-Napoléon, avec les généraux Saint-Arnaud, Magnan, Forey, le colonel Espinasse, le commandant Fleury, le comte de Morny et M. Fialin de Persigny, prépara un coup d'État. Les questeurs de l'assemblée législative demandèrent que le droit de requérir la force armée pour la défense de la chambre fût accordée aux bureaux : cette proposition fut rejetée par la majorité de l'assemblée.

Dans la nuit du 1er au 2 décembre 1851, plusieurs représentants, entre autres MM. Thiers, Baze, Roger (du Nord), Lagrange, les généraux Cavaignac, Changarnier, Lamoricière, Bedeau, Leflo, furent arrêtés dans leur domicile et con-

de l'Assemblée législative? — Racontez le coup d'État du

duits à la prison Mazas. Une proclamation fut placardée sur les murs : le président déclarait l'Assemblée dissoute, le suffrage universel rétabli, et convoquait le peuple français dans ses comices, du 14 au 22 décembre, pour accepter ou rejeter la prolongation des pouvoirs de Louis-Napoléon pour dix ans. La salle de l'Assemblée étant occupée militairement, deux cent vingt députés se réunirent à la mairie du dixième arrondissement ; ils furent arrêtés et conduits dans les prisons de l'État, où ils ne furent détenus que quelques jours. Malheureusement, il y eut du sang répandu. Quelques représentants républicains essayèrent d'organiser la résistance. L'un d'eux, Baudin, fut frappé à mort au moment où, monté sur une barricade, il voulait rappeler les troupes au respect de la constitution. Deux jours après, dans une lutte sur les boulevards, il y eut encore des victimes.

La nation fut appelée à sanctionner le coup d'État du 2 décembre[1] ; les électeurs devaient répondre par *oui* et par *non*. Le plébiscite des 21 et 22 décembre donna les résultats suivants : 7,439,216 *oui* et 640,737 *non*.

2 décembre. — Par quel nombre de suffrages fut-il sanctionné ?

1. Le coup d'État du 2 décembre était sans contredit une violation de la constitution. Si le vote populaire amnistia l'entreprise du prince Louis-Napoléon, c'est que la France redoutait l'échéance de 1852 pour l'élection présidentielle, et que, fatiguée de la division des partis, de désordres et de troubles sans cesse renaissants, elle comptait avoir désormais un gouvernement fort et durable qui, en ramenant le travail avec la confiance, saurait maintenir l'ordre et la sécurité.

Azof
Astrakhan
MER CASPIENNE
Caucase
Elbs
R.F.
OIRE
EUROPE
par
G. BELEZE.
Myriamètres et Kilomètres.
Kil.50 0 10 20 30 40 50 Myr.
35
40
45
50
45
40
35
30

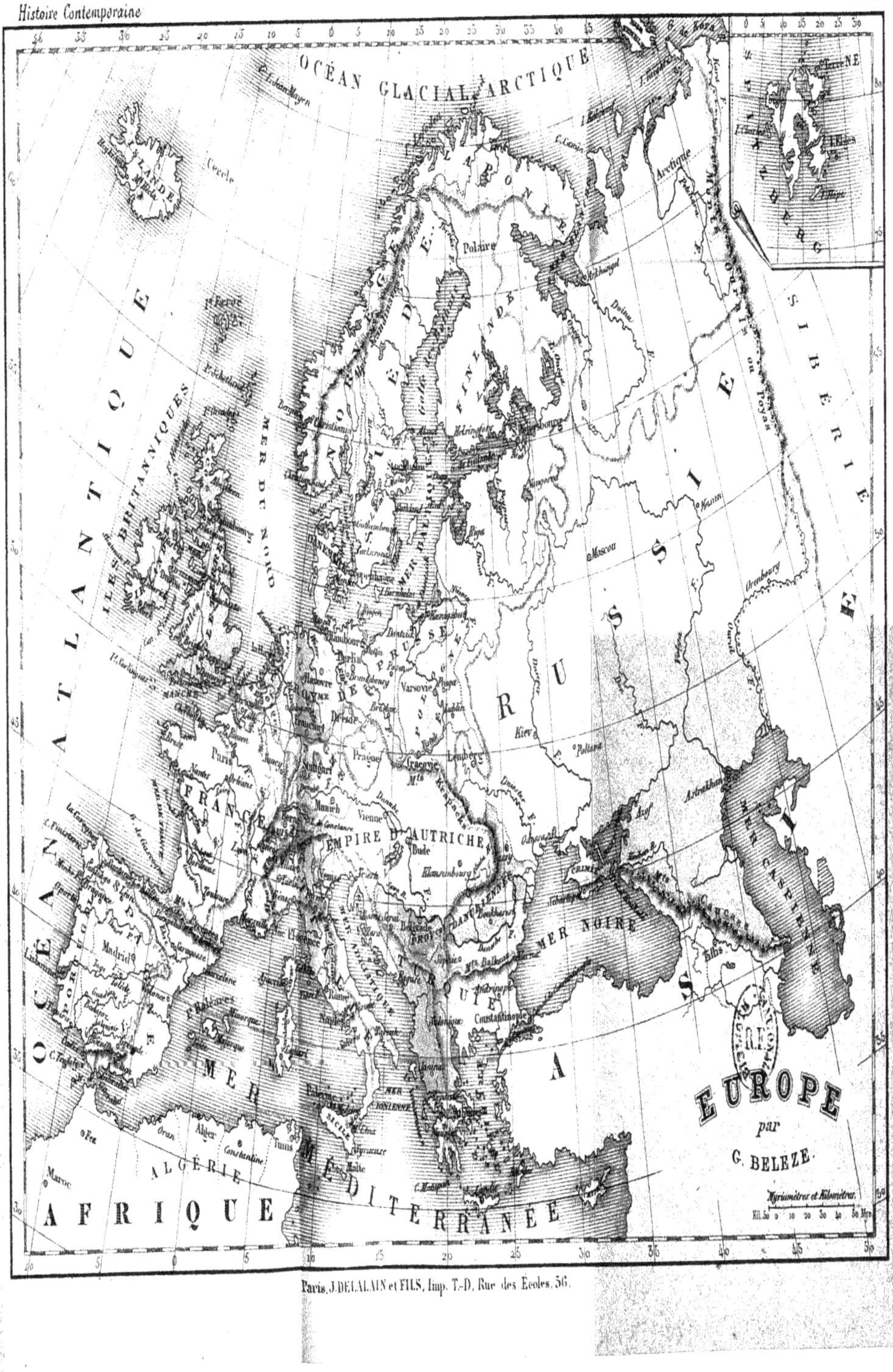

OCÉAN GLACIAL ARCTIQUE

OCÉAN ATLANTIQUE

ÎLES BRITANNIQUES

MER DU NORD

SIBÉRIE

RUSSIE

FRANCE

EMPIRE D'AUTRICHE

TURQUIE

MER NOIRE

MER CASPIENNE

MER MÉDITERRANÉE

AFRIQUE

ALGÉRIE

EUROPE
par
G. BELEZE.

Myriamètres et kilomètres.

Paris, J. DELALAIN et FILS, Imp. T.-D. Rue des Écoles, 56.

CHAPITRE XXVI.

Constitution de 1852. Le second empire. Institutions de crédit;
travaux publics. — Guerre de Crimée. Alliance de l'Angleterre et de la France. Bataille de l'Alma. — Siége de Sébastopol. Prise de la tour Malakoff; occupation de Sébastopol.
Traité de Paris. Percement de l'isthme de Suez.

**76. Constitution de 1852. Le second Empire.
Institutions de crédit. Travaux publics.** — La
constitution du 14 janvier 1852 prolongea pour
dix ans les pouvoirs du président de la république. Seul il était responsable et avait l'initiative des lois; les ministres, choisis par lui, ne
dépendaient que de lui. Les grands corps de
l'État étaient au nombre de trois : 1° le conseil
d'État, composé de 40 à 50 membres, nommés
par le président, devait élaborer les lois; 2° le
corps législatif, composé de 261 membres nommés par le suffrage universel, était chargé de
voter les impôts et les lois; 3° le sénat, composé
de 150 membres inamovibles nommés par le
chef de l'État, fut chargé d'examiner les lois
votées par le corps législatif. Les journaux furent soumis à l'autorisation préalable, aux aver-
tissements, à la suspension et à la suppression.

Le prince-président inaugura l'exercice de
son nouveau pouvoir par deux décrets : l'un,

QUESTIONS. 76. Quelles étaient les principales dispositions de la nouvelle constitution? — Par quels décrets le

9.

très-favorablement accueilli, rendait au culte catholique le Panthéon, sous le nom d'église Sainte-Geneviève. L'autre décret, généralement désapprouvé, annulait la donation que le roi Louis-Philippe avait faite de ses biens à ses enfants, et ordonnait la vente de ces biens. Plus tard, après la chute de l'empire, ceux de ces biens qui n'avaient pas été vendus furent restitués à la famille d'Orléans.

Le 7 novembre 1852, un sénatus-consulte déclara Louis-Napoléon Bonaparte empereur des Français sous le nom de Napoléon III. Cet acte du sénat fut suivi d'un plébiscite les 21 et 22 du même mois : le nombre des *oui* fut de 7,839,552, celui des *non* de 254,501. La liste civile fut fixée à 25 millions. Le 30 janvier 1853, l'empereur épousa Mlle Eugénie de Montijo, comtesse de Téba, d'une noble famille d'Espagne : de cette union naquit, le 16 mars 1856, un prince impérial.

En 1855 une loi donna à l'empereur le droit de nommer les maires dans les communes dont la population dépassait 3,000 habitants ; partout ailleurs ils étaient nommés par les préfets. Les Italiens Orsini, Pieri, Rudio et Gomez ayant essayé, le 14 janvier 1858, de faire périr l'empereur en lançant des bombes sous sa voiture à l'entrée de l'Opéra, la loi de sûreté générale

prince-président inaugura-t-il l'exercice de son pouvoir? — Quel nouveau titre lui fut donné par un sénatus-consulte? — Quels furent les résultats du plébiscite? — Quel attentat fut commis contre la vie de l'empereur? — Don-

du 19 février 1858 donna au gouvernement le droit de détenir, d'exiler ou de déporter, sans jugement, quiconque avait été condamné pour cause politique.

Le gouvernement impérial voulut faire oublier à la France par des améliorations matérielles les libertés qu'elle avait perdues. Le *comptoir d'escompte* avait été fondé en mars 1848 pour servir d'intermédiaire entre le commerce et la banque de France. Le *crédit foncier*, autorisé le 28 mars 1852, fut créé pour fournir aux propriétaires d'immeubles qui voulaient emprunter sur hypothèques la possibilité de se libérer au moyen d'annuités à long terme. Le *crédit mobilier* fut autorisé, le 10 novembre 1852, à souscrire des actions et des obligations dans les diverses sociétés industrielles. Le *crédit agricole* (28 juillet 1860) eut pour but d'ouvrir des crédits aux cultivateurs pour faciliter le développement de l'agriculture.

Une exposition universelle de l'industrie eut lieu à Paris en 1855. En même temps s'ouvraient de nouvelles voies de communication, qui devaient assainir et embellir la capitale : la rue de Rivoli, les boulevards Sébastopol, Saint-Michel, du Prince-Eugène (aujourd'hui Voltaire), de Magenta, Saint-Germain, Daumesnil, Richard-Lenoir. Le Louvre fut réuni aux Tuileries. On construisit les Halles centrales ; on restaura Notre-Dame, la Sainte-Chapelle, la tour

nez quelques renseignements sur les institutions de crédit

Saint-Jacques, le musée de Cluny. Le vieux château de Saint-Germain fut réparé et converti en musée gallo-romain. En 1860, l'ancienne banlieue de Paris fut supprimée, le mur d'enceinte de l'octroi démoli, et Paris, auquel de nombreuses communes se trouvaient ainsi annexées, partagé en 20 arrondissements. L'enceinte de Paris était ainsi reportée jusqu'aux fortifications de 1840. La capitale était reliée aux départements les plus éloignés par de nombreux chemins de fer.

Pour faire face aux dépenses que tous ces travaux entraînaient, le gouvernement eut recours à des emprunts successifs, qui furent, le premier, de 250 millions, le 11 mars 1854; un autre, de 500 millions en septembre 1854; un de 750 millions en juillet 1855; un de 500 millions en 1859; un de 300 millions en janvier 1864. Le public s'empressait de souscrire à ces emprunts, et telle était la confiance inspirée par le crédit de l'État que, pour l'emprunt de 750 millions, les demandes de souscription s'élevèrent à 3 milliards 500 millions. En même temps se développaient ou étaient fondées les institutions de bienfaisance, les œuvres de charité, entre autres les salles d'asile et les crèches, les sociétés de charité maternelle, l'institution des Petites-Sœurs des pauvres, l'œuvre de la Sainte-Enfance.

77. Guerre de Crimée. Alliance de l'Angleterre et de la France. Bataille de l'Alma. — La France

et les travaux publics. — 77. Quels sont les causes qui

aurait eu besoin de la paix à l'extérieur comme à l'intérieur. Malheureusement, dès les premières années de son règne, Napoléon III se trouva engagé dans une suite de guerres qui ne furent que momentanément interrompues. En 1851 des religieux grecs protégés par la Russie expulsèrent de l'église de Bethléem des religieux latins protégés par la France. Le sultan Abdul-Medjid, dans l'empire duquel se trouvait cette ville, nomma une commission mixte chargée de trancher le différend. Le czar Nicolas exigea qu'elle fût dissoute, et le 5 mai 1853 le prince Mentchikoff vint à Constantinople demander que le sultan reconnût par un traité l'empereur de Russie comme protecteur des chrétiens grecs de l'empire ottoman. Sur le refus de la Sublime Porte, les Russes, franchissant le Pruth, occupèrent la Moldavie et la Valachie, et le 30 novembre 1853 une escadre turque fut surprise et détruite à Sinope par la flotte russe de la mer Noire, sous les ordres de l'amiral Nachimoff.

La France et l'Angleterre contractèrent alors (10 avril 1854) une alliance offensive et défensive pour protéger l'empire ottoman contre la Russie. Une flotte anglo-française, commandée par l'amiral Napier, bloqua les ports russes de la Baltique. Une division française, sous les ordres du général Baraguey d'Hilliers, débarqua

amenèrent la guerre entre la Russie et la Turquie? — Pourquoi la France et l'Angleterre firent-elles alliance? — Quels étaient les chefs des armées alliées? — Racontez

dans les îles d'Aland et força la citadelle de Bomarsund à capituler (8-16 août 1854).

En même temps 50,000 Français et 25,000 Anglais, sous les ordres du maréchal Saint-Arnaud et de lord Raglan, étaient venus débarquer à Gallipoli, sur les Dardanelles. Depuis un an l'armée turque, commandée par Omer-Pacha, défendait les bords du Danube contre les Russes, qu'elle avait repoussés à Kalafat, devant Widdin, et à Giurgewo, devant Roustchouk. Enfin ceux-ci forcèrent le passage du fleuve. Mais la place forte de Silistrie les tint quatre mois en échec (avril-juillet 1854), et l'arrivée à Varna des troupes anglo-françaises les obligea à la retraite. Ils évacuèrent la Valachie et la Moldavie, qui furent occupées par les troupes autrichiennes et neutralisées.

Les alliés ne pouvaient rester à Varna, où le choléra les décimait; ils reprirent la mer et vinrent débarquer en Crimée, près d'Eupatoria, le 14 septembre. Ils se mirent en marche vers le sud pour aller attaquer Sébastopol. Le 20 septembre, se livra la bataille de l'Alma. 40,000 Russes, commandés par le prince Mentchikoff, étaient retranchés sur des hauteurs derrière la rivière de ce nom ; ils furent débusqués de cette position. Les Anglais, à gauche, et les zouaves du général Bosquet, à droite, se couvrirent de gloire. On occupa ensuite Balaklava, et l'on parvint devant Sébastopol. Le maréchal Saint-Arnaud,

les premières opérations de la guerre et la bataille de l'Alma. — 78. Racontez les diverses phases du siége de

tombé malade le 26 septembre, et qui mourut trois jours après, fut remplacé par le général Canrobert.

78. Siége de Sébastopol. Prise de la tour Malakoff; occupation de Sébastopol. Traité de Paris. Percement de l'isthme de Suez.—Alors commença le célèbre siége de Sébastopol. Située des deux côtés d'un golfe qui s'enfonce à l'intérieur des terres, cette ville ne pouvait être investie complétement. Elle avait une armée pour garnison, tandis qu'une autre tenait la campagne et inquiétait les assiégeants. Les Russes coulèrent leur flotte à l'entrée du port pour arrêter les vaisseaux alliés. L'habile ingénieur Totleben couvrit la ville par des ouvrages en terre, dont le plus célèbre reçut le nom de tour Malakoff.

Dès le 25 octobre 1854, l'armée russe du général Liprandi vint attaquer les assiégeants à Balaklava ; elle fut repoussée par deux charges héroïques de la cavalerie légère anglaise, commandée par lord Cardigan, et des dragons gris d'Écosse, aux ordres du général Scarlett. Le 5 novembre, une nouvelle bataille se livra à Inkermann : surpris pendant la nuit, les Anglais, qui avaient à leur tête le duc de Cambridge, le général Brown et lord Cathcart, permirent, par leur résistance opiniâtre, au général Bosquet d'arriver et de les dégager.

L'hiver de 1854 à 1855 éprouva cruellement les alliés ; il fallut le passer devant Sébastopol,

Sébastopol. — Combien de temps ce siége dura-t-il ? —

en bravant la neige, la gelée, les privations, les maladies, le feu de l'ennemi. La mortalité fut considérable. Toutefois le courage et la patience des assiégeants ne faiblirent pas. Omer-Pacha, envoyé en Crimée avec 35,000 Turcs, repoussa les Russes au combat d'Eupatoria (17 février 1855). Le czar Nicolas mourut le 2 mars suivant et fut remplacé par son fils Alexandre II. Le roi de Sardaigne Victor-Emmanuel, inspiré par le comte de Cavour, fit alliance avec la France, l'Angleterre et la Turquie. 18,000 Piémontais vinrent rejoindre en Crimée nos soldats, qui, après la démission du général Canrobert, furent placés sous les ordres du général Pélissier[1].

La résistance des Russes à Sébastopol était toujours intrépide. Les Anglais et les Français furent repoussés avec perte dans une attaque de nuit pour enlever la tour Malakoff (18 juin 1855). Deux mois après, il est vrai, l'armée russe de secours échoua dans une dernière diversion pour enlever le pont de Traktir, sur la rivière de la Tchernaïa (16 août 1855). Enfin, après quatre jours d'un bombardement continu, le 8 septembre, l'assaut fut donné à la tour Malakoff. Les Français s'en emparèrent après cinq heures de lutte. « J'y suis, j'y reste, » répondit le gé-

Quelles furent les souffrances des soldats? — Racontez la prise de la tour de Malakoff. — Quelles furent les con-

____

1. Après la prise de Sébastopol, le général Pélissier fut créé maréchal de France et duc de Malakoff.

néral de Mac-Mahon à ceux qui craignaient un retour offensif de l'ennemi. Les Russes évacuèrent Sébastopol et se retirèrent dans les forts situés au nord du golfe. Le siége avait duré un an.

La paix fut signée six mois après par le congrès assemblé à Paris (30 mars 1856) : la Russie renonça au protectorat des Principautés danubiennes; la navigation du Danube fut proclamée libre dans tout son parcours; la Russie consentit à une rectification de frontière qui lui enleva la bouche septentrionale du Danube; la mer Noire fut neutralisée. Enfin on arrêta les bases d'un droit maritime uniforme : la course fut abolie, et on reconnut que le pavillon neutre couvre la marchandise ennemie, excepté la contrebande de guerre.

Quelque temps après, un Français, M. Ferdinand de Lesseps, ancien diplomate, forma un projet gigantesque, consistant à réunir la Méditerranée à la mer Rouge par un vaste canal capable de recevoir les plus grands vaisseaux. On pourrait ainsi aller de Marseille à Bombay sans être obligé de passer par le cap de Bonne-Espérance, en réalisant une prodigieuse économie de temps et d'argent. M. de Lesseps obtint l'assentiment du vice-roi d'Égypte Saïd et du sultan son suzerain. La compagnie du canal de Suez fut fondée au capital de 200 millions (1858).

ditions du traité de Paris? — Donnez quelques renseignements sur l'entreprise et les travaux du canal maritime de Suez.

Les travaux durèrent dix ans (1859-1869). Le canal part de Port-Saïd sur la mer Méditerranée, traverse le lac Menzaleh, le lac Ballah, les dunes de Ferdane, le plateau d'El-Guisr, atteint Ismaïlia sur le lac Timsah, à mi-chemin entre les deux mers ; enfin il aboutit à Suez sur la mer Rouge. Sa longueur est de 40 lieues (162 kilomètres) ; sa profondeur, d'environ 8 m. 50 c.; sa largeur varie de 60 à 100 mètres.

Pour rester maîtres du passage, les Anglais, qui possédaient déjà depuis 1840 la forte place d'Aden, au sud de l'Arabie, près du détroit de Bab-el-Mandeb, occupèrent l'île de Périm, au point le plus resserré de ce détroit, commandant ainsi l'entrée de la mer Rouge.

CHAPITRE XXVII.

Soumission de la Grande Kabylie. Expédition anglo-française en Chine ; le Japon ouvert aux Européens. Conquête d'une partie de la Cochinchine. — Guerre d'Italie. Sommation de l'Autriche à la Sardaigne. Intervention de la France. — Batailles de Magenta et de Solférino. Entrevue de Villafranca et traité de Zurich. Annexion de la Savoie et du comté de Nice à la France.

79. Soumission de la Grande Kabylie. Expédition anglo-française en Chine ; le Japon ouvert aux Européens. Conquête d'une partie de la Cochinchine. — Depuis la soumission d'Abd-el-Kader, les

QUESTIONS. 79. Quels furent les résultats des expéditions

progrès des Français en Algérie n'avaient plus été interrompus. Les montagnards de la Grande Kabylie, placés dans la chaîne du Djurjura, à l'est d'Alger, entre cette ville et Bougie, furent attaqués en 1851 et obligés de payer tribut. Au sud de l'Algérie, les oasis de Zaatcha (1849) et de Laghouat (1852) tombèrent en notre pouvoir. Un soulèvement des Kabyles fut étouffé en 1853. Ils firent une nouvelle tentative en 1857. Le maréchal Randon marcha contre eux avec 25,000 hommes, les défit entièrement, et construisit un fort pour assurer leur soumission.

Vers le même temps, les armes françaises eurent à intervenir dans l'Asie orientale. A la suite d'une première guerre entre l'Angleterre et la Chine, amenée par le refus du gouvernement chinois de permettre l'importation de l'opium, le traité de Nankin (1842) avait ouvert cinq ports du Céleste empire au commerce européen ; de plus, les Anglais avaient acquis l'île de Hong-Kong, dans la baie de Canton. Deux ans après (1844), par le traité de Wampoa, les Français avaient obtenu le libre exercice du christianisme en Chine. L'empereur Y-Ching ayant violé les engagements de son prédécesseur, en 1857, une flotte anglo-française s'empara d'abord de Canton, ensuite de Tien-tsin, vers l'embouchure du Peï-ho, sur le golfe de Pé-tchi-li. Lord Elgin, le baron Gros, y signèrent

contre la grande Kabylie? — Quelle fut la cause d'une première guerre entre les Anglais et les Chinois? — Pour-

un traité qui accordait aux Européens la liberté du commerce, la liberté religieuse et une indemnité de 30 millions (juin 1858).

Quand les ambassadeurs arrivèrent l'année suivante avec quelques navires à l'embouchure du Peï-ho pour ratifier le traité, ils furent reçus à coups de canon (1859). Cette perfidie fut punie. Au mois de mai 1860, 23,000 Anglais, commandés par sir Hope Grant, et 12,000 Français, sous les ordres du général Cousin de Montauban, débarquèrent en Chine. Les forts de Takou, à l'embouchure du Peï-ho, furent pris d'assaut (20 août 1860). A la suite de nouvelles négociations qui furent encore rompues par la perfidie des Chinois, l'armée anglo-française gagna les batailles de Tong-tcheou et de Palikao (18-21 septembre 1860). Le palais d'été de l'empereur de la Chine, aux portes de Pékin, fut pris, pillé, livré aux flammes. Le prince Kong, frère de l'empereur, ouvrit Pékin aux vainqueurs. Les traités de Tien-tsin furent ratifiés et les Européens obtinrent une indemnité de 50 millions.

A l'est de la Chine s'étend l'empire insulaire du Japon, dont la population s'élève à 34 millions d'habitants, et qui comprend les îles de Niphon, Sikokf, Kiou-siou et Yéso. Ce pays était gouverné par le *shogun*, chef des *daïmios* ou

quoi les hostilités furent-elles reprises? — Racontez les divers incidents de l'expédition anglo-française. — Donnez quelques renseignements sur le Japon. — Quelles conces-

seigneurs. Le shogun, que les Européens désignaient sous le nom impropre de *taïkoun*, avait réduit à une autorité nominale le souverain légitime ou *mikado*. Le Japon était fermé aux nations étrangères. Seuls les Hollandais avaient pu obtenir d'être admis dans l'îlot de Deshima, près de Nangasaki, au prix de formalités humiliantes. En 1858, l'Angleterre, la France, la Russie et les États-Unis se firent enfin concéder l'ouverture de quatre ports, la liberté du commerce et le libre exercice du christianisme.

Sur un autre point de l'Asie, dans la Cochinchine, Tu-duc, empereur d'Annam, ayant fait massacrer des missionnaires français et espagnols, le vice-amiral Rigault de Genouilly, à la tête d'une escadre franco-espagnole, s'empara de Tourane et de Saïgon (1858). En 1861 l'amiral Charner conquit *Mytho,* et le contre-amiral Bonnard prit Bienhoa, puis Vinhlong (1862). Par le traité du 5 juin 1862, Tu-duc céda à la France les trois provinces de Saïgon, Bienhoa et Mytho, auxquelles ont été ajoutées en 1867 celles de Chaudoc, Hatien et Vinhlong.

80. Guerre d'Italie. Sommation de l'Autriche à la Sardaigne. Intervention de la France. — A la suite de la révolution de 1848 en Italie, le royaume Lombard-Vénitien était retombé sous la domination de l'Autriche ; le gouvernement

sions les Européens obtinrent-ils du gouvernerment japonais ? — Dans quelles circonstances la France fit-elle des acquisitions de territoire en Cochinchine ? — 80. Quelles

absolu avait été rétabli dans les Deux-Siciles et la Toscane, à Parme et à Modène. Seul le Piémont, sous le roi Victor-Emmanuel et son ministre le comte de Cavour, avait conservé des institutions constitutionnelles. En **1855**, pendant la guerre d'Orient, le Piémont fit alliance avec la France et l'Angleterre. L'année suivante, au congrès de Paris, M. de Cavour se plaignit de l'occupation permanente de la Romagne, des légations et des duchés par les Autrichiens. Dans la chambre des députés, à Turin, on s'élevait vivement contre les rigueurs de l'Autriche envers les Lombards. La cour de Vienne rappela son ambassadeur (**1857**).

De tous les points de la péninsule, les Italiens tournèrent leurs regards vers le Piémont. Une souscription nationale s'ouvrit pour acheter des canons et armer la citadelle d'Alexandrie. Dirigé par Cavour, Victor-Emmanuel s'unit étroitement avec le gouvernement français. Le **31** janvier **1859**, le prince Napoléon, fils de l'ancien roi de Westphalie Jérôme, épousa la princesse Marie-Clotilde, fille de Victor-Emmanuel. L'Autriche concentra aussitôt une armée sur la frontière sarde et envoya le **22** à Turin un *ultimatum* qui demandait le désarmement immédiat du Piémont. Le gouvernement français déclara qu'il considérerait le passage du Tessin par les Autrichiens comme une déclaration de guerre.

furent les causes de la guerre entre le Piémont et l'Autriche? — Que fit la France? — Par qui était commandée

Le feld-maréchal Giulay franchit cette rivière le 29 avril 1859.

Le 3 mai, une proclamation de Napoléon III annonça la guerre ; quinze jours après, 100,000 Français divisés en quatre corps, sous les ordres des maréchaux Baraguey d'Hilliers et Canrobert, des généraux de Mac-Mahon et Niel, étaient réunis autour d'Alexandrie. Le prince Napoléon fut envoyé à Florence pour organiser un cinquième corps, la Toscane ayant chassé son grand-duc et fait cause commune avec le Piémont.

81. Batailles de Magenta et de Solférino. Entrevue de Villafranca et traité de Zurich. Annexion de la Savoie et du comté de Nice à la France. — La première rencontre eut lieu à Montébello, où la division Forey repoussa le corps autrichien de Stadion (20 mai). Prenant ensuite l'offensive, l'armée franchit le Pô à Casal. Victor-Emmanuel, avec les Piémontais et un détachement français, passa la Sésia et fut victorieux à Mortara et à Palestro, où le 3ᵉ régiment de zouaves enleva à la baïonnette les batteries autrichiennes. Un autre corps, composé de volontaires italiens et commandé par Garibaldi, battit les Autrichiens au bord du lac Majeur et les poursuivit dans la direction de Varèse (30 mai).

Le 4 juin, les Français passèrent le Tessin et engagèrent une bataille générale. La garde impériale, qui avait traversé la rivière avec l'empe-

l'armée française ? — 81. Quelles furent les premières opérations de la guerre ? — Racontez les batailles de Ma-

reur à Buffalora, accablée par le nombre, était en péril. Le général de Mac-Mahon l'ayant franchie plus au nord, à Turbigo, prit les Autrichiens à revers et les chassa de Magenta. Cette journée coûta 25,000 hommes à l'Autriche; les Français en avaient perdu 6,000. Le général de Mac-Mahon fut proclamé maréchal de France et duc de Magenta sur le champ de bataille. Le 8 juin, les vainqueurs entrèrent dans Milan, évacué par l'ennemi. Le même jour, le corps de Baraguey d'Hilliers obtint un nouveau succès à Melegnano ou Marignan. Le duc de Modène, la duchesse de Parme et le gouverneur pontifical de Bologne quittèrent ces différentes villes, dont la population se prononça contre les gouvernements locaux et les Autrichiens.

Napoléon III et Victor-Emmanuel, à la tête de cent cinquante mille hommes, arrivèrent bientôt au bord du Mincio. Le 24 juin, l'armée autrichienne, qui s'était retirée derrière ce cours d'eau, reprit l'offensive, conduite par l'empereur François-Joseph, et livra aux alliés la bataille de Solférino. Après une longue et terrible lutte, toutes les positions des Autrichiens à Solférino, Cavriana, San-Martino, Medole, furent conquises. Un orage, qui éclata vers le soir, préserva les vaincus de la destruction. Ils avaient perdu 35,000 hommes, et les vainqueurs 12,000.

On se trouvait en présence des places fortes

genta et de Solferino. — Quelles furent les suites de

du quadrilatère : Peschiera, Mantoue, Vérone, Legnano. Napoléon craignit de voir la Prusse et la Confédération germanique se joindre à l'Autriche. Il eut le 11 juillet une entrevue à *Villafranca* avec François-Joseph. Celui-ci lui céda la Lombardie jusqu'au Mincio. Les princes dépossédés devaient rentrer dans leurs États et former avec les autres souverains italiens une confédération sous la présidence honoraire du pape. Cette convention fut ratifiée par le traité de Zurich (16 octobre-10 novembre 1859).

Les populations de la Toscane, de Modène, de Parme, de la Romagne[1], refusèrent d'entrer dans la confédération mentionnée ci-dessus et, par deux plébiscites successifs, votèrent leur réunion au Piémont (septembre 1859 et mars 1860). Le gouvernement français, en voyant les provinces italiennes s'annexer une à une au Piémont, réclama une rectification de frontières du côté des Alpes. Le comté de Nice et la Savoie furent cédés à la France le 24 mars 1860 ; les populations votèrent l'annexion, et la France compta trois départements de plus : la Savoie, la Haute-Savoie et les Alpes-Maritimes.

l'entrevue de Villafranca et les conditions du traité de Zurich? — Quels sont les pays qui furent cédés à la France?

---

1. La Romagne faisait partie des États de l'Église. Le pape protesta contre ces annexions, qui avaient été, dit-on, excitées par des menées secrètes, et qui d'ailleurs étaient contraires aux stipulations du traité de Zurich.

CHAPITRE XXVIII.

Garibaldi dans le royaume de Naples. Castelfidardo. Établissement du royaume d'Italie. — Organisation des provinces danubiennes. Les chrétiens d'Orient. Expédition française en Syrie. — Guerre du Mexique ; ses causes ; ses divers incidents. Retour de l'armée française. L'empereur Maximilien.

82. Garibaldi dans le royaume de Naples. Castelfidardo. Établissement du royaume d'Italie. — L'Italie septentrionale était tout entière annexée au Piémont. Dans le sud de la péninsule, au moment où le roi de Naples, François II, venait de succéder à son père Ferdinand II, une insurrection éclatait en Sicile (avril 1860). Garibaldi, sans consulter le gouvernement piémontais qui, du reste, le laisse agir, part de Gênes avec 1,100 volontaires pour aller au secours des insurgés siciliens. Le 11 mai, il débarque sur la plage de Marsala ; vainqueur à Calatafimi, il pénètre dans Palerme, et, avec l'aide des habitants, force la garnison à capituler (26-29 mai). Il poursuit les Napolitains en retraite, les bat à Milazzo (20 juillet) et entre à Messine.

François II, alarmé, s'était décidé à donner une constitution à ses sujets ; mais l'insurrection triomphante n'était pas disposée à céder. D'ailleurs, l'Angleterre favorisait le mouvement. Le gouvernement français, inquiet de ce qui se pas-

QUESTIONS. 82. Racontez l'expédition de Garibaldi en 10.

sait, ne sortait pas cependant du principe de non-intervention. Garibaldi franchit le détroit de Messine. A Reggio, les soldats napolitains refusèrent de se battre contre les Siciliens. Le 6 septembre, François II sortit de Naples ; le 7, Garibaldi y arrivait et organisait un gouvernement provisoire, en attendant que le roi Victor-Emmanuel vînt prendre possession de la conquête.

C'est alors qu'intervint le gouvernement piémontais ; il somma le pape de dissoudre les volontaires français, belges et autrichiens qui, sous le nom de zouaves pontificaux, formaient une petite armée pour la défense du Saint-Siége. Sur le refus qu'on lui opposa, le général Cialdini, à la tête d'une armée régulière, envahit les Etats de l'Eglise ; le 18 septembre 1860, il gagna la bataille de Castelfidardo sur l'armée pontificale, commandée par le général Lamoricière. Les zouaves, à l'exemple de leur illustre chef, s'étaient battus avec un courage héroïque : la force l'avait emporté sur le droit. L'Ombrie et les Marches furent annexées au Piémont ; Rome et ses environs, toujours occupés par les troupes françaises, restèrent seuls soumis à l'autorité de Pie IX.

L'armée piémontaise entra ensuite dans le royaume de Naples pour se joindre aux gari-

Sicile et à Naples. — Que fit le gouvernement piémontais ? — Par qui les États de l'Église furent-ils envahis ? — Racontez le combat de Castelfidardo. — Comment François II

baldiens ; ceux-ci, poursuivant leur entreprise, venaient de gagner la bataille du Vulturne sur l'armée de François II (22 septembre). Le 21 octobre, les habitants des Deux-Siciles votèrent par le suffrage universel leur annexion au Piémont. Le 7 novembre, Victor-Emmanuel entra dans Naples ; Garibaldi lui remit le pouvoir et se retira dans la petite île de Caprera, au nord-est de la Sardaigne. François II s'était renfermé dans la place forte de Gaëte ; après une résistance de quatre mois, il fut contraint d'en sortir, et la ville ouvrit ses portes aux Piémontais. Le 18 janvier 1861, le parlement réuni à Turin proclama Victor-Emmanuel *roi d'Italie*. M. de Cavour mourut le 6 juin de la même année.

Venise, occupée par les Autrichiens, et Rome, où les Français protégeaient l'autorité du Saint-Père, restaient en dehors du nouvel Etat. Garibaldi, à la tête de volontaires rassemblés en Sicile, ayant voulu marcher sur Rome, fut blessé dans une rencontre avec les troupes italiennes, qui lui barrèrent le passage à Aspromonte (août 1862). Le 15 septembre 1864, aux termes d'une convention conclue entre les gouvernements de Napoléon III et de Victor-Emmanuel, il fut convenu que les Français évacueraient Rome en 1866. L'Italie s'engageait à empêcher toute attaque contre les Etats de l'Eglise. Florence remplaçait Turin comme capitale.

perdit-il son royaume? — Quelle convention fut conclue

83. Organisation des provinces danubiennes. Les chrétiens d'Orient. Expédition française en Syrie. — Le gouvernement français, depuis la guerre de Crimée, avait eu deux fois l'occasion d'intervenir en Orient. Dans la conférence réunie à Paris pour régler l'organisation de la Moldavie et de la Valachie, il fit triompher les vœux des populations (19 août 1858). Il fut convenu que la Moldavie et la Valachie porteraient le nom de *Principautés unies du Danube*, qu'elles auraient les mêmes lois, tout en formant deux Etats distincts gouvernés chacun par un hospodar élu par le suffrage universel et confirmé par la Sublime-Porte. Les habitants, auxquels cette convention n'accordait qu'une demi-satisfaction, l'éludèrent en nommant à la fois pour *hospodar*, dans les deux Etats, le prince Couza. Il a depuis été renversé par une révolution le 23 février 1866, et remplacé par le prince Charles de Hohenzollern. Les principautés danubiennes portent aujourd'hui le nom de *Roumanie*.

Après le traité de Paris de 1866, les puissances occidentales, qui avaient protégé la Turquie contre les Russes, obtinrent du sultan la liberté religieuse pour ses sujets chrétiens; mais le gouvernement turc ne sut pas se faire obéir de ses sujets musulmans. Plusieurs Européens furent assassinés à Djeddah, en Arabie, dès 1858; en 1860,

entre Napoléon III et Victor-Emmanuel? — 83. Donnez quelques détails sur l'organisation des provinces danubiennes. — Quel était le sort des chrétiens dans les pro-

les montagnards druses de Syrie, unis aux Arabes, se jetèrent sur les villages habités par les Maronites chrétiens et commirent d'horribles massacres, sous les yeux des magistrats turcs impuissants ou complices. La France, avec l'assentiment du reste de l'Europe, envoya en Syrie, au mois d'août 1860, 6,000 soldats sous les ordres du général Beaufort d'Hautpoul; ils y restèrent jusqu'à ce que le pays fût pacifié et la sécurité rétablie (5 juin 1861).

84. Guerre du Mexique; ses causes; ses divers incidents. Retour de l'armée française. L'empereur Maximilien. — La même année vit commencer au delà des mers une entreprise malheureuse. La république du Mexique avait été, depuis qu'elle s'était soustraite à la domination espagnole, troublée par des guerres civiles fréquentes. Miramon, président de la république en 1859, avait contracté à la banque suisse Jecker un emprunt de 75 millions de francs. Juarez, son rival, qui le remplaça au pouvoir après une lutte acharnée (1861), refusa de reconnaître la validité de cet emprunt contracté par son prédécesseur, et des demandes d'indemnités réclamées par les nationaux des puissances étrangères. Jecker se fit alors naturaliser Français. La France, de concert avec l'Angleterre et l'Espagne, qui présentaient également des réclamations pécuniaires au nom de leurs nationaux, envoya des

vinces d'Orient soumises à la Turquie? — Racontez l'expédition française en Syrie. — 84. Quelles furent les causes

troupes au Mexique. La Vera-Cruz fut occupée. Après ce résultat, les Anglais et les Espagnols acceptèrent les indemnités offertes par le Mexique et se retirèrent.

Le gouvernement français, ayant refusé de traiter, continua seul la lutte. Elle débuta par un échec : le général de Lorencez fut repoussé à l'attaque du fort de Guadalupe, sous les murs de Puébla (5 mai 1862). Le général Forey, envoyé au Mexique avec un renfort de troupes, prit Puébla après deux mois de siége (18 mars-17 mai 1863) et entra dans Mexico (5 juin). Nommé maréchal de France, il fit décréter par une junte l'établissement d'un empire au Mexique, et peu après il était remplacé par le maréchal Bazaine dans le commandement de l'armée française. L'archiduc Maximilien, frère de l'empereur d'Autriche et mari de la princesse Charlotte, fille du roi des Belges, fut, sur la proposition de Napoléon III, nommé empereur du Mexique.

Juarez s'était retiré dans le nord, où il organisa la résistance avec ses partisans : de tous côtés se formèrent des guérillas, comme dans la guerre d'Espagne en 1808. La lutte dura quatre ans, lutte impitoyable pendant laquelle les troupes françaises, malgré leur courage et leur dévouement, eurent beaucoup à souffrir sous un climat meurtrier. Cependant de graves dissentiments s'étaient élevés entre l'empereur Maximilien et le maréchal Bazaine ; de plus, en France, à la

de la guerre du Mexique? — Racontez les divers incidents

chambre des députés, on demandait avec instance la fin d'une guerre qui décimait nos soldats et obérait nos finances. Le gouvernement français, à la suite d'une intervention diplomatique des États-Unis, se décida à rappeler l'armée; elle quitta le Mexique en **1867**. L'empereur Maximilien continua la lutte contre ses adverversaires; la fortune lui fut contraire. Obligé de s'enfermer dans Queretaro, il fut trahi et livré, avec les généraux Miramon et Mejia, à un des lieutenants de Juarez. Le malheureux prince et ses deux compagnons, immédiatement traduits devant un conseil de guerre, furent condamnés à mort et fusillés[1]. Juarez reprit l'exercice du pouvoir comme président de la république, mais la guerre civile ne tarda pas à désoler encore le Mexique.

de cette guerre. — Comment se termina-t-elle? — Quel fut le sort de Maximilien?

1. La veuve de Maximilien, la princesse Charlotte, était revenue en Europe avant le triste dénoûment de la guerre. Lorsqu'elle apprit la mort de son époux, sa douleur fut si grande qu'elle perdit la raison.

CHAPITRE XXIX.

Rivalité de la Prusse et de l'Autriche. Les duchés danois. Guerre contre le Danemark. — Guerre entre la Prusse et l'Autriche : bataille de Sadowa. Traité de Pragué. Confédération de l'Allemagne du Nord. — Histoire intérieure de l'empire français de 1859 à 1867. Question du grand-duché de Luxembourg. Exposition universelle de 1867.

85. Rivalité de la Prusse et de l'Autriche. Les duchés danois. Guerre contre le Danemark. — Après l'avortement de la révolution de 1848 en Allemagne, la Confédération germanique avait été rétablie. L'ancienne diète était revenue siéger à Francfort-sur-le-Mein, et la rivalité de la Prusse et de l'Autriche avait recommencé. Le pouvoir absolu avait été restauré dans tous les Etats allemands, excepté en Prusse, où Frédéric-Guillaume IV (1840-1861) accorda une constitution à ses sujets en 1850. L'empereur d'Autriche François-Joseph fut obligé d'en faire autant dans ses Etats après la guerre d'Italie, et dut finir aussi par reconnaître l'autonomie du royaume de Hongrie avec une diète et un ministère particuliers (1859-1867).

Le 2 janvier 1860, la mort de Frédéric-Guillaume IV appela au trône de Prusse son frère Guillaume Ier. Le nouveau roi prit pour ministre

QUESTIONS. 85. Qu'était-il advenu en Allemagne après l'avortement de la révolution de 1848? — Quel prince succéda à Frédéric-Guillaume IV sur le trône de Prusse? —

10.

M. de Bismarck, homme d'une grande intelligence et d'une rare énergie, mais peu scrupuleux en politique, et qui professait ce principe que « la force prime le droit. » Son but était d'établir l'unité allemande sous [la suprématie de la Prusse. Malgré l'opposition de la chambre des députés, le budget de la guerre fut sans cesse augmenté. Depuis le 3 septembre 1814, tout Prussien était soumis au service militaire, de 20 à 25 ans dans l'armée active ; de 25 à 39 dans la landwehr ; de 39 à 50 dans la landsturm. Les soldats prussiens, seuls en Europe, étaient armés de fusils se chargeant par la culasse, et par conséquent à tir rapide. Le feld-maréchal de Moltke, chef d'état-major de l'armée prussienne, était un tacticien d'un mérite supérieur.

Christian IX, qui était monté sur le trône de Danemark en 1863, voulut établir dans ses États une administration uniforme. Les habitants des duchés de Lauenbourg et de Holstein, qui, tout en étant ses sujets, faisaient partie de la Confédération germanique, réclamèrent contre le roi de Danemark l'appui de la diète de Francfort. Celle-ci prit en main leur cause et fit occuper les deux duchés par des troupes allemandes, sans résistance de la part des Danois, qui s'arrêtèrent à la frontière du Sleswig, en déclarant qu'ils ne permettraient pas aux Allemands d'aller plus loin.

Quel homme le nouveau roi prit-il pour ministre ? — Quels furent les motifs d'une intervention armée de la Prusse et

C'est alors que, sans consulter la diète, la Prusse intervint et attaqua les Danois. L'Autriche n'osa ni s'opposer aux Prussiens ni rester neutre : elle se joignit à eux pour surveiller et limiter leur action. Le 1er février 1864, les Prussiens du feld-maréchal Wrangel et les Autrichiens du général de Gablentz franchirent l'Eider ; le 6, ils forcèrent le passage des lignes du Danewerke. Battus à Oversee et chassés de Flensbourg, les Danois se retirèrent à Duppel, forte position en face de la forteresse de Sonderbourg, qui est située elle-même dans l'île d'Alsen. Après une résistance héroïque qui dura du 14 février au 18 avril 1864, les Danois furent écrasés par le nombre et chassés de Duppel. L'Angleterre proposa à la France une intervention commune en faveur du Danemark ; mais c'était le moment de l'expédition du Mexique : Napoléon ne put agir. Par le traité du 30 octobre 1864, le Danemark, abandonné, dut céder à la Prusse et à l'Autriche le Holstein, le Sleswig, le Lauenbourg.

86. Guerre entre la Prusse et l'Autriche ; bataille de Sadowa. Traité de Prague. Confédération de l'Allemagne du Nord. — Une grave question restait à décider entre les vainqueurs. Qu'allaient-ils faire de leurs conquêtes ? Les Holsteinois désiraient former un Etat particulier sous la souveraineté du duc Frédéric d'Augustembourg : leurs vœux

de l'Autriche en Danemark ? — Quels sont les territoires que le roi de Danemark fut forcé de céder ?—86. La Prusse

ne furent pas écoutés. Aux termes du traité de Gastein, entre les cours de Vienne et de Berlin, le Lauenbourg fut cédé à la Prusse ; il fut convenu que le Holstein serait administré par l'Autriche et le Sleswig par la Prusse (14 août 1865). Mais que fallait-il entendre par ces mots *administrer les duchés* ? L'Autriche refusa de vendre le Holstein à la Prusse et y permit des manifestations en faveur du duc d'Augustembourg. Résolu dès lors à la guerre, M. de Bismarck conclut une alliance offensive contre les Autrichiens avec l'Italie, qui voulait s'emparer de la Vénétie. Une intervention diplomatique de la France aurait pu encore prévenir la lutte qui se préparait : Napoléon III déclara le 12 juin 1866, dans une lettre à M. Drouyn de Lhuys, que la France resterait neutre. Déjà les Prussiens avaient envahi le Holstein. Le 11 juin, la diète de Francfort, sur la demande de l'Autriche, vota la mobilisation de toute l'armée fédérale, à l'exception des contingents prussiens. Ce fut le signal de la guerre.

Au pied des Alpes, l'armée italienne, commandée par Victor-Emmanuel et le général Lamarmora, perdit contre les Autrichiens, sous les ordres de l'archiduc Albert, la bataille de Custozza (24 juin 1866) ; la flotte italienne de l'amiral Persano fut également vaincue devant l'île de Lissa, dans l'Adriatique, par la flotte autrichienne, que commandait l'amiral Tegethoff.

et l'Autriche purent-elles s'entendre après leurs succès ? — Racontez les diverses incidents de la guerre entre ces deux

Malgré leurs revers, les Italiens avaient retenu 140,000 Autrichiens en Vénétie. Cette diversion favorisa les succès de la Prusse en Allemagne. Une première armée prussienne, commandée par le prince Frédéric-Charles, envahit la Saxe (16 juin), occupa Dresde, pénétra en Bohême et battit les Autrichiens dans plusieurs rencontres (26 juin-1er juillet). Une seconde armée, sous les ordres du prince royal, sortit de Silésie, envahit la Bohême au nord-est et repoussa partout les Autrichiens (27-29 juin). Le 3 juillet, les deux armées prussiennes, réunies sous les ordres du roi Guillaume et de M. de Moltke, au nombre de 250,000 hommes avec 750 pièces de canon, gagnèrent sur les Autrichiens, commandés par le feld-maréchal Benedek, la bataille décisive de Kœniggratz ou de Sadowa. Trois semaines plus tard, les Prussiens étaient devant Vienne. Dans l'ouest de l'Allemagne, ils avaient occupé le Hanovre, le Nassau, les deux Hesses, pris Francfort et dispersé la diète.

L'intervention diplomatique de la France fit signer les préliminaires de Nikolsbourg (26 juillet), bientôt suivis du traité de Prague (24 août 1866). L'Autriche abandonnait la Vénétie, au gouvernement français, qui la remit aux Italiens ; elle payait à la Prusse une contribution de guerre de 40 millions de thalers, renonçait en faveur de la

puissances. — Sous quel rapport les Prussiens étaient-ils supérieurs aux Autrichiens? — Racontez la bataille de Sadowa. — Quelles furent les conditions du traité de Prague?

Prusse à la possession du Sleswig-Holstein et à toute intervention dans les affaires d'Allemagne. La Confédération germanique était dissoute ; tous les Etats situés au nord du Mein formaient une confédération nouvelle sous la direction de la Prusse. De plus, les Prussiens restaient désormais sans contestation les maîtres du Hanovre, de l'électorat de Hesse-Cassel, du duché de Nassau, et de la ville de Francfort-sur-le-Mein, dont ils avaient pris possession pendant la guerre.

87. Histoire intérieure de l'Empire français de 1859 à 1867. Question du grand-duché de Luxembourg. Exposition universelle de 1867. — Depuis que l'esprit libéral s'était réveillé en France, les embarras du gouvernement impérial n'avaient cessé de grandir. Pour donner satisfaction à l'opinion publique, Napoléon III avait, le 15 août 1859, accordé une amnistie à toutes les personnes condamnées pour crimes ou délits politiques. L'année suivante, il signa avec l'Angleterre un traité de commerce qui établissait presque entièrement le libre échange entre les deux pays (22 janvier 1860). Le 24 novembre suivant, un décret rendit publiques les séances du Corps législatif et autorisa les journaux à reproduire le compte rendu des débats des deux chambres ; chacune d'elles dut à l'avenir discuter et voter chaque année une adresse en réponse au discours du trône.

Les élections de 1863 envoyèrent au Corps

—87. Quels sont les principaux faits de 1859 à 1863 pour

législatif trente-cinq députés de l'opposition, parmi lesquels MM. Thiers, Jules Favre, Ernest Picard, Émile Ollivier, Hénon, Berryer, Marie, Lanjuinais, Pelletan, Jules Simon. Pendant la session de 1864, le chef du ministère, M. Rouher, eut à soutenir les plus vives discussions contre les députés de l'opposition; le ton des journaux était également devenu plus agressif. L'année 1865 vit disparaître deux des plus zélés défenseurs de l'Empire : M. de Morny, président du Corps législatif, et le maréchal Magnan.

En 1866, quarante-cinq députés proposèrent un amendement libéral à l'adresse du Corps législatif. Au moment où la guerre entre l'Autriche et la Prusse fut sur le point d'éclater, M. Thiers insista énergiquement à la tribune pour que la France usât de son influence dans l'intérêt de la paix; sa voix ne fut pas écoutée. Lorsque la bataille de Sadowa eut confirmé les craintes de l'illustre homme d'Etat, Napoléon III, fort embarrassé pour occuper l'attention publique, rendit le décret du 19 janvier 1867, qui supprimait l'adresse annuelle, mais accordait aux députés le droit d'interpeller le gouvernement.

Quelques mois après, l'empereur voulut acquérir du roi de Hollande Guillaume III, le grand-duché de Luxembourg, qui avait fait partie de la Confédération germanique et se trouvait encore occupé par une garnison prussienne. La Prusse s'opposa résolûment à cette vente; elle

la situation intérieure de la France? — Comment fut réglée

consentit à évacuer Luxembourg, mais à condition que les fortifications seraient démolies et que le roi de Hollande en resterait souverain.

Napoléon espéra faire oublier cet échec par le succès de l'Exposition universelle de 1867. Elle s'ouvrit le 1ᵉʳ avril. On y compta 60,000 exposants. Les empereurs de Russie et d'Autriche, le roi de Prusse, le sultan, le khédive d'Egypte, furent au nombre des visiteurs. Pendant son séjour à Paris, l'empereur de Russie Alexandre II échappa à une tentative de meurtre dirigée contre lui par un jeune Polonais nommé Bérézowski.

Au mois d'octobre de la même année, Garibaldi, à la tête de volontaires italiens, ayant voulu attaquer Rome, que les Français avaient évacuée en 1866, un corps d'armée commandé par le général de Failly fut envoyé au secours du Saint-Père et repoussa les garibaldiens à Mentana (3 novembre 1867).

la question du grand-duché de Luxembourg? — Donnez quelques détails sur l'exposition universelle de 1867. — Quelle tentative le général Garibaldi fit-il?— Par qui fut-il repoussé?

CHAPITRE XXX.

Réorganisation de l'armée; création de la garde nationale
mobile. Élections générales de 1869. Plébiscite de 1870. —
Déclaration de guerre à la Prusse. Les premiers combats.
Convocation des Chambres à Paris.—Capitulation de Sedan.
Révolution du 4 septembre; le Gouvernement de la défense
nationale. Investissement de Paris.

**88. Réorganisation de l'armée; création de la
garde nationale mobile. Elections générales de 1869.
Plébiscite de 1870.** — Les événements militaires
qui s'étaient accomplis en Europe dans les dernières années appelèrent l'attention du gouvernement français sur la réorganisation de l'armée.
Une nouvelle loi militaire, proposée par le maréchal Niel, fut votée le 14 janvier 1868. Aux termes de cette loi, tous les jeunes gens parvenus à
leur vingtième année devaient tirer au sort : ceux
qui appartenaient à la première partie du contingent serviraient neuf ans, cinq ans dans l'armée
active, quatre ans dans la réserve; ceux qui
appartiendraient à la seconde seraient compris
jusqu'à vingt-six ans dans la garde nationale
mobile, destinée à concourir à la défense du territoire avec l'armée, en cas de guerre. Les troupes
furent armées du fusil Chassepot, se chargeant
par la culasse.

Dans la même session une nouvelle loi sur la

QUESTIONS. 88. Donnez quelques détails sur la création
de la garde nationale mobile. — Que se passa-t-il à Paris

presse fut votée : elle permettait de fonder des journaux sans l'autorisation du gouvernement. Une autre loi permit l'ouverture de réunions publiques. Ces concessions ne satisfirent qu'imparfaitement l'opinion publique. Les adversaires du gouvernement s'en servirent pour l'attaquer avec violence dans leurs écrits. Le plus virulent de tous était la *Lanterne*, pamphlet hebdomadaire composé par M. Henri Rochefort; les condamnations qui le frappèrent ne firent qu'augmenter la publicité de ses écrits. A la suite d'une manifestation sur le tombeau du représentant Baudin, tué en résistant au coup d'Etat de décembre 1851, un procès dirigé contre les manifestants, donna à un jeune avocat, M. Gambetta, défenseur de l'un d'eux, l'occasion de prononcer un discours qui eut un grand retentissement.

Les élections générales de 1869 augmentèrent le nombre des députés de l'opposition : MM. Bancel, Jules Simon, Gambetta, Raspail, Jules Ferry, Rochefort, furent au nombre des élus. Des scènes tumultueuses suivirent à Paris les élections : des collisions eurent lieu dans les rues entre la foule et la police. Il y eut des poursuites contre les journaux et des arrestations nombreuses. 116 députés ayant demandé que le gouvernement fût modifié dans un sens libéral, un sénatus-consulte du 8 septembre accorda la responsabilité ministérielle, le vote du budget par article, l'initiative des lois au Corps

après les élections générales de 1869? — Comment était

législatif, avec le droit de nommer son président. Le 27 décembre, tous les ministres donnèrent leur démission.

Le 2 janvier 1870, M. Emile Ollivier, ancien député de l'opposition, devint garde des sceaux et chef du cabinet, avec MM. Daru, Buffet, Chevandier de Valdrôme, Segris, Louvet, de Talhouët, le maréchal Lebœuf et l'amiral Rigaut de Genouilly pour collègues. Le nouveau cabinet s'annonça comme un cabinet libéral. Huit jours après sa nomination, le 10 janvier, un jeune journaliste, Victor Noir, venu avec M. Ulric de Fonvielle pour demander, au nom de M. Pascal Grousset, une réparation par les armes au prince Pierre Bonaparte, fils de Lucien Bonaparte et cousin de l'empereur, fut tué par lui dans sa maison, à Auteuil, d'un coup de révolver; traduit devant la haute cour de Tours, le meurtrier déclara qu'il avait été souffleté par la victime et fut acquitté. Une collision avait failli éclater le 12 janvier entre les soldats et la foule qui suivait les funérailles de Victor Noir.

L'Empire se sentait de plus en plus menacé par ses adversaires et délaissé par l'opinion publique. Le 20 avril 1870, un nouveau sénatus-consulte fut présenté aux chambres et soumis à la sanction du suffrage universel. En voici les termes : « Le peuple approuve les réformes libérales opérées dans la constitution depuis 1860

composé le ministère du 2 janvier? — Donnez quelques ren-

par l'Empereur, avec le concours des grands corps de l'Etat, et ratifie le sénatus-consulte du 20 avril 1870. » Le plébiscite donna les résultats suivants : 7,358,786 *oui* et 1,571,939 *non,* avec 113,978 *bulletins nuls* [1].

89. Déclaration de guerre à la Prusse. Les premiers combats. Convocation des Chambres à Paris. — Deux mois après le plébiscite la guerre éclatait. Le gouvernement impérial comptait sur une lutte victorieuse contre la Prusse pour faire taire toute opposition. Et cependant l'armée prussienne était plus nombreuse que la nôtre, mieux équipée, pourvue d'une artillerie supérieure (ses canons Krupp se chargeant par la culasse) ; elle était commandée par d'excellents généraux et dirigée par un tacticien hors ligne, M. de Moltke. Le roi Guillaume, habilement inspiré par M. de Bismarck, pouvait compter sur la neutralité bienveillante de son neveu le czar Alexandre II. La France n'avait pas d'alliés.

En 1868, la reine d'Espagne Isabelle II avait été renversée par une révolution. Les cortès, dirigées par les généraux Prim et Serrano, offrirent la couronne au prince Léopold de Hohenzollern-Sigmaringen, parent du roi de Prusse (juillet 1870). Napoléon III s'opposa à cette candidature, et, sur sa demande, le roi de Prusse conseilla au

seignements sur le plébiscite de 1870. — 89. Sous quel rapport la Prusse était-elle supérieure à la France en cas de

---

1. Trois membres du ministère Ollivier, MM. Daru, Buffet et de Talhouët donnèrent leur démission lors du plébiscite.

prince Léopold de la refuser; celui-ci obéit. Alors le gouvernement français exigea que Guillaume lui garantît que cette candidature ne se reproduirait jamais. Le roi de Prusse repoussa cette mise en demeure, sans but désormais, par suite de la renonciation de son cousin. Mais le gouvernement français voulait la guerre; elle fut déclarée le 19 juillet.

L'empereur, quoique souffrant déjà de la maladie à laquelle il devait bientôt succomber, se mit à la tête de l'armée, accompagné de son fils, le jeune prince impérial; mais inférieurs en nombre, disséminés sur une longue étendue de frontière et manquant de tout, les Français perdirent quinze jours au début des hostilités. Le 2 août, une escarmouche insignifiante, que les journaux officieux transformèrent en victoire, eut lieu à Sarrebruck. Deux jours après, une armée allemande, commandée par le prince royal de Prusse envahit l'Alsace à l'est des Vosges; la division française Douay fut accablée, et son chef tué à Wissembourg (4 août). Le surlendemain, le corps entier du maréchal de Mac-Mahon fut écrasé par le nombre à la bataille de Wœrth, nommée aussi de Frœschwiller ou de Reichshoffen; les cuirassiers se dévouèrent héroïquement pour arrêter l'ennemi et couvrir la retraite. Les Français se retirèrent sur Châlons.

guerre? — Dans quelles circonstances la guerre fut-elle déclarée? — Racontez les premiers combats et leurs résultats.

A l'ouest des Vosges, en **Lorraine**, sur la Sarre, le corps du général Frossard fut battu le 6 août à Forbach ou Spickeren par une autre armée prussienne. A la nouvelle de ces revers, l'émotion fut profonde à Paris. L'impératrice régente dut convoquer les Chambres le 9 août. Le Corps législatif renversa par un vote de défiance le ministère Ollivier, qui fut remplacé par un cabinet que présida le général de **Montauban**, comte de Palikao ; l'Assemblée vota aussi le rappel sous les drapeaux des anciens soldats, de 25 à 35 ans, la réorganisation de la garde nationale et un emprunt d'un milliard. Le corps d'occupation de Rome fut rappelé ; aussitôt les Italiens entrèrent dans cette ville, dont ils firent leur capitale. L'Empereur quitta Metz pour rejoindre au camp de Châlons les débris du corps de Mac-Mahon.

90. Capitulation de Sedan. Révolution du 4 Septembre ; le gouvernement de la Défense nationale. Investissement de Paris. — Le maréchal Bazaine, proclamé commandant en chef de l'armée repliée autour de Metz sur les deux rives de la Moselle, se laissa tourner et envelopper par les Prussiens. Les trois terribles batailles de **Borny**, **Rézonville** et **Gravelotte**, où les Français firent des prodiges de valeur (**14, 16, 18 août**), n'eurent aucun résultat pour eux. Au lieu de se replier sur Verdun et Châlons pour rejoindre **Mac-Mahon**,

—Quelles mesures furent prises par le Corps législatif?—
90. Comment le maréchal Bazaine opérait-il autour de

Bazaine, guidé par des motifs d'ambition personnelle, voulut se réserver pour l'avenir; il resta immobile et fut bloqué par l'armée du prince Frédéric-Charles.

Une nouvelle armée avait été organisée au camp de Châlons sous les ordres du maréchal de Mac-Mahon. Au lieu de la ramener sur Paris pour défendre la capitale, l'Empereur. qui craignait une révolution, la lança vers l'est à la rencontre de Bazaine (21 août). Elle se dirigea vers la Meuse et la passa le 30. Un des corps de cette armée, commandé par le général de Failly, fut surpris et culbuté à Beaumont. Le 31 août, l'armée arriva à Sedan. Elle avait devant elle une armée prussienne commandée par le roi Guillaume. Une autre, aux ordres du prince royal, la prit à revers en débouchant du sud au nord sur ses derrières. Le 1er septembre, 110,000 Français, entourés par 240,000 Allemands, perdirent la bataille de Sedan. Le maréchal de Mac-Mahon fut blessé et remplacé successivement par les généraux Ducrot et Wimpfen. Le soir, l'Empereur fit arborer le drapeau blanc et remit son épée au roi de Prusse. La capitulation de Sedan livra aux Prussiens toute l'armée française, 84,000 prisonniers ! L'Empereur fut interné au château de Wilhemshohe, près de Cassel.

Quand la nouvelle arriva que Napoléon III s'était rendu aux Prussiens, une révolution

Metz? — Que fit le maréchal de Mac-Mahon avec son armée? — Racontez la capitulation de Sedan. — Que se passa-t-il

éclata à Paris le 4 septembre. La République fut proclamée à l'Hôtel-de-Ville. Les députés de Paris, MM. Emmanuel Arago, Crémieux, Jules Favre, Jules Ferry, Gambetta, Garnier-Pagès, Glais-Bizoin, Eugène Pelletan, Ernest Picard, Henri Rochefort, Jules Simon, formèrent le *gouvernement de la Défense nationale;* ils s'adjoignirent et prirent pour président le général Trochu, gouverneur de Paris.

Cependant les Allemands s'avançaient à marches forcées vers Paris pour en faire le siége. Les gardes mobiles de la Seine, la garde nationale et le corps du général Vinoy, revenu de Mézières après avoir échappé au désastre de Sedan, durent défendre la capitale sous les ordres des généraux Ducrot et Vinoy. On essaya pourtant de traiter. M. Jules Favre avait dit dans une circulaire aux puissances étrangères : « Nous ne céderons ni un pouce de notre territoire ni une pierre de nos forteresses. » Il eut une entrevue inutile à Ferrières avec M. de Bismarck. Le 19 septembre, les Prussiens étaient devant Paris. Après un combat sur les hauteurs de Châtillon, dans lequel ils eurent l'avantage, ils occupèrent Versailles, où le roi Guillaume établit son quartier général. Alors le siége de Paris commença : il devait durer cinq mois.

à Paris? — Quels furent les membres du gouvernement de la défense nationale?—Quel fut le résultat de la démarche de M. Jules Favre auprès de M. de Bismark? — A quel moment Paris fut-il investi par les Prussiens — Combien de temps le siége devait-il durer?

CHAPITRE XXXI.

Reddition de Strasbourg et de Metz. Opérations de la guerre autour de Paris et dans les provinces. Batailles de Coulmiers et du Mans. — Capitulation de Paris. L'Assemblée de Bordeaux et de Versailles. M. Thiers chef du pouvoir exécutif; traité de Francfort. — La Commune insurrectionnelle à Paris. Le maréchal Mac-Mahon président de la république. Les lois constitutionnelles.

91. Reddition de Strasbourg et de Metz. Opérations de la guerre autour de Paris et dans les provinces. Batailles de Coulmiers et du Mans. — Cependant les Prussiens avaient partout l'avantage. Strasbourg, bombardé dès le 15 août, fut défendu quarante-deux jours par le général Uhlrich et le préfet E. Valentin, qui était entré dans la ville sous le feu de l'ennemi, en traversant les fossés à la nage; la ville capitula le 28 septembre. En même temps, après les combats de Toury et d'Artenay, les Prussiens occupaient Orléans. C'est alors que, le 7 octobre, M. Gambetta partit de Paris en ballon pour aller à Tours rejoindre MM. Crémieux et Glais-Bizoin et organiser la résistance en province, avec l'aide de M. de Freycinet. Il mobilisa les gardes nationales. Trois armées furent formées : celle de la Loire, sous le général d'Aurelle de Paladines; celle du Nord,

QUESTIONS. 91. Combien de temps la ville de Strasbourg résista-t-elle? — Quelles sont les armées qui furent orga-

sous le général Faidherbe ; enfin celle des Vosges.

On reçut alors une nouvelle désastreuse. Le maréchal Bazaine, qui depuis le 18 août était cerné dans Metz par le prince Frédéric-Charles, était resté immobile. Quels étaient les motifs de cette inaction ? on ne les connaissait pas. Il se laissa jouer par les Allemands et réduire à la famine. Le 27 octobre il capitula. La capitulation de Metz livra aux Prussiens 173,000 prisonniers, 3 maréchaux de France, une immense artillerie, et les drapeaux de l'armée, à l'exception de ceux que les soldats brûlèrent eux-mêmes pour les soustraire à l'ennemi.

Quand on apprit à Paris cette douloureuse capitulation, un mouvement révolutionnaire y éclata. Il n'y avait eu dans le mois d'octobre que deux combats, à Bagneux et à la Malmaison (13-21 octobre). Les radicaux, excités par Blanqui, Félix Pyat, Gustave Flourens, Delescluze, Millière, reprochaient au général Trochu son inaction. A la nouvelle de la capitulation de Metz, qui coïncidait avec un sanglant échec éprouvé sous les murs de Paris par les Français au Bourget, des gardes nationaux de Belleville se portent sur l'Hôtel-de-Ville et y retiennent prisonnier le gouvernement de la Défense nationale (31 octobre). Dans la nuit suivante, il est vrai, des bataillons accourus de tous les quartiers de Paris

nisées? — Racontez la capitulation de Metz. — Que se passa-t-il à Paris pendant la journée du 31 octobre? —

11.

délivrèrent le gouvernement, dont un plébiscite confirma les pouvoirs. On mobilisa ensuite une partie de la garde nationale, pour en former des régiments de marche.

La journée du 31 octobre avait rompu les négociations entreprises à Versailles par M. Thiers, avec l'appui des gouvernements étrangers, pour obtenir un armistice. Il ne fallait plus songer qu'à combattre. Le 9 novembre, l'armée de la Loire, sous les ordres du général d'Aurelle de Paladines, battit les Bavarois de Von der Thann à Coulmiers, et reprit Orléans. Le 28 novembre, à Paris, le général Ducrot annonça qu'il allait sortir pour faire une trouée, et qu'il comptait sur un succès. Il franchit la Marne et engagea la bataille de Champigny ou de Villiers. Les Français eurent l'avantage le 30 novembre; mais le 2 décembre ils furent repoussés. Les vivres devenaient alors rares dans Paris; on n'avait pour nourriture qu'un peu de mauvais pain et de la viande de cheval. L'inquiétude grandissait, et néanmoins on était résolu à résister encore et à souffrir.

On ne pouvait plus compter sur des secours extérieurs. Au nord, les Prussiens, maîtres de Soissons, de La Fère, d'Amiens, de Dieppe, de Rouen, après avoir été repoussés par le général Faidherbe à Pont-Noyelle (23 décembre) et à Bapaume (3 janvier 1871), furent vainqueurs à

M. Thiers réussit-il à obtenir un armistice? — Racontez les diverses opérations de la guerre autour de Paris et dans

Saint-Quentin (19 janvier 1871). Au sud, après le combat indécis de Beaune-la-Rolande (28 novembre), le prince Frédéric-Charles et le grand-duc de Mecklembourg gagnèrent la bataille d'Artenay sur l'armée de la Loire et reprirent Orléans (2-5 décembre). L'armée de la Loire se trouva divisée en deux armées : celle de l'ouest, sous le général Chanzy, perdit la bataille du Mans le 10 janvier 1871. Celle de l'est, réunie à celle des Vosges, sous le général Bourbaki, tenta une diversion en Alsace pour faire lever le siége de Belfort, énergiquement défendu par le colonel Denfert-Rochereau. Bourbaki eut l'avantage sur le général allemand Werder à Villersexel (9 janvier 1871); repoussé le 17 devant Héricourt, par des forces supérieures, il se mit en retraite, fut coupé par les Allemands et dut se réfugier en Suisse le 1er février 1871.

92. Capitulation de Paris. L'Assemblée de Bordeaux et de Versailles. M. Thiers chef du pouvoir exécutif; traité de Francfort. Cependant la famine était dans Paris ; et en même temps le combustible y manquait. Les combats de la Ville-Évrard, du Bourget, du plateau d'Avron, ne réussirent pas. Le froid sévissait avec une rigueur extrême. Le 5 janvier, le bombardement de Paris commença. Une dernière tentative eut lieu le 19 janvier, pour forcer les lignes de l'ennemi à l'ouest, vers Buzenval et Montretout ; elle échoua, malgré

les provinces, notamment les batailles de Coulmiers et du Mans? — 92. Quelle était la situation de Paris? — Quel

l'héroïsme des gardes nationaux. Ce jour-là périrent le peintre Henri Regnault et le navigateur Gustave Lambert. Pendant que le roi de Prusse était proclamé empereur d'Allemagne dans le palais de Versailles, une tentative insurrectionnelle pour faire élire une commune avait lieu à **Paris.** Le **22** janvier le général Trochu donna sa démission de commandant en chef ; le général Vinoy le remplaça. Le **28** janvier Paris capitula. Il n'y avait plus de vivres que pour dix jours. Un armistice était signé; une assemblée nationale devait être nommée par le suffrage universel pour traiter de la paix.

L'Assemblée nationale se réunit à Bordeaux le **13** février **1871,** et se transporta ensuite à Versailles. Le **17** février M. Thiers, qui avait été élu dans vingt-deux départements, fut nommé par elle chef du pouvoir exécutif; le **31** août il reçut le titre de Président de la République.

Aux termes des préliminaires de paix avec la **Prusse,** qui furent ratifiés par le traité de **Francfort (10 mai 1871),** la France dut payer une indemnité de guerre de cinq milliards, jusqu'à l'entier acquittement de laquelle une partie de son territoire resterait occupée par les Prussiens. De plus elle leur cédait l'Alsace et une partie de la Lorraine, en tout **1,487,374** hectares peuplés

jour la ville fut-elle forcée de capituler? — Où se réunit l'Assemblée nationale ? — Quel titre M. Thiers reçut-il ? — Quelles furent les conditions du traité de Francfort? — Quelle était l'importance du territoire enlevé à la France?

de 1,132,628 habitants. Elle perdit ainsi les départements du Bas-Rhin et du Haut-Rhin (sauf Belfort), les trois quarts de la Moselle, un tiers de la Meurthe et une petite partie des Vosges, avec Strasbourg, Saverne, Schelestadt, Wissembourg, Haguenau, Colmar, Mulhouse, Altkirch, Neuf-Brisach, Metz, Thionville, Sarreguemines, Bitche, Sarrebourg, Château-Salins, Phalsbourg, Saales, Schirmeck, etc.

93. La Commune insurrectionnelle à Paris. Le maréchal de Mac-Mahon, Président de la République. Les lois constitutionnelles. Avant la signature de la paix, du 1ᵉʳ au 3 mars, les Champs-Élysées, à Paris, avaient été occupés par les Prussiens. Une partie des gardes nationaux de Paris, qui prenaient le nom de *fédérés*, obéissant à l'influence d'un pouvoir occulte, le *comité central*, s'opposèrent le 18 mars à l'enlèvement des canons qu'ils avaient eux-mêmes transportés sur la butte Montmartre, et s'insurgèrent contre le gouvernement légal. Les généraux Clément Thomas et Lecomte furent massacrés. Des élections irrégulières constituèrent à Paris un pouvoir insurrectionnel, la *Commune*, dirigée par Delescluze, Raoul Rigaud, Vermorel, Jules Vallès, Longuet, Pascal Grousset, etc. (25 mars). Devant l'attitude menaçante de l'insurrection, M. Thiers dut se retirer à Versailles avec les ministres et les principaux fonc-

— 93. Comment se forma la Commune insurrectionnelle de Paris? — Racontez l'incendie des monuments et l'as-

tionnaires des administrations publiques. Son premier soin fut d'organiser les troupes qu'il put réunir, et dont il confia le commandement au maréchal de Mac-Mahon. Les fédérés soutinrent dans Paris, contre l'armée régulière et le gouvernement de Versailles, un siége de deux mois. L'armée entra dans Paris le 21 mai. Alors les fédérés, obéissant aux ordres de leurs chefs, incendièrent les Tuileries, la Cour des comptes, le Palais de Justice, l'Hôtel-de-Ville, la préfecture de police, le palais de la Légion-d'honneur, et d'autres édifices. Mais leur fureur et leur vengeance n'étaient pas assouvies. Il leur fallait du sang : Mgr Darboy, archevêque de Paris, M. Bonjean, président à la Cour de cassation, M. Deguerry, curé de la Madeleine, des pères dominicains, des pères jésuites, des prêtres, plusieurs anciens gardes de Paris furent fusillés (24-26 mai). Enfin, après huit jours de lutte dans Paris, l'insurrection fut vaincue. Les prisonniers furent traduits devant des conseils de guerre, et un grand nombre déportés à la Nouvelle-Calédonie.

Les services que M. Thiers avait rendus au pays par la défaite de la Commune et la libération anticipée du territoire français semblaient devoir le maintenir au pouvoir[1]. Mais on lui reprochait,

sassinat des otages. — Quel jour l'armée put-elle entrer dans Paris et vaincre l'insurrection?—Pourquoi M. Thiers

---

1. L'Assemblée nationale avait conféré à M. Thiers le titre et les pouvoirs de Président de la République.

Le 16 septembre 1873, l'armée allemande évacuait toutes les

à tort ou à raison, d'intervenir trop souvent dans les débats de l'Assemblée nationale et de vouloir imposer ses opinions. Quoi qu'il en soit, M. Thiers se trouva bientôt en désaccord avec la majorité de l'Assemblée nationale, et il donna sa démission le 24 mai 1873[1]. Le maréchal de Mac-Mahon fut élu Président de la République par l'Assemblée; elle décida, le 19 novembre 1873, qu'il conserverait ce titre pendant sept ans. Après de longs débats sur la forme définitive du gouvernement, la question fut tranchée en faveur de la République. La constitution, qui jusqu'en 1880 ne peut être revisée que sur la proposition du maréchal de Mac-Mahon, confie le pouvoir exécutif au Président de la République, responsable seulement dans le cas de haute trahison : ce pouvoir s'exerce par des ministres responsables. Le pouvoir législatif est partagé entre deux assemblées, le *sénat* et la *chambre des députés*. Le sénat compte 300 membres, dont 75 nommés

donna-t-il sa démission ? — Par qui fut-il remplacé ? — Quelle forme de gouvernement fut adoptée ? — Donnez quelques détails sur les lois constitutionnelles.

parties du territoire français qu'elle occupait. La France, au moyen d'un emprunt public, négocié par M. Thiers, avait entièrement payé les millards dus à la Prusse.

1. Le 27 juillet 1872, l'Assemblée nationale avait voté une importante loi sur l'armée. Aux termes de cette loi, tout Français doit le service militaire personnel. Le remplacement est supprimé. Tout Français qui n'est pas déclaré impropre à tout service militaire fait partie de l'armée active pendant 5 ans, de la réserve de l'armée active pendant 4 ans, de l'armée territoriale pendant 5 ans, et de la réserve de l'armée territoriale pendant 6 ans.

à vie par l'Assemblée nationale, et **225** par un corps électoral composé dans chaque département des députés, des conseillers généraux et de délégués des conseils municipaux ; ces derniers sénateurs sont nommés pour neuf ans ; mais il est procédé à leur renouvellement tous les trois ans par tiers et au sort. La chambre des députés est élue pour quatre ans par le suffrage universel et au scrutin uninominal ; elle compte 533 membres. Chacune des deux chambres vote les lois qui doivent être ratifiées par l'autre. Le Président de la République peut dissoudre la chambre des députés, sur l'avis conforme du sénat. Après le vote de la constitution, l'Assemblée nationale se sépara. Le sénat a été élu le **30** janvier, et la chambre des députés le **20** février **1876**.

CHAPITRE XXXII.

L'Asie contemporaine. — L'Inde anglaise. — Révolte des cipayes. Insurrection à Delhi, à Canwpore et à Luknow. —
Rivalité des Anglais et des Russes en Asie. — Guerre entre
l'Angleterre et la Perse. — Conquêtes de la Russie dans le
Turkestan. — Le Japon. Son gouvernement ; sa rapide civilisation. — La Chine actuelle.

94. L'Asie contemporaine. — L'Inde anglaise. Révolte des cipayes. Insurrection à Delhi, à Cawnpore et à Luknow. — Les possessions de l'Angle-
terre dans l'Hindoustan forment aujourd'hui un vaste et puissant empire, qui renferme 200 millions d'habitants soumis à sa domination. Pendant longtemps ce riche et beau pays a été administré par une association de négociants anglais dite *Compagnie des Indes*. L'armée chargée de maintenir dans l'obéissance les populations était à peu près entièrement composée de soldats indigènes, nommés *cipayes*, au nombre de 240,000 hommes, armés et équipés à l'européenne, et commandés par des officiers anglais : les troupes anglaises ne comptaient que quelques milliers d'hommes.

Une ancienne tradition, propagée parmi les Hindous, annonçait que la domination anglaise ne durerait pas au delà de cent ans, et que l'an-

QUESTIONS. 94. Donnez quelques détails sur l'Inde anglaise. — Quelle ancienne tradition s'était répandue parmi

GRAND
CHINE
MER BLEUE
Canton
Formose
I.s Philippines
MER DE CHINE
Bornéo
BORNÉO
Cancer
S.t Benin
I.s Carolines
20
10
Échelles :
Myriamètres et Kilomètres.
Kil. 50   0   50   100   150 Myr.
Lieues de France de 25 au degré.
5   0   10   20   30
110   120   130   140

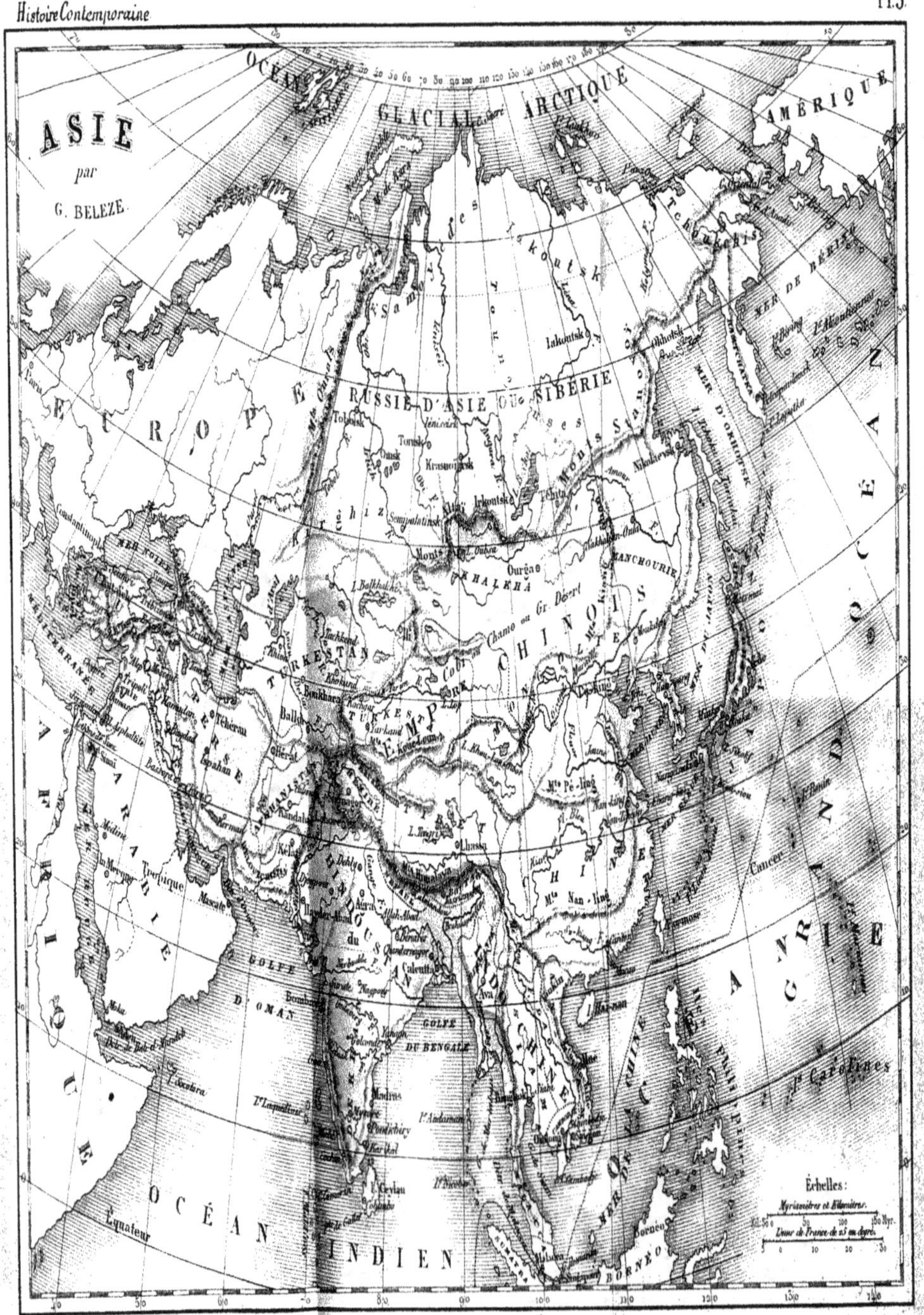
ASIE
par
G. BELEZE
OCÉAN GLACIAL ARCTIQUE
AMÉRIQUE
EUROPE
RUSSIE D'ASIE OU SIBÉRIE
MER DE BÉRING
MONS SAÏAN
MER D'OKHOTSK
MANCHOURIE
Tobolsk
Tomsk
Omsk
Krasnoïarsk
Iénisseïsk
Iakoutsk
Okhotsk
Nikolaïevsk
Irkoutsk
Tchita
Semipalatinsk
Kirghiz
TURKESTAN
TURKESTAN
Cobi
Chamo ou Gr. Désert
EMPIRE CHINOIS
MONGOLIE
Balkhach
L. Dubsa
Ourga
HALEHA
Nakhalan-Oula
MER NOIRE
Constantinople
MÉDITERRANÉE
PERSE
Tauris
Téhéran
Ispahan
Hérat
ARABIE
Médine
La Mecque
Moka
Mascate
AFRIQUE
GOLFE D'OMAN
GOLFE DU BENGALE
Hydérabad
Bombay
Calcutta
Delhi
Lahore
Agra
Allah-Abad
Lhassa
Mts Pé-ling
Mts Nan-ling
CHINE
Pékin
Nankin
Cancer
Sokotra
Ceylan
Colombo
Pondichéry
Madras
I. Laquedives
I. Maldives
OCÉANIE
OCÉAN INDIEN
Équateur
I. Andaman
I. Nicobar
INDO-CHINE
MER DE CHINE
I. Formose
I. Carolines
BORNÉO
Échelles:
Myriamètres et Kilomètres.
Lieue de France de 25 au degré.

née 1857 devait en marquer la fin. Or, dans les premiers mois de cette même année des cartouches enduites de graisse de vache furent distribuées aux soldats, qui virent dans ce fait une insulte à leur religion [1]. Une sourde agitation se produisit bientôt dans les camps et les villages, où circulaient en même temps des gâteaux symboliques avec des feuilles de lotus [2], comme signes de ralliement et d'appel à la vengeance.

Le 11 mai 1857, trois régiments de cipayes, cantonnés à Meerut [3], se révoltèrent en proférant des menaces de mort contre leurs officiers; puis, marchant vers Delhi, ils se rendirent maîtres de la ville, qu'ils saccagèrent. L'insurrection se propagea sur beaucoup d'autres points, et partout elle fut marquée par le pillage, l'incendie et le meurtre. A Cawnpore [4], un Indien, nommé Nana-Sahib, homme rusé et féroce, réussit à soulever la garnison et se fit le chef des insurgés. Les deux cents soldats anglais qui se trouvaient là se renfermèrent dans un hôpital, où les familles européennes, comptant huit cents personnes, hommes, femmes et enfants, s'empressèrent aussi de chercher un refuge. Assiégés dans leur

les Hindous? — A quelle occasion des signes de mécontentement se manifestèrent-ils? — Quels furent les commencements de l'insurrection? — Par quels excès fut-elle signalée? — Que se passa-t-il à Cawnpore? — Racontez le

1. La vache est un animal vénéré par les Hindous.
2. Le lotus, ou fleur des eaux, qui croît dans le Gange, est une plante sacrée pour les Hindous.
3. Ville située au nord-est de Delhi.
4. Ville située sur le Gange, au sud-est de Delhi.

retraite, ces malheureux furent bientôt contraints par la famine d'accepter la capitulation
que Nana-Sahib leur offrit avec promesse de la
vie ; mais à peine les eut-il en son pouvoir qu'il
les fit mettre à mort ; les uns furent mitraillés,
les autres noyés dans le Gange.

Cependant les Anglais avaient organisé une
petite armée de huit mille combattants, avec laquelle ils assiégèrent Delhi, et réussirent à reprendre la ville après sept jours d'une lutte acharnée. Dans la présidence d'Oude [1], la résistance
fut plus longue. Les insurgés occupaient tout le
pays autour de Luknow [2], dont la garnison se
composait de vingt mille cipayes et d'un millier
de soldats anglais. Ceux-ci se renfermèrent dans
la présidence ou palais du gouvernement, et pendant trois mois se défendirent héroïquement
contre toutes les attaques de leurs ennemis. Le
général Hawelok, homme d'un caractère énergique et d'une rare intrépidité, put arriver à
leur secours et les délivrer. Mais Luknow restait
toujours au pouvoir des Indiens. Enfin, le général en chef, sir Colin Campbell, avec les renforts
qu'il avait reçus d'Europe, remporta une victoire
décisive près de Cawnpore, et, marchant sur
Luknow, il prit d'assaut cette ville après quelques
jours de siége. L'insurrection était étouffée.

siége et la prise de Luknow.—Quelles modifications furent

1. Le royaume d'Oude avait été récemment annexé aux possessions anglaises.
2. Grande ville, capitale du pays.

A la suite de ces événements, l'Angleterre se décida à modifier l'organisation de sa colonie. La Compagnie des Indes fut supprimée, et l'administration du pays fut directement transférée à la couronne[1]. Les indigènes furent admis, comme les Européens, aux emplois publics. Enfin, les cipayes furent licenciés, et l'armée chargée du service de l'Inde fut principalement composée de troupes anglaises.

95. Rivalité des Anglais et des Russes en Asie. Guerre entre l'Angleterre et la Perse. Conquêtes de la Russie dans le Turkestan. — Depuis longtemps les Anglais et les Russes se disputent l'Asie, non-seulement pour acquérir de nouveaux territoires, mais aussi et surtout pour étendre leurs relations commerciales. Toute-puissante dans l'Asie méridionale, l'Angleterre ne se croyait pas sérieusement menacée pour son empire des Indes; mais elle ne pouvait voir sans jalousie et sans crainte pour les intérêts de son commerce les progrès incessants que la Russie faisait dans le Turkestan, en Perse, dans l'Afghanistan, et qui lui ouvraient l'accès du centre de l'Asie.

La mer d'Aral forme d'une part la frontière des possessions russes, et le Sind[2] forme d'autre

introduites dans l'administration de l'Inde anglaise? — — 95. Quelle était la cause de la rivalité des Anglais et des

1. La reine d'Angleterre a reçu tout récemment le titre d'impératrice des Indes.
2. Le Sind ou Indus, fleuve de l'Hindoustan, se jette dans la mer d'Oman.

part la frontière des possessions anglaises. A peu près à égale distance des deux frontières se trouve le royaume de Hérat, État indépendant, situé au milieu des montagnes de l'Hindou-Kouch. En 1856, le shah ou roi de Perse, excité par la Russie, dont il subissait l'influence, assiégea la ville de Hérat, capitale du pays et centre d'un commerce très-important. Le gouverneur général de l'Inde se hâta d'envoyer une expédition dans le golfe Persique, et les Anglais se rendirent maîtres du port de Bouchir. Le roi de Perse effrayé signa la paix, en promettant de respecter l'indépendance du Hérat (1857). Mais quelques années après, le sultan de Caboul [1], à l'instigation des Anglais ses alliés, attaqua la ville de Hérat [2] et s'en empara (1863).

Pendant ce temps la Russie étendait sa puissance dans le Turkestan (Asie occidentale), et dans l'espace de dix ans elle a annexé à ses possessions une grande partie du territoire entre le Syr-Daria et l'Amou-Daria [3]. Ainsi, en 1866, le khanat de Boukhara [4] fut attaqué par les Russes,

Russes en Asie? — Quels furent les principaux faits de la guerre entre le gouvernement anglais et la Perse? — Quelles sont les conquêtes que la Russie a faites dans le

1. Caboul, capitale de l'Afghanistan.
2. Le pays de Hérat fait maintenant partie de l'Afghanistan.
3. Le Syr-Daria ou Sihoun (l'Yaxartes des anciens) et l'Amou-Daria ou Djihoun (l'Oxus des anciens) se jettent dans la mer d'Aral.
4. La ville de Boukhara est le grand marché de l'Asie centrale.

qui firent la conquête de Taschkend et de Samarkand, villes importantes. Quelques années après ils pénétraient, sous la conduite du général Kauffmann, dans le khanat de Khiva, et se rendaient maîtres de la ville de ce nom, capitale du pays [1]. Enfin, en 1876, la Russie annexait encore aux territoires déjà conquis le khanat de Khokand.

96. Le Japon. Son gouvernement; sa rapide civilisation. La Chine actuelle. — Le Japon, désigné aussi sous le nom d'*Empire du soleil levant*, se compose d'îles plus ou moins considérables situées dans l'océan Pacifique, au nord-est de l'Asie. C'est vers le milieu du seizième siècle que les Portugais, maîtres de Goa et de Diu dans les Indes orientales, établirent les premières relations commerciales des Européens avec le Japon. C'est aussi à la même époque que saint François-Xavier, l'apôtre des Indes, convertit à la vraie foi un grand nombre de Japonais. Mais après la mort du saint apôtre les chrétiens furent violemment persécutés, et pendant longtemps le Japon resta fermé aux nations européennes.

On a déjà vu [2] qu'en 1858 l'Angleterre, la

Turkestan? — 96. A quelle époque s'établirent les premières relations du Japon avec les Européens? — Par qui le christianisme fut-il répandu dans ce pays vers le même

1. Khiva était un grand marché d'esclaves. Les Russes, maîtres du pays, y ont aboli l'esclavage.
2. Voir le chapitre XXVII.

France, la Russie et les États-Unis se firent concéder l'ouverture des quatre ports, la liberté du commerce et le libre exercice du christianisme. L'état du Japon n'était pas alors ce qu'il devait bientôt devenir. Il était gouverné par les *daïmios* ou seigneurs féodaux ayant à leur tête le *shogun*, résidant à Yédo, qui avait usurpé tout le pouvoir réel au détriment du souverain nominal, le *mikado*, résidant à *Miako*. Les prêtres bouddhistes, alliés des daïmios, avaient une autorité sans bornes. Le peuple était esclave. Tout changea en 1868. Plusieurs princes japonais prirent les armes au nom du jeune mikado, contre le shogun. Après une lutte terrible, le shogun vaincu fut réduit à la condition de simple particulier. Le mikado vint, en 1869, s'établir à Yédo.

Les résidents européens craignirent un instant que la révolution japonaise ne fût le signal de massacres ou de l'expulsion des Européens. Il n'en fut rien. Vivement frappés par le spectacle de la civilisation européenne et américaine, les ministres du jeune mikado se lancèrent avec ardeur dans la voie des réformes. Les fiefs des daïmios furent supprimés; la féodalité était ainsi dépossédée. Les daïmios ne furent plus que les gouverneurs révocables des territoires dont ils étaient auparavant propriétaires. Ils ont même perdu ces fonctions; aujourd'hui les gouver-

temps? — Quelles concessions les Européens obtinrent-ils en 1858? — Comment le Japon était-il alors gouverné? — Quelle révolution amena des changements considérables?

neurs des 92 préfectures du Japon sont nommés par le mikado. Les prêtres bouddhistes ont perdu leurs priviléges ; tout le monde a été soumis à l'impôt.

Des phares et des lignes télégraphiques ont été établis sur tous les points du Japon. Un premier chemin de fer, entre Yédo et Yokohama, a été inauguré, le 12 juin 1872, entre Yédo et Yokohama ; un autre a été ouvert depuis entre Miako et Osaka. Le Japon possède une marine de guerre, composée en partie de navires achetés aux États-Unis. En 1875, on a lancé à la mer le premier vapeur de guerre construit dans le pays. Le service militaire a été déclaré obligatoire. Les soldats sont équipés, armés, habillés, exercés à l'européenne. Des livres anglais, allemands, français ont été traduits en langue japonaise par l'ordre du gouvernement, pour propager dans le pays les connaissances utiles.

Le Japon est en relations régulières, d'une part, avec l'Europe, par les paquebots des messageries françaises, qui viennent de Marseille, par Port-Saïd, Suez, Aden, Pointe-de-Galle, Singapour, Hong-Kong, Shang-haï, Nangasaki, Yokohama ; de l'autre, avec l'Amérique, par les paquebots de la compagnie du Pacifique, qui vont de San-Francisco à Yokohama et Hong-Kong.

L'Empire chinois, nommé aussi *Empire du*

— Quels sont les progrès que le Japon a réalisés pour sa civilisation ? — Donnez quelques détails sur le gouverne-

Milieu et *Céleste Empire*, est, par sa population, l'Etat le plus considérable du globe terrestre. Situé dans la partie centrale et surtout dans la partie orientale de l'Asie, il comprend plusieurs pays dont les plus importants sont, avec la Chine proprement dite, la Mandchourie, la Mongolie et le Thibet. C'est entre la Chine et la Mandchourie que s'étend la grande muraille, construite au troisième siècle avant notre ère pour arrêter les invasions des barbares du nord.

En Chine, le gouvernement intervient dans tout. Les mandarins, c'est-à-dire les fonctionnaires publics de tout ordre, sont nommés au concours, par voie d'examen, après une série d'épreuves. Les Chinois donnent à leur histoire une antiquité si merveilleuse qu'elle ne peut être admise. Il est vrai qu'ils ont connu longtemps avant les Européens la boussole, l'imprimerie, la poudre à canon ; mais leurs habitudes routinières les ont empêchés de perfectionner ces inventions, et de faire des progrès dans la plupart des sciences appliquées.

L'empereur exerce un pouvoir despotique sur tous ses sujets. La famille se modèle sur le gouvernement. Le père est maître absolu de ses enfants ; il peut les abandonner, les vendre et même leur ôter la vie[1]. Les châtiments sont

ment chinois? — Quel est le pouvoir du père de famille?

1. L'Œuvre la Sainte-Enfance, fondée en 1843, et dont tous les enfants baptisés peuvent être membres, depuis l'âge le plus tendre jusqu'à l'âge de douze ans, moyennant une coti-

humiliants ou affreux. La peine la plus ordinaire est le bâton ; puis ce sont la marque, le carcan, la strangulation et d'autres supplices. Aussi la population est-elle pauvre et avilie.

Il faut dire cependant que les Chinois sont doués de certaines qualités remarquables : intelligents, laborieux, ils excellent dans l'agriculture et le jardinage, et sont d'habiles commerçants. L'augmentation rapide de leur population les forçant à émigrer en grand nombre, on les trouve sur tous les rivages de l'océan Pacifique, à Malacca, à Singapour et à Ceylan, en Australie, à Java, aux îles Philippines, aux Sandwich, aux Antilles, en Californie, au Pérou, au Brésil. Partout mal accueillis des populations qui ne voient pas sans inquiétude leur nombre grandir au milieu d'elles, ils s'imposent partout à force de souplesse et de travail ; et ce sont d'excellents travailleurs, les seuls qui puissent et qui veuillent travailler librement sous le soleil des tropiques.

Nous avons déjà dit[2] que les Chinois, en 1842 et 1844, avaient consenti à ouvrir plusieurs

— Pour quel motif les Chinois émigrent-ils de leur pays ? — Par quelles qualités se font-ils remarquer ? — Quelles

sation de 5 centimes par mois, a pour but de recueillir, de soigner et d'instruire les pauvres petits enfants de la Chine et des autres pays infidèles. Le produit des cotisations, qui s'élèvent chaque année à des sommes considérables, est envoyé aux missionnaires qui résident dans ces contrées lointaines et qui ont consacré leur vie aux bonnes œuvres,

1. Voir le chapitre XXVII.

de leurs ports au commerce européen, et, qu'après leur défaite par l'armée anglo-française, en 1860, ils avaient ratifié le traité de Tien-tsin, qui accordait aux Européens la liberté du commerce et le libre exercice du christianisme. Depuis le gouvernement chinois a dû céder l'île de Hong-Kong aux Anglais et la vallée du fleuve Amour aux Russes. La Chine a perdu enfin, à l'ouest, la Grande Boukharie, nommée encore Haute Tartarie ou Turkestan oriental, affranchie depuis 1865.

CHAPITRE XXXIII.

L'Amérique du Nord contemporaine. Les États-Unis. Guerre entre les États du Nord et les États du Sud. Abolition de l'esclavage. — Accroissement rapide des États-Unis. Mines d'or de Californie. Le chemin de fer du Pacifique ; le Parc National. — Confédération canadienne. Les terres arctiques. Le passage nord-ouest ; la recherche du pôle nord.

97. L'Amérique du Nord contemporaine. — Les Etats-Unis. Guerre entre les Etats du Nord et les Etats du Sud. Abolition de l'esclavage. — Ce fut le 4 juillet 1776 que le Congrès américain, assemblé à Philadelphie, proclama l'indépendance des Etats-Unis. La nouvelle république,

sont les concessions que les Européens ont obtenues du gouvernement chinois ?

Questions. 97. Donnez quelques détails sur la constitu-

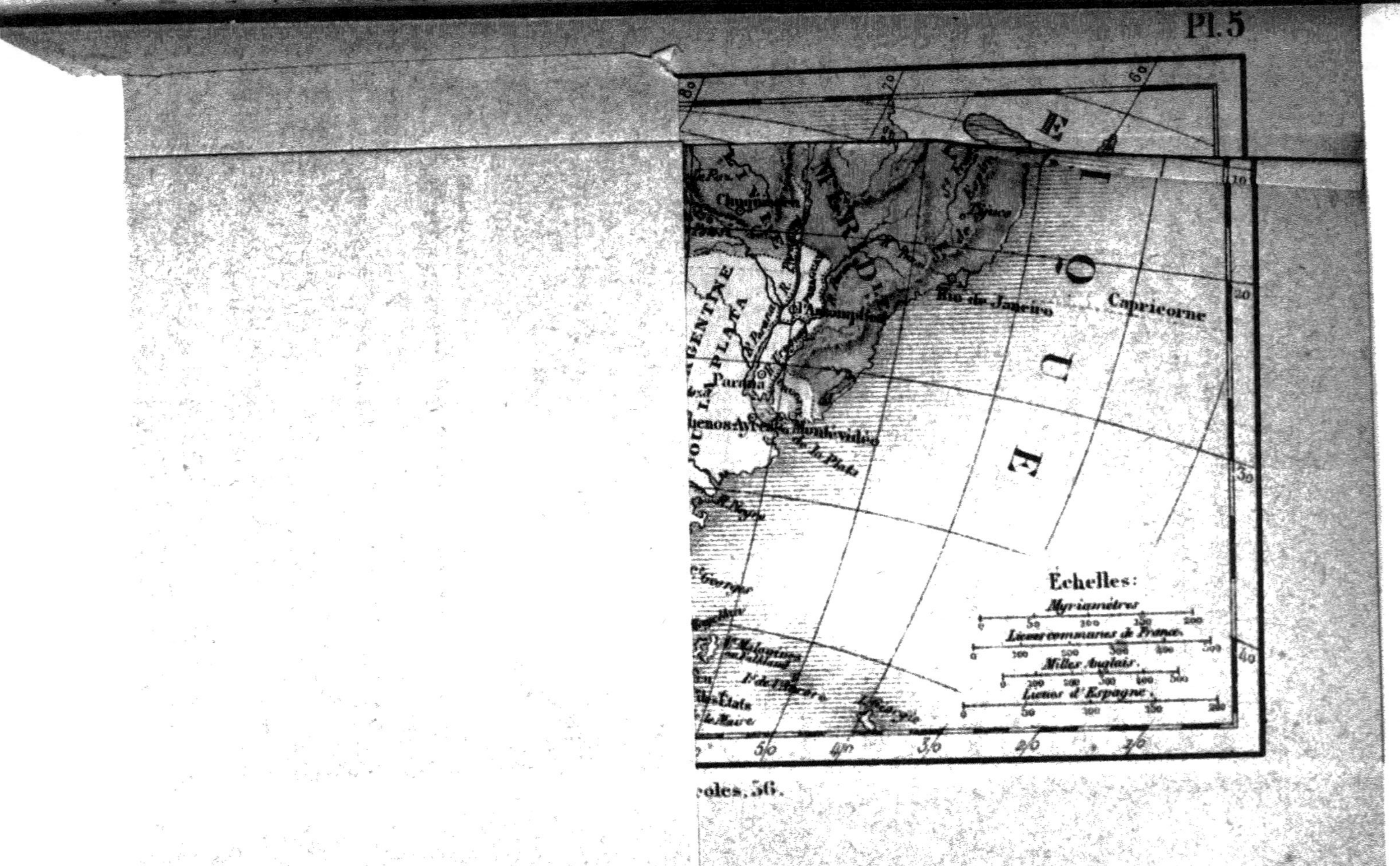
Pl.5
EIQUE
MÉRIDIONALE
RÉPUBLIQUE ARGENTINE
DE LA PLATA
Rio de Janeiro
Capricorne
Parana
Buenos-Ayres
Montevideo
R. de la Plata
Échelles:
Myriamètres
Lieues communes de France.
Milles Anglais.
Lieues d'Espagne.
coles. 56.

EUROPE
ASIE
OCÉAN ATLANTIQUE
OCÉAN GLACIAL ARCTIQUE
Pôle Austral
AMÉRIQUE DANOISE ou GROENLAND
AMÉRIQUE RUSSE
MER DE BEHRING
Iles Aléoutiennes
COLOMBIE ANGLAISE
ANTILLES
DES ANTILLES
AMÉRIQUE DU NORD
AMÉRIQUE DU SUD
RÉPUBLIQUE ARGENTINE
GRAND OCÉAN
Tropique
Équateur
Équateur
Capricorne
AMÉRIQUE
par
G. BELÈZE
AMÉRIQUE AUSTRALE
Échelles:
Myriamètres
Paris, J. DELALAIN et FILS, Imp. T. D., Rue des Écoles, 56.

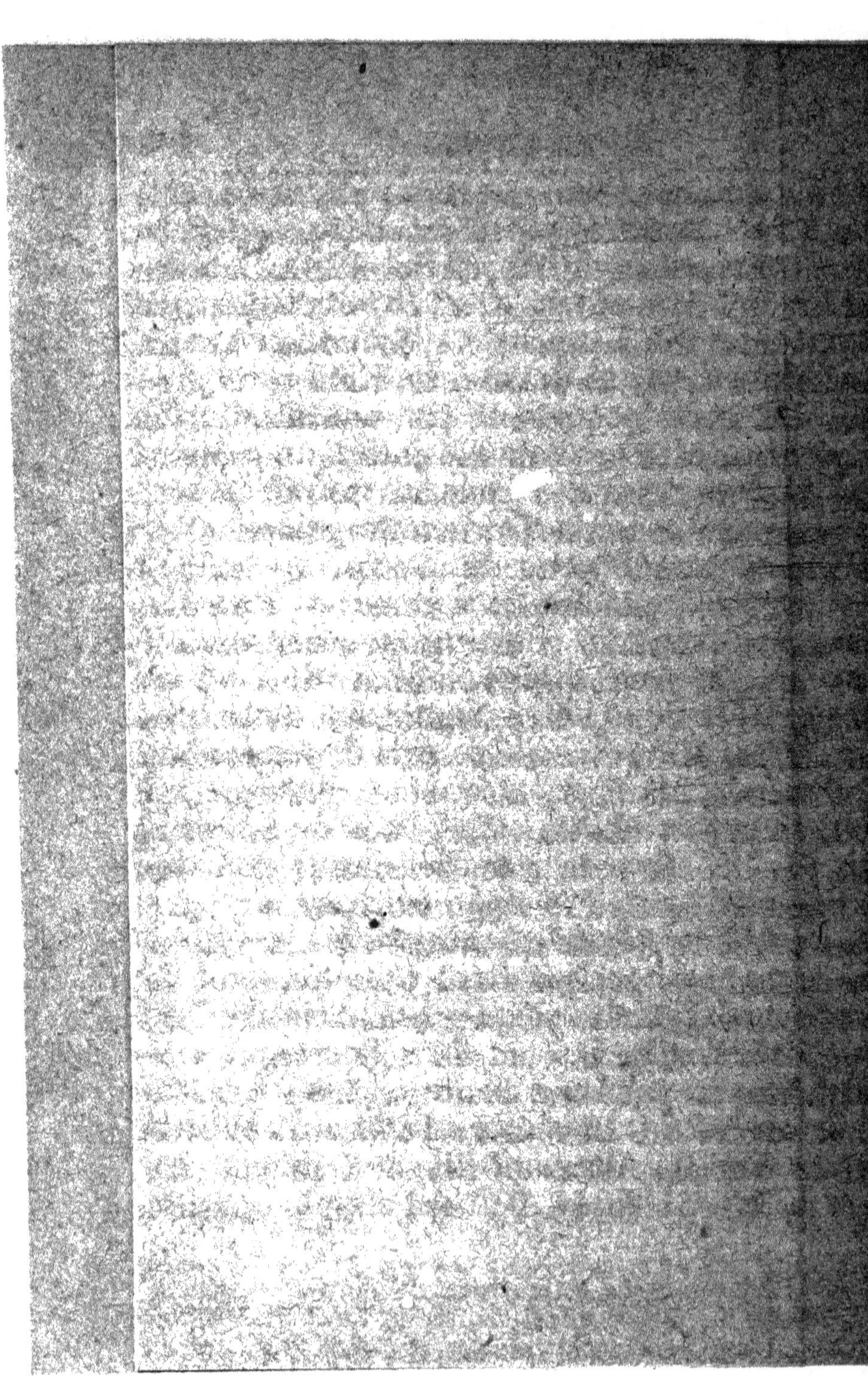

grâce à l'appui des Français, contraignit l'Angleterre à reconnaître son indépendance par le traité de Versailles du 20 janvier 1783. La constitution américaine, votée en 1787 et ratifiée par le peuple en 1788, fut mise à exécution le 4 mars 1789. Elle confiait le pouvoir exécutif à un *président* élu pour quatre ans par une élection à deux degrés, et le pouvoir législatif à un *congrès* formé de deux chambres : celle des *représentants*, nommés pour deux ans par le suffrage universel, et le *sénat*, nommé pour six ans par les législatures locales et renouvelable tous les deux ans au sort par tiers. La constitution reconnaissait l'esclavage des nègres dans les Etats du Sud.

Il y eut dès le début antagonisme entre les Etats du Nord, où régnait l'esprit démocratique des anciens puritains, et qui ne renfermaient que des hommes libres, et les Etats du Sud, habités par de grands propriétaires, dont les plantations de coton étaient cultivées par des nègres esclaves. Pendant longtemps, les trois cinquièmes des esclaves étant comptés dans le dénombrement sur lequel on basait le nombre des députés à élire, il y eut dans le congrès siégeant à Washington une majorité factice en faveur du Sud. Le 6 novembre 1860, un abolitioniste déterminé, Abraham Lincoln, fut élu président de la république. D'abord simple ouvrier,

tion des États-Unis de l'Amérique du Nord. — Quelle était la cause de l'antagonisme entre les États du Nord et les États du Sud ? — Quel homme fut élu président en

Lincoln avait tout appris lui-même : grand par l'intelligence, la probité et le cœur, il était déterminé à tout pour effacer du sol américain cette honte de l'esclavage. Il prit possession du pouvoir le 4 mars 1861. Du 20 décembre 1860 au 18 février 1861, les Etats de la Caroline méridionale, Mississipi, Floride, Alabama, Georgie, Louisiane, Texas, Tennessee, se séparèrent des Etats-Unis, entraînèrent une partie de la Caroline septentrionale et de la Virginie et formèrent une *Confédération* avec Richmond pour capitale et Jefferson Davis pour président.

Alors commence une guerre civile de quatre ans entre le Nord et le Sud, les fédéraux et les confédérés, les abolitionistes et les esclavagistes. D'abord victorieux, les confédérés prennent le fort Sumter près de Charleston (**12 avril 1861**) et gagnent la bataille de Bull's Run (**21 juillet 1861**); mais, en 1862, les fédéraux reprennent l'avantage : ils sont vainqueurs sur le Mississipi, à Columbus , Pittsburg-Landing et New-Madrid (**14 mars, 6 et 7 avril 1862**). Pendant tout le cours de cette année la fortune des armes se déclara tantôt pour un parti, tantôt pour l'autre. Ainsi, le général confédéré Lee, vainqueur à la seconde bataille de Bull's-Run , fut battu par Mac-Clellan à South-Mountain et dans les trois journées d'Antietam (16, 17 et 18 septembre) [1].

1860? — Que firent les États du Sud? — Racontez les principaux faits de la guerre civile qui dura quatre ans.—

1. Par suite de la cessation de l'importation des cotons amé-

En 1863, le général Grant, en s'emparant de Wicksburg et de Port-Hudson, acheva d'expulser les confédérés des bords du Mississipi. La victoire remportée par le général Meade sur Lee à Gettysburg (2-3 juillet 1863), les succès de Sheridan, au bord de la Shenandoah, et la prise d'Atlanta par Sherman (1er septembre 1864) resserrèrent les confédérés autour de Richmond, leur capitale. Le 8 novembre 1864, Lincoln fut réélu à une seconde présidence, dont il prit possession le 4 mars 1865. Grant, secondé par ses lieutenants Meade, Sheridan et Sherman, après une bataille de trois jours, chassa les confédérés de Petersburg et de Richmond (1er-3 avril 1865). Lee capitula le 9 avril. La lutte était terminée, le Nord victorieux, l'esclavage aboli, l'Union rétablie.

Le 14 avril 1865, cinq jours après la capitulation de Lee, le président Lincoln fut assassiné au théâtre Ford, à Washington, par un ancien acteur, Wilkes Booth, partisan fanatique du Sud. Lincoln a été remplacé, de 1865 à 1869, par le vice-président Andrew Johnson; ensuite par le général Grant, deux fois élu président, la première fois en 1869, et la seconde fois en 1873. Le président des États-Unis, comme on l'a déjà dit, est élu pour quatre ans [1].

Comment périt le président Lincoln? — Par qui fut-il remricains, les premiers résultats de la lutte avaient été une crise industrielle en Europe, surtout en France et en Angleterre.

[1]. En 1876, les États-Unis ont célébré, par une exposition universelle à Philadelphie, le premier centenaire de leur indépendance.

98. Accroissement rapide des États-Unis. Mines d'or de Californie. Le chemin de fer du Pacifique; le parc National. — Depuis leur fondation, et en dépit des crises terribles qu'ils ont traversées, les États-Unis n'ont cessé de grandir. De 1777 à 1871 le nombre des États a été porté de 13 à 37. La Louisiane a été achetée à la France en 1803 ; la Floride a été achetée à l'Espagne ; le Texas s'est détaché du Mexique, sur lequel la Californie a été également conquise. La population qui, en 1790, s'élevait à 3,929,827 habitants , dépasse aujourd'hui 40 millions d'âmes.

Bien des causes ont contribué à cette augmentation rapide. D'abord l'immensité d'un territoire propre à toutes les cultures et où l'on rencontre tous les climats; l'existence de voies de communications naturelles, de fleuves comme le Mississipi, le Missouri, l'Ohio, l'Hudson, de lacs comme les lacs Supérieur, Huron, Michigan, Erié, Outario; ensuite l'audace d'une nation jeune, entreprenante, à laquelle l'Europe envoie chaque année de nombreux immigrants, surtout des Allemands et des Irlandais. Enfin les États-Unis renferment des mines d'or. Elles furent découvertes à l'ouest des montagnes Rocheuses, sur le versant du Pacifique, dans la Californie, en 1848. Aujourd'hui les mines de la Californie produisent 500 millions par an.

placé? — 98. Quels ont été les accroissements des États-Unis? — A quelles causes sont-ils dus? — Quelle est la

La ville la plus importante des États-Unis et de toute l'Amérique est aujourd'hui *New-York*, sur l'Atlantique, à l'embouchure du fleuve Hudson, qui renferme 1 million d'habitants, et même en y comprenant la ville voisine de Brooklyn, 1,500,000 ; puis viennent Philadelphie, Boston, Baltimore, villes situées sur l'Atlantique ; à l'intérieur, Chicago, au sud du lac Michigan, fondée en 1830, et qui fait un immense commerce de viandes salées ; Saint-Louis, vers la jonction du Missouri et du Mississipi ; Nouvelle-Orléans, à l'embouchure du Mississipi ; la reine du Pacifique, San-Francisco, en Californie, d'où partent les paquebots qui vont au Japon.

Le plus considérable de tous les chemins de fer existant dans le monde a été ouvert à la circulation en 1869, reliant les deux points extrêmes des États-Unis, New-York sur l'Atlantique et San-Francisco sur le Pacifique, à travers toute l'épaisseur du continent ; l'étendue de ce chemin de fer est de 5,200 kilomètres. Des services réguliers de paquebots, dont les stations se trouvent dans les principaux ports des deux océans, mettent les États-Unis en communication constante non-seulement avec les États de l'Europe, mais avec l'Asie et l'Océanie. Enfin les États-Unis ont acheté en 1867 à la Russie l'Amérique russe, devenue aujourd'hui le territoire d'Alaska. En

ville la plus importante des États-Unis ? — Comment est-elle reliée à San-Francisco ? — Nommez les autres villes les plus considérables. — Quels sont les nouveaux terri-

1870, vers le 44º de latitude nord, on a découvert au pied des montagnes Rocheuses, au bord du lac Yellowstone, la vallée de Fire-Hole, contrée merveilleuse renfermant quinze cents geysers ou jets d'eau chaude d'une grande puissance. Cette région a été déclarée Parc National des États-Unis.

99. Confédération canadienne. Les Terres arctiques. Le passage nord-ouest ; la recherche du pôle nord. — L'immense contrée appartenant aux Anglais, qui s'étend au nord des États-Unis, et qui portait autrefois le nom de Nouvelle-Bretagne, forme depuis 1867 la Confédération du Canada, composée de plusieurs États ou territoires. Le Canada s'administre lui-même sous la protection britannique. La capitale fédérale est Ottawa. Les villes principales sont Québec et Montréal, sur le fleuve Saint-Laurent. La population totale est d'environ 3,800,000 habitants dont plus d'un tiers Français d'origine. Bien que séparés de la mère patrie depuis plus d'un siècle (par le traité de Paris de 1763), les Français du Canada parlent toujours notre langue.

Au nord de l'Amérique, on voit s'étendre indéfiniment vers le pôle, d'un côté à l'est, le Groënland, dont les côtes sont habitées par les Esquimaux ; de l'autre à l'ouest, les Terres arctiques, archipel composé d'îles glacées et désertes. Les

toires acquis par les États-Unis ? — 99. Donnez quelques renseignements sur le Canada. — Les habitants Français d'origine ne sont-ils pas encore nombreux ? — Que sont les

Danois ont quelques établissements sur la côte occidentale du Groënland; les terres arctiques dépendent nominalement de l'Angleterre. Entre ces deux côtes, sans parler du détroit d'Hudson et de la baie d'Hudson, inclinés au sud-ouest, s'étendent en remontant vers le nord le détroit de Davis, la mer de Baffin, et d'autres canaux souvent gelés qui les prolongent vers le pôle.

C'est dans ces tristes contrées, où la nuit dure plusieurs mois d'hiver, que du seizième au dix-neuvième siècle de hardis marins ont cherché un passage qui permît de contourner l'Amérique au nord-ouest pour rentrer dans le grand Océan. De 1818 à 1830 le capitaine anglais Ross détermina la position du pôle magnétique, et le capitaine Parry arriva en traîneau au nord du Spitzberg, à l'est du Groënland, jusqu'au 82° 45' de latitude nord. En 1845, le commodore anglais Franklin s'engagea dans la mer de Baffin. On fut de longues années sans entendre parler de lui. Il était mort en 1847, comme le capitaine Mac-Clintock l'apprit dix ans plus tard. L'un des officiers envoyés à la recherche de Franklin, le capitaine anglais Mac-Clure, découvrit le fameux passage nord-ouest tant cherché (1850-1854); mais ce passage était et probablement est toujours rendu impraticable par les glaces. En même temps, un Américain, le docteur Kane, découvrait

pays désignés sous le nom de Terres arctiques? — Dans quel but des navigateurs intrépides ont-ils exploré de nos jours ces parages?

au nord-ouest du Groënland une mer libre qui reçut son nom (1854), et au bord de laquelle un autre Américain, le docteur Hayes, arriva au 81° 35′ en 1861. Le capitaine Hall, venu également d'Amérique, pénétra dans les mêmes passages jusqu'au 82° 16′ et y périt en 1871. Deux officiers autrichiens, MM. Payer et Weyprecht, ont découvert dans une autre partie de l'océan Glacial la terre François-Joseph à l'est du Spitzberg (1872-1874). Enfin le capitaine anglais Nares a dépassé à l'ouest du Groënland le 83° de latitude nord.

CHAPITRE XXXIV.

L'Amérique du Sud contemporaine. République Argentine. Uruguay. Dictature de Rosas. — Brésil. Paraguay ; invasion de ce pays par les Brésiliens. Guerre de six ans. — Chili, Bolivie, Pérou, Vénézuela, Colombie. Équateur, Amérique centrale, Mexique[1], Antilles.

100. L'Amérique du Sud contemporaine. République Argentine. Uruguay. Dictature de Rosas. — Depuis qu'elles se sont affranchies de la domina-

QUESTIONS. 100. Quels sont les caractères communs aux

1. Le Mexique et les Antilles appartiennent géographiquement à l'Amérique du Nord. Si nous les avons rattachés à l'Amérique du Sud, c'est que, par leur climat, leurs productions, l'origine, le caractère, la langue des populations qui les habitent, ils ressemblent beaucoup plus au Pérou et à la Colombie par exemple, c'est-à-dire à l'Amérique espagnole, qu'aux Etats-Unis et au Canada, c'est-à-dire à l'Amérique d'origine anglaise.

tion espagnole, toutes les républiques de l'Amérique du Sud ont offert de nombreux traits communs dans leur histoire : révolutions fréquentes, guerres civiles, sanglantes catastrophes, coups d'État et dictatures militaires.

La plus méridionale de ces républiques est celle des *Provinces-Unies de la Plata* ou *Confédération Argentine*, définitivement proclamée en 1817. Dès le début, elle fut troublée par la rivalité de deux partis : les *fédéralistes* qui voulaient l'égalité complète entre toutes les provinces, et les *unitaires,* qui voulaient donner la suprématie à Buénos-Ayres. En 1829, un ambitieux, nommé Rosas, homme habile et énergique, mais sans scrupule, prit possession du pouvoir suprême. Il fut maître absolu pendant vingt-deux ans, et sa dictature ne fut qu'une longue et sanglante terreur. Confiscations, exils, assassinats, tels furent les moyens qu'il employa pour frapper ses ennemis, tous ceux qui lui faisaient ombrage. Vers 1840, il voulut intervenir à Montévidéo. Cette ville était la capitale d'un État distinct, la République de l'Uruguay ou Bande orientale, indépendante de l'Espagne en 1814 et deux fois envahie sans succès par les Brésiliens en 1816 et 1822. Les Uruguayens ayant chassé Oribe, qui s'était emparé du pouvoir avec l'appui de Rosas, ces deux hommes vinrent

diverses républiques de l'Amérique du Sud? — Comment, dès le principe, la confédération Argentine fut-elle troublée? — Que fut le gouvernement du dictateur Rosas? —

assiéger Montévidéo, qui résista dix ans (1841-1851), surtout grâce à l'énergie des immigrants européens, italiens, français et basques. Enfin, le 1er mai 1851, le général Urquiza, gouverneur de l'Entre-Rios, s'insurgea contre Rosas, avec l'appui du Brésil. Oribe, bloqué à Cerrito, dut sortir de l'Uruguay. Rosas, vaincu à son tour à la bataille de Monte-Caseros (3 février 1852), n'eut que le temps de s'enfuir et de s'embarquer pour l'Angleterre avec sa famille.

Depuis cette époque, Buénos-Ayres, après être restée dix ans isolée, est rentrée dans la Confédération Argentine en 1860. Cette république a eu pour présidents, de 1862 à 1868, le général Mitre, et de 1868 à 1874, M. Sarmiento, auquel a succédé pour dix ans, le 6 août 1874, le docteur Avellaneda. La Confédération Argentine est actuellement divisée en quatorze provinces. Il y avait en 1875 sur son territoire 1,584 kilomètres de chemins de fer exploités et 3,138 kilomètres concédés. La capitale, Buénos-Ayres, à l'embouchure du Rio de la Plata, est en communication avec l'Europe par les paquebots qui partent de Bordeaux.

101. Brésil. Paraguay ; invasion de ce pays par les Brésiliens. Guerre de six ans. — Au nord du territoire argentin et de l'Uruguay, s'étend l'immense empire du *Brésil,* le seul des États amé-

ricains qui n'ait pas la forme républicaine. Il
s'est séparé du Portugal en 1821. Il a été gouverné jusqu'en 1831 par dom Pédro Ier. L'empereur actuel est son fils et successeur Pédro II.
Bien que le Brésil ait une superficie de plus de
8 millions de kilomètres carrés, et qu'il soit une
des contrées les plus fertiles de la terre, il possède à peine 10 millions d'habitants. Il est en
grande partie couvert de forêts vierges, surtout
au nord, dans la vallée du grand fleuve Rio Ma-
ranon ou Amazone. La capitale, Rio-Janeiro, a
300,000 habitants.

La république du Paraguay, située au centre
de l'Amérique méridionale, entre la Confédération Argentine et le Brésil, faisait partie de la
vice-royauté de la Plata sous la domination
espagnole. Les Jésuites y avaient établi, dès
1628, de célèbres missions : ils convertirent et
civilisèrent les Indiens Guaranis, qui forment
encore aujourd'hui l'élément principal de la population. Ces missions furent détruites en 1768.
On a déjà vu[1] que le Paraguay, soustrait à la domination de l'Espagne, était resté pendant vingt-
sept ans absolument fermé aux étrangers sous
l'administration du docteur Francia, fondateur
du gouvernement républicain (1813-1840). Ce

— Quelle est la forme de son gouvernement? — La population de ce pays est-elle en rapport avec son étendue? —
Comment les anciens habitants du Paraguay furent-ils
civilisés? — Sous quelle administration ce pays resta-t-il

1. Voir le chapitre XVIII.

pays, environné de trois côtés par des fleuves, formait une sorte d'île isolée du reste de l'univers. Carlos Lopez, président après Francia, de 1840 à 1862, fit du Paraguay une puissance militaire, et ouvrit la navigation de ses fleuves à tous les pavillons en 1853. Son fils Lopez II lui succéda. Les entraves qu'il apporta au commerce et l'ambition brésilienne amenèrent une guerre de six ans (1864-1870). Au début, les Paraguayens prirent l'offensive; mais les Brésiliens renversèrent le gouvernement de l'Uruguay, qui était allié de Lopez. Le général Florès fut donné par eux pour président à Montévidéo, et une triple alliance fut formée le 1er mai 1865 par le Brésil, la République Argentine et l'Uruguay contre Lopez.

Après la destruction de la flottille paraguayenne au combat de Corrientes, les alliés franchirent le Parana en 1866 et envahirent l'intérieur du Paraguay. Chaque pouce de terrain leur fut disputé avec une obstination héroïque et leur coûta des flots de sang. Il leur fallut deux ans (16 avril 1866-5 août 1868) pour se rendre maîtres des deux forteresses de Curupaïty et de Humaïta. Privé de sa capitale l'Assomption, et réfugié dans les forêts avec une poignée d'hommes, Lopez résista jusqu'au bout. Il périt en soldat le 15 mars 1870, au bord de la rivière Aquydaban. Les vainqueurs donnèrent au Paraguay un gouvernement provisoire.

fermé aux Européens? — Quelle fut la cause d'une longue guerre entre le Brésil et le Paraguay? — Quels en furent

102. Chili, Bolivie, Pérou, Vénézuela, Colombie, Équateur, Amérique centrale, Mexique, Antilles. — Plus heureux que ses voisins, dont le sépare la grande Cordillère des Andes, le Chili a dû à son isolement une tranquillité relative: Il a pour capitale Santiago, pour port principal Valparaiso : ces deux villes sont réunies par un chemin de fer.

La Bolivie, qui n'atteint l'océan Pacifique qu'à son extrémité sud-ouest, sur la frontière chilienne, a pour capitale Sucre, nommée aussi Chuquisaca ou la Plata. C'est en 1825 que cette république prit le nom de Bolivie en l'honneur de Bolivar, le libérateur de l'Amérique espagnole.

Le Pérou, placé au nord de la Bolivie, a pour capitale Lima, grande ville reliée par un chemin de fer au Callao, qui lui sert de port. En 1864, l'amiral espagnol Pareja vint, au nom de son gouvernement, prendre possession des îles Chinchas, situées en vue du Callao, port de Lima, et qui contiennent le riche engrais nommé *guano*. Les Péruviens protestèrent contre cette violation de leur territoire, renversèrent leur président, le général Pezet, et firent alliance avec le Chili et l'Équateur contre l'Espagne. Il en résulta une guerre dans laquelle les Espagnols perdirent une canonnière et une frégate, échec qui amena le suicide de l'amiral Pareja ; ils bombardèrent sans résultat Valparaiso et le Callao (1865-1866).

les principaux faits? — 102. Donnez quelques renseignements sur le Chili, la Bolivie, le Pérou et le Vénézuéla. —

Fondée en 1819 après l'expulsion des Espagnols, la république de Colombie s'est, en 1830, partagée en trois États : 1° au nord-ouest, sur l'Atlantique, le Vénézuela, capitale Caracas; 2° au centre, entre l'Atlantique et le Pacifique, la Nouvelle-Grenade, ou plutôt les États-Unis de Colombie, capitale Bogota; 3° au sud-ouest, sur le Pacifique, l'Équateur, capitale Quito. C'est aux États-Unis de Colombie qu'appartient l'isthme de Panama, c'est-à-dire l'étroite langue de terre (elle a environ 60 kilomètres de largeur) qui réunit les deux Amériques en séparant les eaux de l'Atlantique de celles du Grand Océan. Un chemin de fer traverse aujourd'hui l'isthme, entre Aspinwall ou Colon, sur l'Atlantique, et Panama, sur le Grand Océan[1]. Il est également question depuis longtemps d'établir un vaste canal qui séparerait les deux Amériques comme le canal de Suez sépare l'Afrique de l'Asie; mais les difficultés à vaincre sont grandes. Quatre points ont été proposés pour l'ouverture de ce canal : 1° l'isthme de Darien; 2° l'isthme de Panama; 3° l'isthme de Nicaragua; 4° l'isthme de Tehuantepec[2].

En combien d'États la Colombie est-elle partagée? — Qu'est-ce que l'isthme de Panama? — Quelle est l'importance du chemin de fer qui traverse cet isthme? — Quelles

1. Des services de paquebots existent entre New-York, Southampton, Saint-Nazaire et Aspinwall, et correspondent, par le chemin de fer de l'isthme, avec les services de Panama à San-Francisco, Lima, Valparaiso et Sydney (Australie).

2. L'ouverture d'un canal maritime entre l'océan Atlantique

Cinq États situés dans cette partie du continent ont formé autrefois une Confédération sous le nom d'*États-Unis de l'Amérique centrale;* ils se sont séparés en 1839, et depuis cette époque ils sont constitués en républiques indépendantes. Ces républiques sont, en allant du sud au nord : Costa-Rica, capitale San-José; Nicaragua, capitale Léon ; San-Salvador, capitale San-Salvador; Honduras, capitale Comayagua ; Guatemala, capitale Guatemala.

Nous avons conduit l'histoire du Mexique jusqu'à la mort de Maximilien et au rétablissement de la république[1]. Rentré à Mexico, le président Juarez fut réélu, en décembre 1867, pour quatre ans; réélu encore pour quatre ans en 1871, il mourut en 1872. Il fut remplacé par M. Lejerdo de Tejada. En ce moment la guerre civile règne encore au Mexique. Ce pays, qui a pour capitale Mexico, forme une république fédérative composée de 27 États.

Pour achever cette rapide revue des différentes parties de l'Amérique, il nous reste à dire un mot des Antilles. Ces magnifiques îles, les premières connues des Européens, leur appar-

sont les cinq républiques qui formaient autrefois les États-Unis de l'Amérique centrale? — Quelle est la situation

et le Grand Océan ou Océan Pacifique épargnerait aux navigateurs le long détour du cap Horn pour passer d'un océan dans l'autre, comme le canal maritime de Suez leur épargne le détour du cap de Bonne-Espérance pour la route des Indes et de la Chine.

1. Voir le chapitre XXVIII.

tiennent encore pour la plupart. La plus considérable est Cuba, riche, comme toutes ses voisines, en café, sucre, cacao, tabac. Elle appartient aux Espagnols, mais elle est insurgée depuis 1868. Elle compte 1,500,000 habitants. Sa capitale est la Havane. L'Espagne possède encore Puerto-Rico.

La plus considérable des îles anglaises est la Jamaïque; viennent ensuite la Trinité, Tabago, la Grenade, les Grenadines, la Barbade, Saint-Vincent, Sainte-Lucie, la Dominique, Montserrat, Nevis, Saint-Christophe, Antigoa, la Barboude, et le groupe des îles Lucayes ou Bahama. Les Anglais ont encore les îles Bermudes au nord-est des Antilles, et l'établissement de Balise, sur la côte du Yucatan.

La France possède la Martinique, la Guadeloupe, la Désirade, Marie-Galante, les Saintes, et une partie de Saint-Martin. Les Hollandais ont Saint-Eustache, Saba, Curaçao, Arouba, Buen-Ayre et une partie de Saint-Martin. Les Danois ont Saint-Thomas, Sainte-Croix, Saint-Jean, les îles Vierges; les Suédois possèdent Saint-Barthélemy.

Pour compléter la liste des possessions européennes en Amérique, mentionnons la Guyane, sur le continent méridional, entre le Brésil et le Vénézuela. Elle est partagée entre la France, la Hollande et l'Angleterre.

actuelle du Mexique? — Indiquez à quelles nations européennes appartiennent la plupart des Antilles.

ASIE
ARABIE
G. Persique
Cancer
Dtro d'Ormouz
GOLFE D'OMAN
I. Socotora
COTE D'ADEL
Dir de Bab el Mandeb

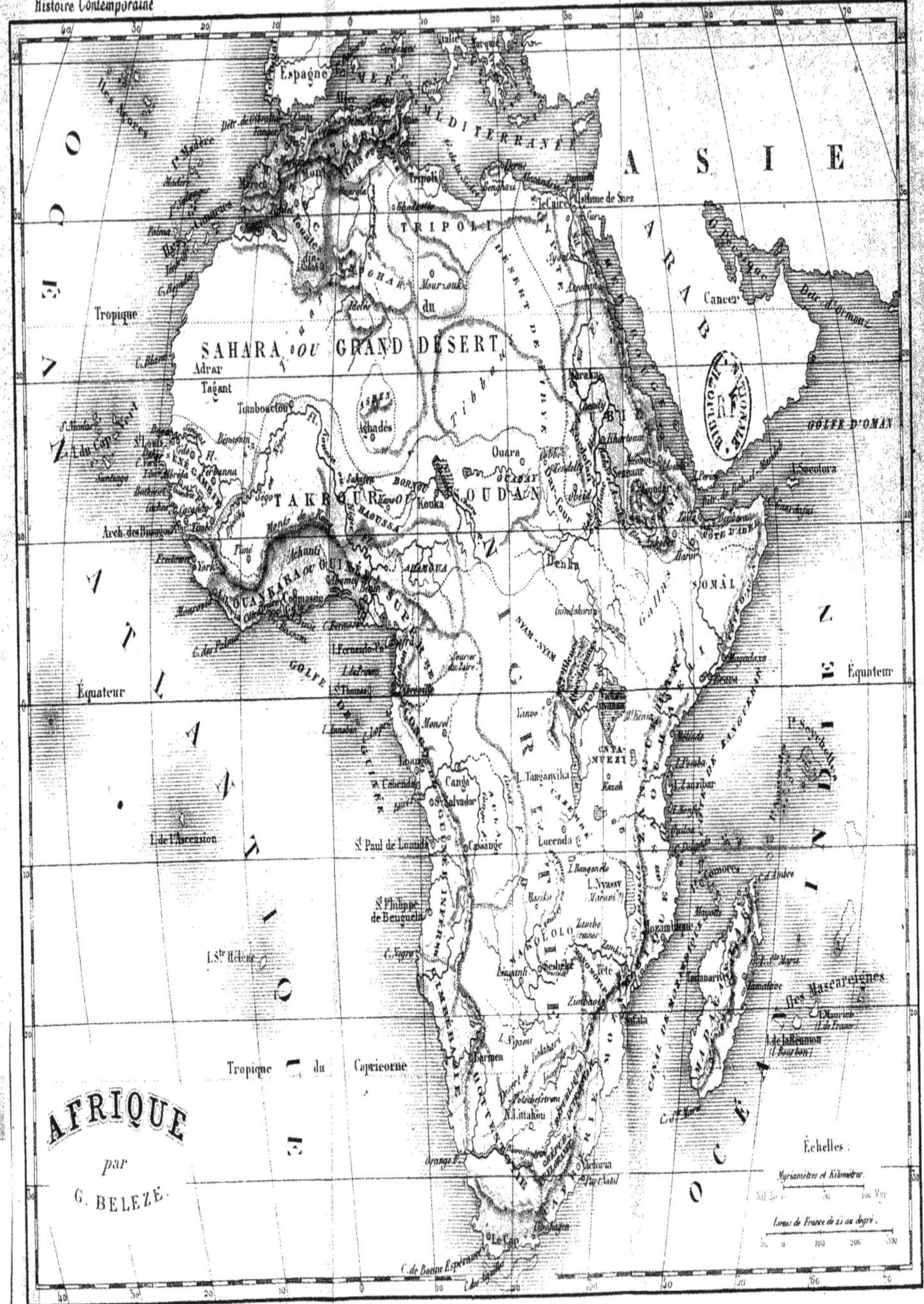
AFRIQUE
par
G. BELEZE.
Échelles
Paris, J. DELALAIN et FILS, Imp. T.-D., Rue des Écoles, 56.

La seule des Antilles qui soit indépendante est Haïti ou Saint-Domingue. Elle renferme deux États : à l'ouest, la république Haïtienne, formée par les nègres dans l'ancienne partie française ; à l'est, la république Dominicaine, formée par les mulâtres dans l'ancienne partie espagnole.

CHAPITRE XXXV.

L'Afrique contemporaine. Découverte des grands lacs africains; des sources du Nil et du Zaïre. Les voyageurs Speke, Baker, Livingstone, Cameron. — Progrès de la colonisation européenne en Afrique. Les Anglais au Cap. Les Français en Algérie.

L'Océanie contemporaine. — Progrès de la colonisation européenne. Les Anglais en Australie ; les Hollandais à Java et à Sumatra. Les établissements espagnols et français.

103. L'Afrique contemporaine. Découverte des grands lacs africains; des sources du Nil et du Zaïre. Les voyageurs Speke, Baker, Livingstone, Cameron. — C'est en Afrique qu'ont été faites de nos jours les découvertes géographiques les plus importantes. En 1858, le capitaine anglais Burton, débarqué à Zanzibar, découvrit dans l'intérieur du continent le lac Tanganyika. Pendant ce temps son compagnon le capitaine Speke découvrait plus au nord un autre lac, qu'il nommait, en l'honneur de la reine d'Angleterre, Victoria-

Questions. 103. Quelles sont les découvertes les plus importantes faites de nos jours dans l'intérieur de l'Afri-

Nyanza ou lac Victoria. Il pensa que le cours d'eau qui en sortait pourrait bien être le Nil; dans un second voyage entrepris de 1860 à 1862, il reconnut en effet que c'était le Nil blanc, et il apprit que ce cours d'eau, après être sorti du Victoria-Nyanza, traversait plus à l'ouest un autre lac. Deux ans après, l'Anglais sir Samuel Baker, remontant le Nil depuis l'Égypte, explora le premier cet autre lac, auquel il donna le nom d'Albert-Nyanza.

Un Ecossais, le docteur Livingstone, arrivé en 1840 au cap de Bonne-Espérance, avait traversé au nord du fleuve Orange le désert de Kalahari (1849) et, après avoir découvert le lac N'gami, avait exploré le pays des Makololos, avec les villes de Linyanti et de Sesheké, dans la vallée du Zambèze et du Chobé, son affluent. De 1853 à 1855, cet intrépide voyageur parcourut toute l'Afrique australe à l'ouest, depuis le lac N'gami, par les bords du Casaï et du Congo, jusqu'à la colonie portugaise de Saint-Paul de Loanda. De 1855 à 1856 il descendit la vallée du Zambèze, découvrit la merveilleuse chute Victoria, et atteignit à Quilimane la côte orientale sur l'océan Indien. De 1858 à 1864 il parcourut les bords du Chiré, affluent du Zambèze et des lacs Pamalombé et Nyassa. Enfin, dans un dernier voyage (1866-1873), il découvrit à l'ouest du lac Tanganyika plusieurs autres lacs réunis entre eux par des rivières portant le nom commun de Loua-

que? — Racontez les voyages du docteur Livingstone. —

laba. En Europe, où depuis plusieurs années on n'avait pas de nouvelles de Livingstone, on le croyait mort. Un Américain, M. Stanley, parti à sa recherche, le découvrit en 1872 à Oudjidji, à l'est du lac Tanganyika. Livingstone mourut l'année suivante (1873) à Mouilala. Le gouvernement anglais, pour honorer la mémoire de cet homme illustre, fit célébrer ses funérailles dans l'abbaye royale de Westminster.

Les derniers lacs découverts par Livingstone, et réunis entre eux par le Loualaba, allaient-ils se jeter dans le Tanganyika et rejoindre au nord la vallée du Nil, ou se dirigeaient-ils vers un autre point? Le lieutenant Cameron, de la marine anglaise, se chargea de répondre à cette question. Le 22 février 1874, il atteignait le lac Tanganyika, et il découvrait, à l'ouest de ce lac, la rivière Loukouga ou Louvoubou, qui va vers l'occident se réunir au Loualaba. Cameron les suivit bien au delà de leur jonction. Il acquit ainsi la conviction que le Loualaba était identique avec le Zaïre ou du moins en formait le principal bras. Il atteignit la côte de l'Atlantique à Katombela au mois de septembre 1875. D'autres voyageurs intrépides explorent encore l'intérieur de l'Afrique, et leurs découvertes agrandiront le domaine des connaissances géographiques.

104. Progrès de la colonisation européenne en Afrique. Les Anglais au Cap. Les Français en Algérie.

Quelles connaissances ont été acquises au sujet du Nil et du Zaïre? — 104. Quels sont les points importants que

— Avant l'ouverture du canal de Suez, les Anglais étaient maîtres de la route de l'Hindoustan par le cap de Bonne-Espérance. Ils voulurent l'être désormais par la mer Rouge. Depuis 1840, ils possédaient, sur la côte d'Arabie, la place forte d'Aden. Ils s'emparèrent aussi de l'île de Périm, au point le plus resserré du détroit de Bab-el-Mandeb, et y construisirent un fort qui commande le passage entre l'Abyssinie et l'Asie. En même temps le gouvernement britannique faisait sentir sa puissance aux deux extrémités de l'Afrique. L'Abyssin Kassaï s'était fait proclamer *negus* ou roi en 1855 sous le nom de Théodoros II. Il maltraitait les Européens et retenait captifs plusieurs sujets anglais. Sir Robert Napier, venu de Bombay et débarqué sur la côte avec une armée, pénétra au cœur de l'Abyssinie. Les captifs furent délivrés et Théodoros se brûla la cervelle dans sa forteresse de Magdala, prise d'assaut (13 avril 1868). Six ans plus tard, pour punir le roi des Aschantis, qui avait attaqué leurs établissements du golfe de Guinée, les Anglais, sous les ordres de sir Garnet Wolseley, allèrent brûler sa capitale Coumassie (4 février 1874).

Le plus important des établissements anglais en Afrique est la colonie du Cap-de-Bonne-Espérance, qui a pour capitale Cap-Town, et renferme environ un million d'habitants. Elle pro-

les Anglais occupent en Afrique?—Pour quel motif ont-ils fait une expédition en Abyssinie? — Quel en a été le résultat?—Donnez quelques détails sur la colonie du Cap de

duit des céréales, d'excellents vins, renferme du charbon, des diamants, du cuivre, nourrit des chevaux, des bœufs et des moutons dont la laine est renommée. A l'est, dans l'océan Indien, les Anglais possèdent, sur la route d'Asie, l'île Maurice (ancienne Ile de France), fertile en café et en sucre, avec Port-Louis, le meilleur point de relâche entre le Cap et Bombay. A l'ouest, dans l'océan Atlantique, ils ont sur la route d'Europe les îles de Sainte-Hélène, de l'Ascension et de Saint-Matthieu. Ils ont en outre de nombreux comptoirs sur les côtes de Guinée, de Sierra-Leone et de la Gambie.

Le plus considérable des établissements français est l'Algérie, possession importante non-seulement par la variété et la richesse de ses produits, par l'étendue de ses côtes sur la Méditerranée, mais encore par sa position, qui domine les routes commerciales du Sahara et du Soudan. Elle est aujourd'hui divisée en trois départements : Alger, Constantine, Oran, et renferme environ 2,500,000 habitants. Elle est sillonnée par plusieurs chemins de fer.

Sur la côte occidentale de l'Afrique, la colonie française du Sénégal comprend Saint-Louis, Gorée, Dagana, Bakel, Cayor. Dans l'océan Indien, nous possédons l'île de la Réunion (autrefois Bourbon), avec le port de Saint-Denis.

Les Portugais possèdent en Afrique, dans

Bonne-Espérance. — Quel est le plus important des établissements français en Afrique? — Quelles sont les pos-

l'océan Atlantique, les îles Açores, les îles Madère et Puerto-Santo, les archipels du Cap-Vert et des Bissagos, les îles du Prince et de Saint-Thomas, la côte du Congo, avec Saint-Paul de Loanda et Saint Philippe de Benguéla; dans l'océan Indien, la capitainerie générale de Mozambique.

Les Espagnols ont, sur la côte du Maroc, les ports ou présides de Ceuta, Melilla, Penon de Velez; dans l'océan Atlantique, l'archipel des Canaries avec Ténériffe, et les îles d'Annobon et de Fernando-Po.

105. L'Océanie contemporaine. Progrès de la colonisation européenne. Les Anglais en Australie; les Hollandais à Java et à Sumatra. Établissements espagnols et français. — Comme l'Afrique, l'Océanie est de nos jours un vaste champ ouvert à l'activité des Européens. Le continent le plus considérable de l'Océanie est l'Australie ou Nouvelle-Hollande. En 1788, les Anglais y fondèrent leur première colonie sur la côte sud-est. Pendant un demi-siècle, on ne s'y occupa que d'agriculture. En 1851 on y découvrit des mines d'or, et aussitôt les immigrants accoururent. Dès la première année, les mines fournirent pour plus de 300 millions de métal. L'Australie a d'autres ressources. Ses immenses plaines, inondées pendant la saison des pluies, se couvrent d'un gazon épais qui nourrit des moutons, des bœufs, des

sessions portugaises et les possessions espagnoles? — 105. Quel est le continent le plus considérable de l'Océanie? — Donnez quelques renseignements sur l'Australie.

chevaux en grand nombre. Aussi la vente des laines, des cuirs et des viandes salées est-elle considérable. L'Australie forme aujourd'hui six États, indépendants de fait sous l'autorité nominale de l'Angleterre. Sydney, sur le port Jackson, capitale de l'État de la Nouvelle-Galles du Sud, et Melbourne, capitale de l'État de Victoria, sont les villes les plus considérables par leur population et leur commerce.

Au sud de l'Australie, au delà du détroit de Bass, les Anglais possèdent encore la Tasmanie ou terre de Van Diémen. Ils sont venus également, en 1840, s'établir dans les deux îles de la Nouvelle-Zélande que sépare le détroit de Cook. Enfin, les côtes de la Nouvelle-Guinée, les îles Fidji et l'île Labouan sont aussi des possessions britanniques.

Quelle que soit l'importance des établissements anglais en Océanie, elle n'égale pas celle de l'empire hollandais. La magnifique île de Java, dans l'archipel de la Sonde, en Malaisie, sous l'Équateur, appartient à la Hollande. Elle renferme 16 millions d'habitants, et sa capitale, Batavia, qui en compte 275,000, est le chef-lieu de toutes les possessions hollandaises de l'Océanie. A l'est de Java les Hollandais ont encore les îles Madura, Bali, Sumbawa, Florès, Timor. Ils ont, plus au nord, une partie des côtes de la grande île de Bornéo, ainsi que l'île Célèbes et l'archipel

— Quelles sont les autres possessions anglaises? — Quelle est l'importance des établissements hollandais? — Quelles

des Moluques. Enfin, à l'ouest de Java, et séparée d'elle par le détroit de la Sonde, s'étend parallèlement à la presqu'île de Malacca l'immense île de Sumatra. Les Hollandais en possèdent la partie méridionale. Ils ont récemment conquis la côte du nord sur les habitants du royaume d'Atchin. Mais ceux-ci, retirés dans les montagnes et les forêts impénétrables de l'intérieur, y continuent la lutte, que la chaleur, le manque de routes et les fièvres rendent terrible pour les Hollandais.

Moins bien partagée que les Hollandais, l'Espagne possède pourtant en Océanie l'archipel des Philippines, qui renferment 5 millions d'habitants, et dont la capitale Manille est située dans l'île de Luçon.

La marine française a occupé successivement en Océanie les îles Marquises, dont la principale est Noukahiva (1842); les îles Tonga et Wallis (1842); l'archipel Taïti ou de la Société (1843); les îles Pomotou et Gambier (1844); enfin la Nouvelle-Calédonie, occupée en 1853, qui renferme le port de Nouméa et sert aujourd'hui de lieu de déportation.

En dehors des lieux occupés par les Européens, le groupe d'îles le plus important de l'Océanie est l'archipel des Sandwich ou Hawaï. Civilisées par les Américains et les Anglais, les îles Sandwich forment aujourd'hui une monarchie consti-

sont les possessions espagnoles et les possessions françaises? — Donnez quelques détails sur les îles Sandwich

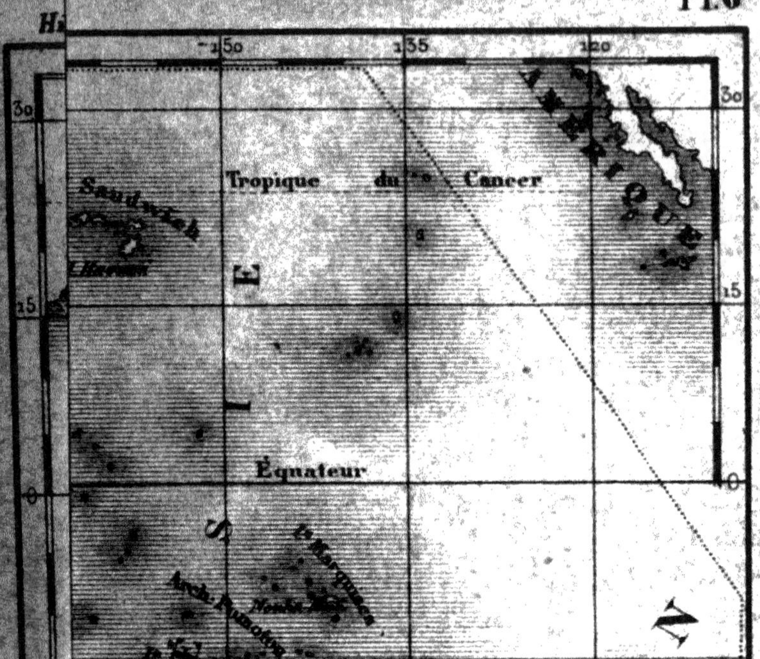
Tropique du Cancer
Équateur
AMÉRIQUE
Sandwich
N
30
15
0
150
135
120

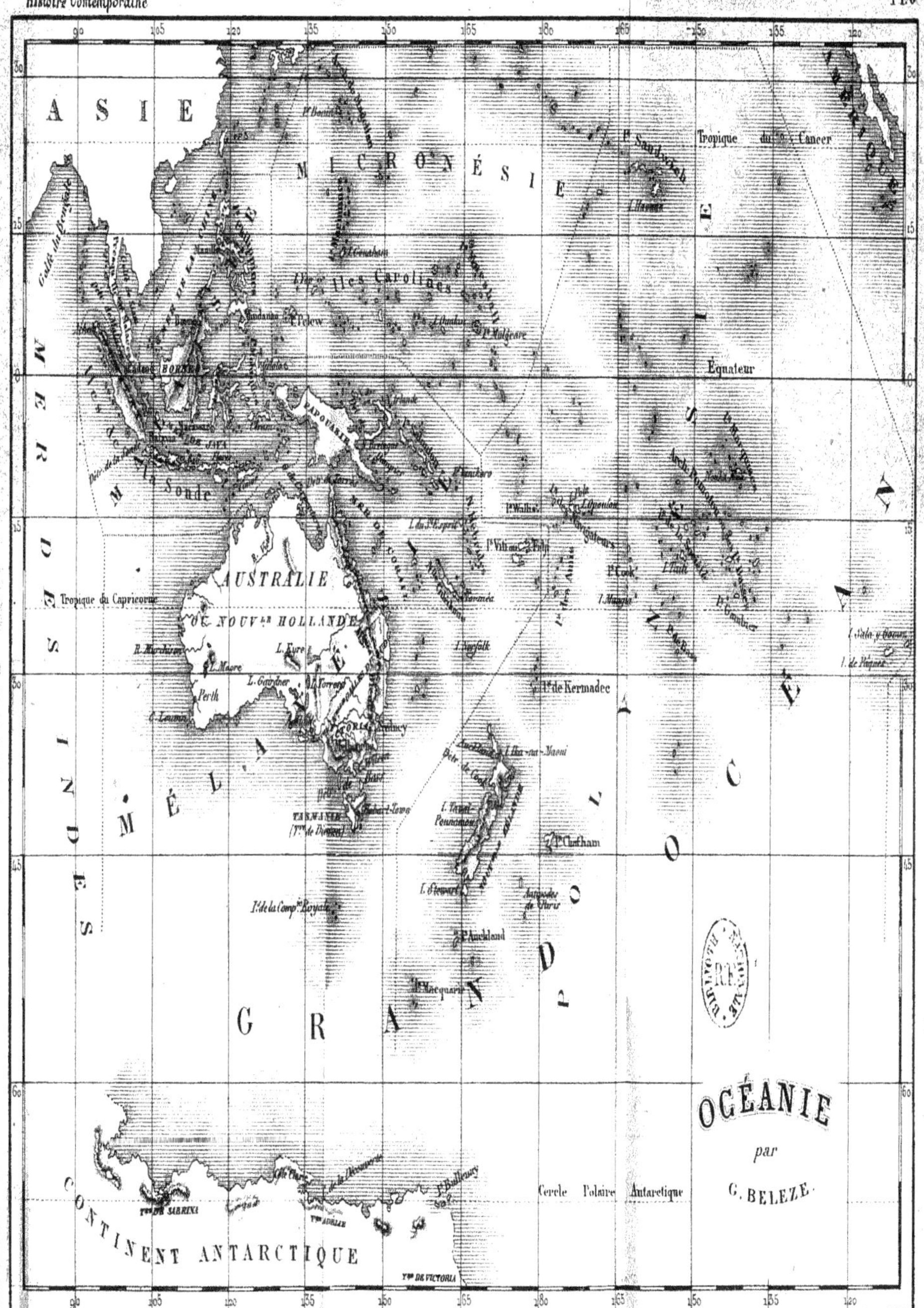
ASIE
MICRONÉSIE
Archipel des Iles Carolines
BORNÉO
Mer de Sonde
AUSTRALIE
OU NOUVELLE HOLLANDE
Tropique du Capricorne
Perth
L. Eyre
L. Torrens
TASMANIE
(Terre de Diémen)
MÉLANÉSIE
MER DES INDES
GRAND
OCÉAN
POLYNÉSIE
Tropique du Cancer
Équateur
I. Wallis
P.ie Cook
I. de Kermadec
I. Norfolk
P.ie Chatham
I. Stewart
I. Auckland
I. Macquarie
Cercle Polaire Antarctique
CONTINENT ANTARCTIQUE
T.re DE SABRINA
T.re ADÉLIE
T.re DE VICTORIA
OCÉANIE
par
G. BELEZE

tutionnelle. La capitale Honolulu est située dans l'île Oahou, à 3000 kilomètres (environ 700 lieues) de San-Francisco.

Aujourd'hui les grandes distances s'effacent devant les découvertes et les progrès de la science appliquée à l'industrie. Sans parler de la télégraphie électrique, qui met en rapports, pour ainsi dire, instantanés l'ancien et le nouveau monde, la navigation à vapeur et les chemins de fer ont établi des communications rapides entre l'Océanie et les autres continents. Les paquebots qui partent d'un des ports de France ou d'Angleterre traversent en huit ou dix jours l'océan Atlantique jusqu'à New-York, ville reliée elle-même à San-Francisco, sur le Grand Océan, par un chemin de fer dont le parcours[1] est franchi en sept jours. Un voyage autour du monde, qui autrefois exigeait au moins deux ans de navigation, peut maintenant être accompli en trois ou quatre mois.

— Comment l'Océanie a-t-elle des communications rapides avec les autres parties du monde?

1. Ce parcours, comme on l'a déjà dit, est de 5,200 kilomètres.

TABLE DES MATIÈRES.

FIN.